新三板做市
从入门到精通

方少华 编著

清华大学出版社
北　京

图书在版编目(CIP)数据

新三板做市从入门到精通 / 方少华编著. -- 北京：清华大学出版社，2016
ISBN 978-7-302-44122-9

Ⅰ.①新… Ⅱ.①方… Ⅲ.①中小企业—企业融资—研究—中国 Ⅳ.①F279.243

中国版本图书馆 CIP 数据核字(2016)第 133721 号

责任编辑：张立红
封面设计：张　宽
版式设计：方加青
责任校对：郭熙凤
责任印制：沈　露

出版发行：清华大学出版社
　　　　　网　　　址：http://www.tup.com.cn，http://www.wqbook.com
　　　　　地　　　址：北京清华大学学研大厦 A 座　　　　邮　　编：100084
　　　　　社 总 机：010-62770175　　　　　　　　　　邮　　购：010-62786544
　　　　　投稿与读者服务：010-62776969，c-service@tup.tsinghua.edu.cn
　　　　　质 量 反 馈：010-62772015，zhiliang@tup.tsinghua.edu.cn
印 装 者：北京嘉实印刷有限公司
经　　销：全国新华书店
开　　本：170mm×240mm　　　印　　张：15.25　　　字　　数：257 千字
版　　次：2016 年 6 月第 1 版　　　印　　次：2016 年 6 月第 1 次印刷
定　　价：49.00 元

产品编号：070325-01

前　言

党的十八大召开以来，中国金融市场的改革也在进一步深化。党的十八大明确提出要加快发展多层次资本市场，逐步建立支持实体经济发展的现代金融体系。多层次的资本市场不仅包括上市公司股票交易市场（创业板、中小板、主板），还应该包括非上市公司股票交易场所（地方性股权交易场所、券商柜台交易等）。然而，我国资本市场相比其他发达国家，发展较为落后，资本市场结构也不合理。这种不合理的资本市场结构，极大地阻碍了我国社会主义市场经济的发展。

随着金融改革进程的加快，建设健康合理的多层次资本市场势在必行。一个成熟的资本市场，应该由处于成熟期的大型企业占据主板市场，位于市场结构的最上层，数量在整个资本市场中也应该是最少的。与此相比，小微企业应该主要分布在OTC（Over The Counter）市场，从而使得整个市场结构呈现出一种正金字塔形态。在资本市场的建设方面，我国也在积极吸取发达国家资本市场建设的成功经验，在这种大的时代背景下，新三板市场的火热也就不可避免。

新三板市场的火热，除了国家政策支持外，还得益于这样几方面因素：第一，门槛低。新三板市场挂牌门槛低，使得绝大部分小微企业能够满足它的条件。它的硬性条件只有两个，即企业存续满足两个会计年度和企业净资产大于500万元。第二，融资效应。小微企业的融资难问题一直是阻碍我国经济发展的重大问题。小微企业由于自身的一些特质，很难从银行获得生产所需的资金，也不能通过发行债券进行融资。而新三板市场的出现，为其融资提供了新的途径。第三，宣传企业形象，吸引人才。企业通过挂牌上市，增加了企业的知名度，有利于企业吸引优秀人才。第四，规范自身财务。大多数小微企业的财务不规范，存在各种各样的问题。而在挂牌的过程中，通过会计事务所等外部专业机构的帮助，企业能够进一步规范自己的财务状况，完善公司治理。

　　新三板市场的不断发展，很大程度上也促进了我国资本市场的发展，但是在发展过程中也面临着各种问题。就目前市场上已经挂牌的企业而言，由于新三板的低门槛，挂牌企业的质量良莠不齐，这给普通投资者投资该市场带来了困扰，他们很难区分优质企业和劣质企业。而且，新三板市场最开始实行的是协议转让，因此也会造成非专业投资者对企业股价的低估或者高估，在一定程度上也会影响市场的流动性。在这种背景下，全国中小企业股份转让系统于2014年8月25日正式推出做市转让交易制度。做市转让交易制度的推出受到了市场的追捧，极大地提升了市场的流动性，也使得做市企业股价朝着合理的方向回归。

　　做市交易制度是指做市商（一般是券商）用自有资金购买一定股票作为库存，并承诺维持双向交易，市场投资者根据做市商报出的买卖价格与其进行股票交易，从而维持市场的流动性。做市转让相比协议转让有两大优点：第一，价格发现功能。做市商相比普通投资者，掌握的信息多，更加专业，能够对企业的价值做出合理评估，因此能够让企业股价回归其内在价值。第二，提高市场流动性。协议转让，由于市场信息的不对称，可能在较长时间内难以找到合适的交易对手，降低了股票流动性。做市转让，由做市商进行报价，当市场缺乏流动性时，做市商可以用自有资金进行买卖。第三，抑制股价操纵。当做市商发现有操纵市场的行为时，可以用自有资金进行反向操作，因此能起到稳定资本市场的作用。

　　做市转让交易具有众多好处，吸引了广大挂牌企业的关注，但是关于企业做市的一些基本问题，很多投资者缺乏足够的认识。比如做市的基本概念、企业做市的基本条件、哪些行业适合做市、做市的好处、做市商的寻找等。为了让读者更清楚地理解新三板做市，本书在进行理论论述的同时，还增加了大量实际案例，全面阐述了新三板做市的概念、价值、意义和具体操作。

　　第一章主要是论述新三板做市的一些基本概念。比如做市制度的起源，它的基本含义，不同行业做市交易的特征等。通过挑选比较具有代表性的案例来阐述不同行业的企业对于做市商的吸引程度不一样，做市后市场表现也会出现较大区别。

　　第二章主要是阐述企业选择做市的原因。企业热衷于做市转让交易，是因为做市交易能给企业带来很多潜在效益。本章通过对实际案例的分析，让读者明白做市转让可以为企业带来四方面好处：企业自身价值获得市场认可、提高融资便捷性、增强股票流动性、宣传企业形象。

第三章主要是讨论做市的价值和意义。对于不同的市场主体，做市的价值也是不一样的。做市制度不仅能为挂牌企业自身带来收益，它对于整个资本市场、做市商、投资者都具有特殊的价值。本章结合实际案例，为读者剖析做市对于整个资本市场、做市商以及投资者的价值所在。

第四章主要是详述企业如何寻找做市商。结合具体案例，读者可以发现，企业通过当初挂牌时的主办券商来寻找，也可以通过股转系统等官方渠道寻找券商。除此之外，企业也可以通过中介机构或者其他渠道来寻找合适的做市商。

在新三板市场持续发展的同时，行业中的专家和学者也针对新三板市场做了大量的研究。在撰写本书的过程中，本人也从中汲取了大量的知识。此刻，我衷心地感谢我的家人和朋友对我的支持，包括雷雨、陈群、赵璐、胡炎、门庆兵、姜振华、王杰义、徐伟亮、赵晓庆、金桂华、冯永晖、程偲丽、方云华、陈海娟、漆铁、梁红、刘宁、赵俊山、彭蓉华、叶婷、刘勇君等。尽管我在撰写本书时也付出极大努力，以使得读者能对新三板做市有清晰、系统的认识，但是由于能力和水平等各种因素所限，不足之处在所难免，欢迎批评指正。

方少华

目 录

第一章 新三板做市的基本概念

第二章 企业为什么需要做市

第三章　做市的价值和意义

第四章　企业如何寻找做市商

第一章
新三板做市的基本概念

2014年8月25日，全国中小企业股份转让系统（简称：股转系统，俗称：新三板）开始实行做市转让。有数据显示，共有43家挂牌企业参与第一批的做市转让，主要分布在信息技术和工业行业（首批做市企业的基本情况如表1-1-1所示）。做市首日，股价平均涨幅高达26.65%，行悦信息更是以3.01元的收盘价，股价上涨1.28倍（如表1-1-3所示）。

此外，基康仪涨幅为81%，中机非晶涨幅为81%，共有8只股票涨幅超过50%，这一系列做市的市场表现让新三板做市有了一个很好的"开门红"。

表1-1-1 首批做市企业概况

代码	名称	行业	代码	名称	行业
430033	彩讯科技	信息技术	430263	蓝天环保	工业
430065	中海阳	信息技术	430360	竹邦能源	工业
430074	德鑫物联	信息技术	430549	天弘激光	工业
430085	新锐英诚	信息技术	430593	华尔美特	工业
430130	卡联科技	信息技术	430607	大树智能	工业
430253	兴竹信息	信息技术	830818	巨峰股份	工业
430305	维珍创意	信息技术	430029	金泰得	日常消费
430357	行悦信息	信息技术	430225	伊禾农品	日常消费
430403	英思科技	信息技术	430505	上陵牧业	日常消费
430432	方林科技	信息技术	830837	古城香业	日常消费
430458	陆海科技	信息技术	430140	新眼光	医疗保健
430511	远大股份	信息技术	430222	璟泓科技	医疗保健
430512	芯朋微	信息技术	430369	威门药业	医疗保健
430515	麟龙股份	信息技术	430174	沃捷传媒	可选消费
430522	超弦科技	信息技术	430223	亿童文教	可选消费
430609	中磁视讯	信息技术	430318	四维传媒	可选消费
430618	凯立德	信息技术	430376	东亚装饰	材料
430664	联合永道	信息技术	430476	海能仪器	材料
830815	蓝山科技	信息技术	430536	万通新材	材料
830879	基康仪器	信息技术	430165	光宝联合	电信服务
430041	中机非晶	工业	430243	铜牛信息	电信服务
430084	星和众工	工业	——	——	——

资料来源：全国中小企业股份转让系统，中孚和泰新三板研究院

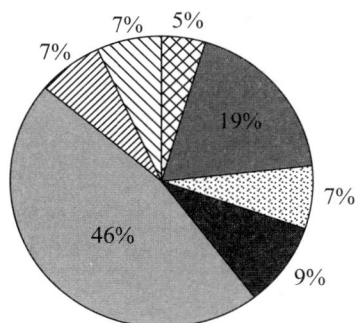

图1-1-1 首批做市企业的行业分布图

资料来源：全国中小企业股份转让系统，中孚和泰新三板研究院

如图1-1-1所示，首批做市企业主要分布在信息技术行业和工业行业，二者占比之和超过50%；相比之下，电信服务占比较少，只有5%。

从具体的做市表现来看，做市首日交易活跃，35家做市企业的股价实现了上涨，有21家的股票涨幅超过20%，其中行悦信息（430357）和新眼光（430140）涨幅超过100%。在成交方面，成交量、成交额、成交笔数等都实现了不同程度的上涨（如表1-1-2所示），分别达到了当日总体的48%、34%和94%（如表1-1-3所示）。

表1-1-2 做市首日股票交易概况

成交量（万股）	成交额（万元）	成交笔数
470	3892	2722

表1-1-3 做市股票首日交易数据（2014-08-25）（涨幅前20名）

做市首日涨幅排名前20名企业概况表						
代码	名称	行业	现价（元）	涨跌幅（%）	成交量（万股）	成交金额（万元）	总市值（亿元）
430357	行悦信息	信息技术	3.01	128	22.6	65	2.61
430140	新眼光	信息技术	13.51	125	5.8	83	5.81
830879	基康仪器	信息技术	12.7	81	19.2	252	6.9
430041	中机非晶	信息技术	5.31	81	4.1	20	2.02
430522	超弦科技	信息技术	9.01	80	2.4	19	1.9
830818	巨峰股份	工业	5	67	0.3	1	5
430253	兴竹信息	信息技术	8.31	66	20.5	167	4.47

（续表1-1-3）

代码	名称	行业	现价（元）	涨跌幅（%）	成交量（万股）	成交金额（万元）	总市值（亿元）
430505	上陵牧业	日常消费	6	51	0.5	3	3.6
430458	陆海科技	信息技术	17.68	47	1.4	23	3.54
430305	维珍创意	信息技术	14.7	47	1.9	24	5.46
430222	璟泓科技	医疗保健	8	45	3.7	24	2.38
430515	麟龙股份	信息技术	25.8	40	13.2	347	5.81
430318	四维传媒	信息技术	10.8	35	32.8	348	6.1
430549	天弘激光	工业	4	33	0.6	2	2.25
430511	远大股份	信息技术	19.47	30	2.2	41	3.12
430223	亿童文教	可选消费	26.18	30	2.3	54	13.09
430174	沃捷传媒	可选消费	45	29	7.2	341	12.37
430263	蓝天环保	工业	3.85	28	1.3	5	2.82
830837	古城香业	日常消费	12.39	23	10.7	132	8.11
430243	铜牛信息	电信服务	5.5	22	2.3	15	1.21
430029	金泰得	日常消费	2.25	20	11.6	26	0.77
合计					166.6	1992	99.34

资料来源：中孚和泰新三板研究院

　　从以上图表可以清楚看到，涨幅靠前的做市企业几乎都集中在信息技术行业，和做市企业的行业分布情况类似。排名前20的企业涨幅都在20%以上。

　　因此，做市首日的市场表现用"火爆"两个字来形容也不为过。那么新三板做市到底是什么？为何大家对之"趋之若鹜"？从本章开始，我们将结合做市企业的具体案例来逐一寻找答案。

第一节
什么是新三板做市

　　在美国、英国等西方证券市场，做市制度已经是一种成熟的交易制度，得到了投资者的普遍认可。从字面上理解，做市制度其实就是以做市商为核心展开的交易制度。那么，要了解做市商的含义，首先要了解什么是做市商。《美国法典注释》中对做市商的定义为："正规交易商用自己的自有资金，有规律、持续性地买卖某特定证券。"

表1-1-4　海外引入做市商制度的证券市场概况

海外引入做市商制度的证券市场概况		
地区	市场	交易制度
美国	NASDAQ（纳斯达克）	混合交易制度，1997年引入竞价制度
	OTCBB（美国场外柜台交易系统）、Pink Sheet（粉红单市场）	传统做市商制度
欧洲	EASDAQ（欧洲的纳斯达克）	传统做市商制度
英国	LSE（伦敦证券交易所）	多种交易制度
	AIM（另类投资市场）	混合交易制度
法国	Le Nouveau Marche（法国新市场）	以竞价交易方式为主，设有做市商，作为指定流动性提供者
德国	Neuer Markt（德国新市场）	竞价交易制度与指定保荐人，双向报价相结合
马来西亚	吉隆坡新市场、MESDAQ（马来西亚证券交易及自动报价系统）	做市商报价驱动
日本	JASDAQ（店头市场）	竞价交易制度和做市商制度
中国台湾	OTCBB（上柜股票市场）	竞价交易制度为主，做市商制度为辅
	OTCBB（兴柜股票市场）	传统做市商制度

　　如表1-1-4所示，国外很多证券市场已经或多或少引入做市商制度，并已经发展成熟，做市制度也是起源于这些国家和地区。做市制度是与"竞价交易"完全不同的交易方式，它的诞生有一定的偶然性。1875年，纽约证券交易所的交易是以人工喊价的方式进行的。通过手势与喊价，经纪商在交易大厅里来回传送客户委托单，与其他交易商进行买卖。有一天，一名叫鲍德的经纪人由于腿摔断了不能跑来跑去为客户代理买卖证券，为了能够交易他就想了个办法，拿了把椅子坐在交易场所内。他宣称只接受西方联合公司的买卖订单，交易的方式为"举左手表示买进，举右手表示卖出"。这样既方便了所有西方联合公司股票的经纪人，鲍德也同时赚取了差价。最原始的做市交易制度就这么"偶然性"地诞生了。

　　从传统意义的划分来看，证券市场分为场内市场和场外市场。由于两者的市场性质不同，场内市场一般采用的是被人们所熟知的"竞价交易"制度，而做市商制度就是起源于传统的柜台交易市场。在股票市场刚开始发展的阶段，是没有统一的交易场所的。在此种情况下，手上拥有大量某种股票的券商就会承诺以一定的买入卖出价格进行股票的大宗批发交易。这个可以看作是做市商的最初雏形。一般在柜台市场的做市商都是券商。具体的交易方式是，券商一般都会用自有资金购买一定数量的股票作为库存，并承诺维持股票的双向报价交易，投资者根据券商的报价与其进行证券交易，在买卖交易中做市商获得一定的差价。综上所述，做市商把市场的交易组织起来，利用自有资金进行买卖的双向交易活动，这样的一种交易制度被称为"做市商制度"。

做市商制度的产生看似偶然，实际上有它出现的必然性。特别是在柜台交易市场中，投资者买卖订单时可能会存在没有交易对手的情况，要想立即成交，买方就不得不以更高的价格或者卖方被迫接受更低的价格进行交易。这些不平衡现象的存在就必然导致做市商制度的出现，做市商的出现弥补了市场的这种断档。

然而，中国证券市场发展二十多年，相对于国外的证券市场还是处于发展初期阶段，很多制度都来源于国外证券市场。而这些制度在国外证券市场发展相对成熟。在中国做市商制度从某种意义上来说还算个新生事物。国外已经发展成熟的做市商制度对新三板做市的理解有很大的参考作用，从很大程度上能够增强市场的流动性。

同很多制度一样，做市商制度也经历了萌芽期、形成期和成熟期三个发展阶段，但都离不开交易制度的核心：证券交易以做市商报价为主，与其他各方进行交易。

（1）萌芽期：粉红单市场。

在早期的场外交易市场中，股票的交易是买卖双方进行议价协商或者委托经纪人代理达到交易目的，经纪人从中收取一定的佣金。这种交易模式有着它自身的局限性，在19世纪末的英国股票柜台交易市场中，由于没有统一的交易市场，难以形成有效的价格机制，这时就出现了股票批发商他们来负责确定股票的买卖价格并承诺以此进行交易。1904年，有一家私人企业发现柜台交易市场中存在信息不通畅、股票交易参与者无法有效得到报价和交易情况等现象。为了解决此种情况，该企业每天将一万多种柜台交易的股票和五千多种债券的报价信息印在粉红色纸张上并刊印公布，定期以刊物的形式发往全国，"粉红单市场"由此而来。这样一个机制的出现将证券的交易信息集中起来并且对外公开，各投资参与者能够有效得到信息，为做市商制度的形成奠定了基础。美国做市商雏形形成于20世纪60年代，那个时候柜台交易市场出现了证券批发商。该交易制度的基本运行模式是，零售商从批发商那里低价买入后高价卖给投资者，或者低价从投资者手中买入证券后高价卖给批发商。批发商为了满足零售商随时交易的需要，就对手上交易的证券进行持续报价。从某种程度上来说，这时的批发商已经充当了做市商的角色。

（2）形成期：NASDAQ报价系统。

做市商制度的真正形成是在美国的纳斯达克市场，标志性事件是纳斯达克报价系统的建立。1971年，美国柜台交易市场将数百家报价商作为纳斯达克的做市商纳入纳斯达克系统，同时将交投最活跃的数千种股票也纳入该系统，自此纳斯达克成了为新兴产业服务的、完全采用电子交易的、并且面向全球的证券交易场所。

五百多家做市商通过纳斯达克系统发布自己的报价信息，极大地提高了柜台交易市场报价信息的及时性和准确性，具有现代意义的规范做市商制度形成。除此之外，一些知名的国际投资银行如高盛、摩根士丹也是纳斯达克的做市商，大大增加了纳斯达克市场的流动性，同时对股票的估值也起到了很好的价格发现的功能。

（3）成熟期：做市商报价的不断完善期。

纳斯达克报价系统在建立初期还不够完善，在成交报告方面有一定的滞后性，报告交易信息在交易当天收市后由做市商提供，并未送达到投资者手中。这样投资者就不能及时了解市场价格信息变化和及时做出投资决策，市场效率有待提高。1982年4月，全国性市场系统成立，成交信息实时报告制度建立。该制度规定做市商在每一笔交易完成后90秒时间内将成交情况向公众公告，有效地提升了信息的对称性。1984年，小额委托执行成交系统（SOES，Small Order Execution System）被引入。在该系统下，报价最优的做市商可以直接得到小额委托，成交报告和提交清算交收在成交后即时完成。一方面提升了交易执行效率；另一方面信息披露也更加及时、便捷，交易成本降低，市场效率得到提高，做市商制度不断得到完善。

做市商制度在国外已经成熟，对中国来说，做市商制度在新三板的推出并不是新三板的第一次尝试，早在20世纪90年代就做过相应的引入。对于做市商的定义，1990年的《证券交易自动报价系统（STAQ，Securities Trading Automated Quotations System）上市交易规则》中的第4条第9款进行了规定："做市商是指通过向系统报价表示愿意持续地为自己买进或卖出某种系统证券的会员。"最早我国做市商制度是在STAQ系统中运行。STAQ系统是为解决法人股流动问题、促进股份制改造，中国证券市场研究设计中心和中国证券交易系统有限公司在北京开办的全国证券交易自动报价系统。

STAQ系统从1990年12月5日开始运行，主要从事国债交易。1992年该系统主要以转让法人股为主。该系统采用了做市商交易制度，做市商主要由具有一定实力和经验的券商承担，保证证券交易的流动性。直到1993年，该系统运行顺畅；但在1993年，被通知企业暂停上市，交易量随之萎缩。

做市商制度的第一次试点就这么宣告结束了。直至2008年9月，天津股权交易所引入做市商制度，它是我国率先引入做市商制度的场外交易市场。天津股权交易所实行的是混合型做市商制度，采用集合竞价和协商定价相辅相成的做市商制度，是我国场外交易市场对做市商制度的第一次试水。具体的交易制度为：①9:15—9:25，第一次集合竞价时段，按照价格优先、时间优先的原则进行集合竞价产生开盘价格；②9:25—9:30，该时段为做市商盘前报价阶段，只报价并不成交，报价让投资者知晓；③9:30—11:30，13:00—14:00，该时段做市商进行双向报价；④14:00—14:15，为第二次集合竞价时段；⑤14:15—15:00，为交易时间，买卖双方进行商议，确定成交价格。

在引入做市商制度后，天津股权交易所的市场流动性和融资功能都得到了极大的提升，交易所的融资金额也得到了质的飞跃。

除此之外，一批中小型的投资机构也在这个过程中发展起来。根据天津股权交易所的规定，合格机构投资的条件为：法人企业实缴注册资金不低于人民币100万元，合伙企业及其他经济组织自有净资产总额不低于100万元。机构投资者注册后还会有相应的专业培训。

天津股权交易所的做市商制度通过近三年的发展，在提高市场流动性和稳定性方面发挥了显著的作用，取得了一定的成效，但是由于受到当时多方面条件的限制，该混合型做市商制度的发展仍然存在一定的问题。

做市商制度在我国证券市场的发展过程中进行了多次的尝试和探索，但在我国证券市场中占有支配地位的仍是竞价交易制度。特别对于场外市场，大都选择的是协商定价的交易制度，并未采用做市交易，交易活跃度不高。做市商制度的推出是市场和社会发展到一定阶段的要求，对企业和市场来说都是必要的，市场的积极反应也证实了这一点。下面我们就通过几个案例分析做市商推出后企业的变化。

一、行悦信息：做市首日上涨12倍，首单询价式定增模式[1]

作为首批43家做市企业之一，上海行悦信息科技股份有限公司（简称：行悦信息）在做市首日以3.01元收盘，涨幅达到128%，获得了市场的追捧。截至2015年6月30日，行悦信息共有海通证券、齐鲁证券、中信证券、中山证券、华安证券、天风证券、招商证券、兴业证券、国泰君安证券、东方证券、长江证券11家券商为其做市。

行悦信息的主营业务分为两大方面，除了酒店客房数字多媒体系统平台的研发和销售外，还包括为经济型连锁酒店客房数字多媒体系统和数字多媒体信息提供解决方案，满足酒店客房娱乐终端功能的需要。作为一家平台型公司，转为做市后它立马就受到了市场的关注，无论在股价、融资方面都有着不错的表现。

行悦信息从2014年8月25日起实施做市转让，最初由东方证券、海通证券为其做市，在做市商的"做市"下，公司的股价、成交量有了明显的攀升，受到了市场的关注和追捧，交易活跃。公司做市交易首日以每股2.88元为开盘价，此后股价一路上扬，截至2015年4月30日，以每股9.59元收盘，期间最高价达到14.21元（如图1-1-2所示）。

截至2015年4月30日，总成交量为13804.59万股，总成交额为98125014元，日均成交量为84.17万股，日均成交额为5983232元（如图1-1-3所示）。

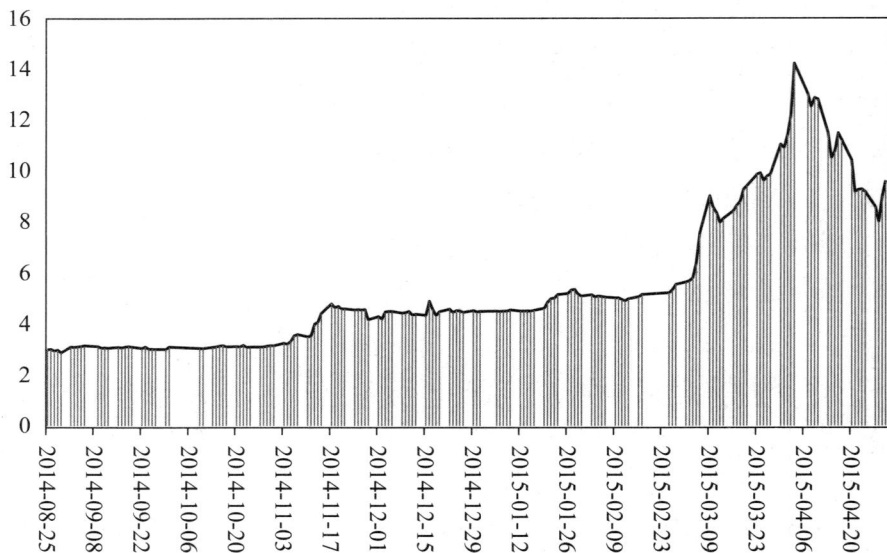

图1-1-2　股价趋势图

资料来源：大智慧，中孚和泰新三板研究院

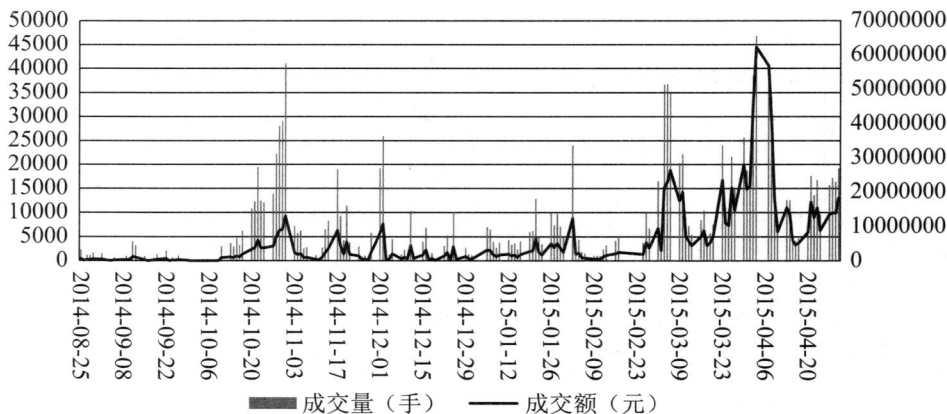

成交量（手）　　成交额（元）

图1-1-3　成交量价图

资料来源：大智慧，中孚和泰新三板研究院

据资料统计，截至2015年4月30日，行悦信息共开展三次定向增发。从预案公告信息来看，无论是发行价格，还是募集资金量，做市后的定向增发（简称：定增）情况明显优于做市前。第一次定向增发价格只有每股2.5元，实际募集金额只有1700万元；而第二次定向增发（采用做市方式交易）定向增发价格高达每股3.9元，实际募集金额更是达到5850万元。

在转为做市企业后，为快速拓展业务，同年公司开展第二次定向增发，由于公司难以判断在资本市场的价值，采取了新三板公开询价的方式来进行定价。出乎意料的是，公司收到的认购意向是原计划的数倍。2014年11月27日，公司公告以3.9元/股的价格定向增发1500万股，共募集资金5850万元。其募集资金的效率之快远超做市前（行悦信息两次定向增发情况如表1-1-5所示）。行悦信息第二次定向增发情况明显优于第一次定向增发，除了市场对行悦信息经营管理能力的肯定外，投资者更是看到了做市交易制度的实行对于公司股票流动性的提升产生显著效果。

表1-1-5　定向增发情况

代码	430357.OC
名称	行悦信息
定向增发（一）	
预案公告日	2014-05-28
方案进度	实施
发行价格（元/股）	2.50
增发数量（万股）	680.00
实际募集资金（万元）	1700.00
认购方式	1700.00
定向发行目的说明	用于补充公司流动资金，采购设备铺设酒店客房，抢占市场。
发行对象	大股东，境内自然人
定向增发（二）	
预案公告日	2014-11-21
方案进度	实施
发行价格（元/股）	3.90
增发数量（万股）	1500.00
实际募集资金（万元）	5850.00
认购方式	现金

（续表1-1-5）

定向发行目的说明	①已签约的酒店集团的客房进行设备的铺设，占领市场，公司铺设的房间总数在现有基础上将有大幅增长；②加大公司研发投入以及进行市场推广等。
发行对象	大股东，机构投资者，境内自然人
定向增发（三）	
预案公告日	2015-04-01
方案进度	股东大会通过
发行价格（元/股）	6.66
增发数量（万股）	2500.00
预计募集资金（万元）	16650.0000
认购方式	现金
定向发行目的说明	①加快市场占有，铺设设备；②研发投入及团队建设；③流动资金的补充；④整合产业链、与上下游的合作。
发行对象	机构投资者，境内自然人

资料来源：中孚和泰新三板研究院

做市给了企业一个绽放的舞台，让优质企业得到市场的关注。其实登陆新三板做市给企业带来的不仅是股价提升、融资加强，还有更多的附加值，比如增加了企业在行业内的知名度。在做市前，公司通过定向增发成功引入了著名PE上海文化产业基金，做市后的市场表现也受到行业知名企业的关注，如乐视网曾找过行悦信息洽谈合作事宜。这些都是做市带来的潜在效应。

广阔的行业发展背景和企业自身的实力，这些都是企业投资的亮点。

1. 依托快速发展的酒店行业和旅游行业，客户需求空间广阔

公司主要为酒店客房提供产品和服务，依托高速发展的旅游业及酒店行业，公司拥有广阔的发展空间。

（1）高速发展的旅游行业。

中国幅员辽阔，拥有五千年文明所沉淀的文化底蕴，自然、人文旅游资源禀赋优异。截至2012年底，国内旅游景区个数超过6000个；截至2014年11月，由国家旅游局确定的国家5A级旅游景区近180家。继2014年中国京杭大运河及中、哈、吉三国联合申报的丝绸之路申遗成功之后，我国世界遗产总数共达到47项（其中世界自然遗产10项、世界文化遗产33项、世界自然与文化双遗

产4项），总数位居世界第二，仅次于意大利（拥有50项世界遗产）。其中，世界自然与文化双遗产数量与澳大利亚并列世界第一。

国内已开发的丰富的自然、人文旅游景区，再加上未来景区的深度开发、由门票经济转向休闲度假旅游，会吸引更多的旅游者首次或多频度地到旅游目的地消费。

根据《中国铁路中长期规划》，5年之内我国将建成"四纵四横"的高速铁路框架，全国铁路营业里程达到12万公里，覆盖全国人口90%以上。根据《国家高速公路网规划》，国家高速公路网总规模约8.5万公里，覆盖十多亿人口；国家高速公路网将连接全国所有的省会城市、50万以上人口的大型城市的83%和20万以上人口的中型城市的74%，连接全国所有交通枢纽城市。航空方面，根据《全国民用机场布局规划》，5年之内，全国民用机场总数将达244个，同时大大增加航线。

高速交通体系的发展完善，将大大增加全国各旅游目的地的通达性，旅游者的旅游半径以及各地旅游产业的发展空间得到拓展。

互联网在中国发展的20年间，它与各种传统产业不断地发生碰撞，相互渗透甚至融合。互联网颠覆传统行业，主要表现为：消除不合理环节、扁平化渠道、透明化信息，达到降低成本和提升效率的目的。国内在线旅游市场也由此获得了快速发展：互联网使得旅游价格等信息透明化，旅游预订突破时间、空间限制，移动互联网与旅游天然的契合性也使得旅程更加方便快捷，更加合理的旅游定价以及更加实惠的旅游消费进一步刺激了旅游需求。智慧旅游兴起之后，旅游者从旅游决策到评价全程的数据可追踪，通过运用大数据、云计算等新兴信息技术，旅游者的偏好习惯能够被更准确地掌握，为旅游相关的企业个性化营销提供数据支撑，对旅游者提供更有针对性的服务，2000—2011年旅游业总收入和国内生产总值增长情况如图1-1-4所示。

由此，旅游及相关行业也吸引了各路资本的关注和入驻，如万达集团将"文化旅游"定为公司支柱，构筑旅游产业链；互联网巨头BAT（百度、阿里巴巴、腾讯）都开始布局在线旅游，也将极大地推动我国旅游产业纵深发展。对于中国旅游业的未来发展，在波士顿咨询公司看来，到2020年市场价值将增至3.9万亿元人民币。

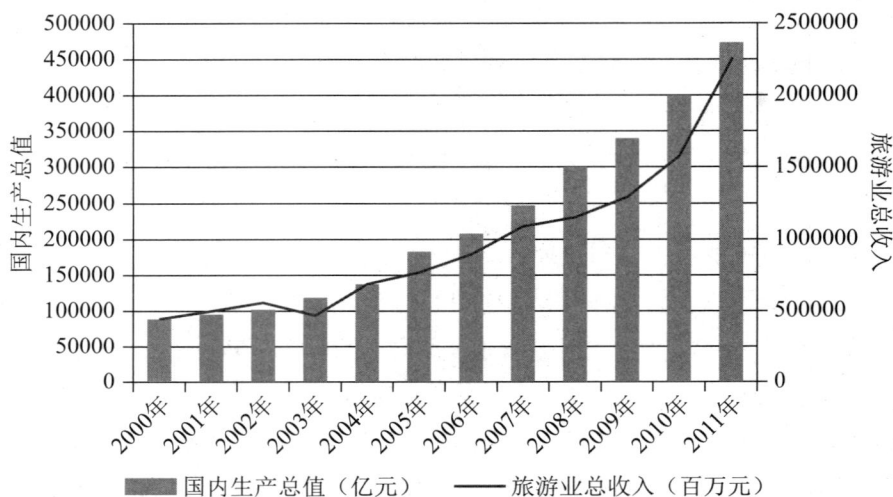

图1-1-4　2000—2011年旅游业总收入和国内生产总值增长情况

资料来源：全国中小企业股份转让系统

　　据中国旅游研究院的数据显示：中国旅游市场在2014年实现了稳定增长，国内旅游超过36亿人次，比去年增长10.67%。旅游人次明显增加，同时旅游的消费水平也在不断提升。2014年国内旅游总收入超过3万亿元，比上年增长15.40%。结合2014年的发展情况，我国已经步入"大众旅游"阶段，人们的出游意愿高涨，国内旅游市场可以继续保持相对乐观的预期。

　　据世界旅游组织预测，到2020年中国有望成为全球第一大旅游目的地。整个东亚乃至亚太地区接待旅游者人数将达到4.3亿人次以上，而中国至少在这一区域市场中占到超过30%的市场份额，每年有超过1.37亿的国际旅游者来到中国旅游。同时，根据"十二五旅游业发展纲要"，未来5年中国将培育旅游业成为国民经济的支柱型产业，旅游业总收入年均增长率达到10%，2015年达到2.5万亿元。

　　2013年中国在线旅游市场交易规模超过2100亿元，比上年增长27.7%，在线旅游渗透率达到7.7%。2014年中国在线旅游市场持续较快增长，前三个季度分别实现交易规模582.0亿元、630.4亿元和726.4亿元，同比增长率分别为20.6%、20.2%和20.0%。在线旅游市场的增长主要源于在线机票、酒店和度假等业务增长。尤其是受到在线休闲旅游快速崛起的影响，酒店和度假业务迎来增长爆发期。

　　旅游人数的增长必然带来酒店业的快速发展，也为公司的终端设备增加了接收人群。

　　（2）旅游产业带来了连锁酒店的快速发展。

　　在中国，快捷酒店的概念产生于1996年，至今已有19年的发展历程，由于国家政策的变化和市场的演变，快捷酒店出现了不同的发展景象。目前中国快捷酒店的总房间数已经超过200万间，而且各大集团还在不断地开设分店，房间数不断增加，市场和资源进一步扩大。

　　与旅游形势成正比关系的酒店业在未来几年将会迎来一个大规模的客源增长，相匹配的是我国酒店的增长（如图1-1-5所示）。从覆盖面积、房间数、接待酒店住客等方面看，我国酒店行业内的经济型连锁酒店占首要地位。近几年来，经济型连锁酒店数量保持30%以上的增长率，2012年达到近万家，房间数保持30%以上的增长率，2012年客房总数近百万间。根据全球酒店用品巨头乐柏美商业用品（RCP）发布的中国酒店业预估报告显示，2012—2018年，我国经济型酒店的年均复合增长率有望达到15%以上。随着酒店业竞争日趋激烈，酒店服务业大量引入终端改善用户体验、迎合市场需求的创新型酒店用品，以此来提高服务质量和工作效率，酒店相关创新型用品市场前景向好。

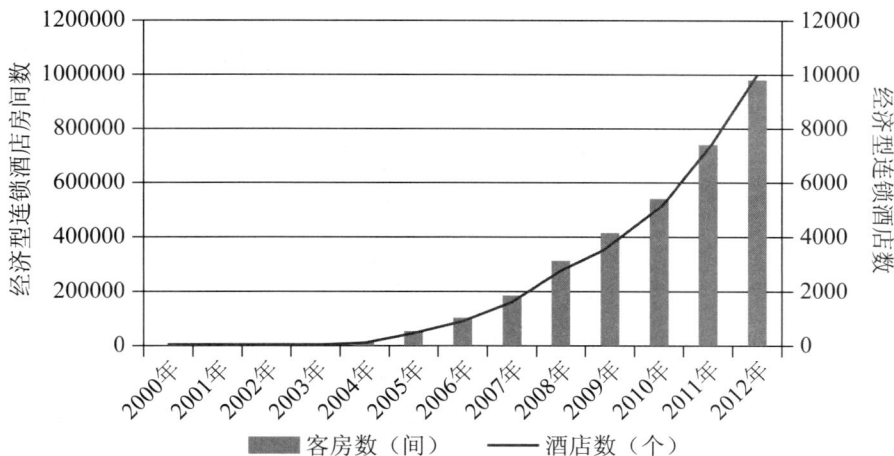

图1-1-5　2000—2012年全国经济型连锁酒店增长情况

资料来源：全国中小企业股份转让系统

　　（3）酒店客房服务数字化发展的基础是通信，需要软件和终端硬件的支持，因此电信、IT、家电等各相关企业开始进入酒店行业。

① 酒店可以通过网络及时了解到客户的需求，因此，大型电信网络运营商开始涉足酒店数字化服务。但是酒店以服务为本，依靠客人对服务的满意度来提升酒店的经营业绩。酒店信息化的普及，意味着酒店又增加了即时通信的信息服务，以通信为主的电信企业很难同时让酒店和客人满意。

② IT企业根据自身的技术优势也推出数字产品，可以实现酒店数字化。但是酒店业本身属于劳动密集型行业，而IT行业属于技术密集型行业。由于行业间本质上的差异，IT行业将最先进的解决方案卖给酒店，但是酒店付出了昂贵的交易成本却没有得到满意的结果。

③ 面对快速发展的市场，家电企业也开始进入酒店数字化行业，虽然酒店客房的数字化终端是家电等电子设备，但是终端如果只有一个硬件设备，并不能代替整个酒店客房信息系统，更无法在系统平台上提供增值服务。

酒店数字化领域的高速发展，不断吸引着众多企业的加入。市场对这些企业提出了更高的要求，不仅要求企业能够发挥专业优势，还需要能够适应市场的新情况，将两者融合才能在行业内获得快速发展。

目前行业内市场竞争力较强的主要是原来做酒店管理软件的企业，但它们的软件只是简单地管理客房和整合信息，并未对平台系统进行一体化，更没有对平台空间进行二次开发，无法提供增值服务。但一些研发能力强、技术储备雄厚、客户资源众多的酒店管理软件公司也开始开发一些功能性强、兼容性好、性能稳定的平台系统，加上渠道优势明显，逐渐对其他公司形成威胁，但同时也促进了行业的竞争和发展。

行悦信息已签约的酒店终端安装及运营达到了近百万台，扩大了市场占有率。在这种情况下，行悦信息继续发挥行业龙头的优势，必然可以在该领域做出巨大成绩。

2. 信息技术产业的兴起助推企业发力

企业的主营业务为酒店数字多媒体系统平台产品，在"互联网+"理念盛行的大环境下，整个信息技术产业的兴起及国家的大力支持为企业产品的发展提供了契合宏观发展的大环境。

"互联网+"对各个行业的影响和改造已经越来越明显，如电子商务、互联网金融、在线旅游、在线影视、在线房产等行业都是"互联网+"的产物。"互联网+"作为互联网的延伸，是互联网和其他行业相结合的产物，很好地适应了国家的产业政策和社会经济的发展需要。

2014年11月，李克强总理出席首届世界互联网大会时指出，互联网是大众创业、万众创新的新工具。其中"大众创业、万众创新"正是此次政府工作报告中的重要主题，被称作中国经济发展的"新引擎"，可见其重要性。

2015年3月5日在十二届全国人大三次会议上，李克强在政府工作报告中首次提出"互联网+"行动计划。李克强在年度政府工作报告中指出，"制定'互联网+'行动计划，推动移动互联网、云计算、大数据、物联网等与现代制造业结合，促进电子商务、工业互联网和互联网金融健康发展，引导互联网企业拓展国际市场。"

"互联网+"通过跨界融合、创新驱动，可以重塑行业结构，形成行业生态，达到连接相关领域，从而实现价值增值的目的。行悦信息通过跨界多媒体终端和信息化服务，创新性提出多媒体终端+数字化运营服务，重新构造了酒店业数字化领域的格局，形成了设备销售和增值服务一体化，打造了新平台的生态系统，帮助各有关方实现价值增值。目前主要表现为拉近了消费品公司和终端客户之间的距离，也为酒店管理提供了实时平台。

国务院印发了《关于积极推进"互联网+"行动的指导意见》（以下简称《意见》）。《意见》指出，积极发挥我国互联网已经形成的优势，把握机遇，增强信心，加快推进"互联网+"发展，有利于激发创新活力、创新公共服务模式、重塑创新体系和培育新兴业态。除此之外，大力发展"互联网+"对于打造大众创业、万众创新和增加公共产品、公共服务"双引擎"，主动适应和引领经济发展新常态，形成经济发展新动能，实现中国经济提质增效升级具有重要意义。

为此，《意见》提出我国"互联网+"行动的近期总体目标是，在2018年，实现互联网与经济社会各领域融合发展的进一步深化。要发展新的经济增长点，使得基于互联网的新业态成为新的经济增长引擎，努力挖掘互联网在支撑万众创新、大众创业方面的重要作用。在未来，互联网将成为提供公共服务的重要窗口，通过"互联网+"使得虚拟经济与实体经济协同互动，从而形成新的发展格局。

国家领导人对于"互联网+"高度重视，把"互联网+"上升到国家层面的战略高度，政府在整个战略实施过程中将扮演引领者与推动者的角色，深入挖掘有潜力、未来能发展为"互联网+"型的优秀企业，为其他企业发展树立典型，同时建立"互联网+"产业园区及企业孵化器，融合当地资源打造一批具备新型互联网思维的企业。另外，企业是"互联网+"热潮的实践者，应该积极引进"互联网+"相关技术，邀请相关技术人员为本企业培训互联网知识，对在职员工进行再培训，增强对"互联网+"的理解能力，提高工作中的应用能力。此外，企业可以与各大互联网企业建立长期的交流合作关系，让互联网企业与传统企业相互交流探讨，加快推动"互联网+"经济的发展。

2015年初，400亿元新兴产业创业投资引导基金设立，用来支持新业态创新项目发展。李克强总理在政府工作报告中提到，未来要整合筹措更多资金为产业创新加油助力。

"互联网+"意味着未来的发展前景广阔，加上政府的大力扶持，行悦信息发展空间是无穷的，其搭建的数字化平台是以后发展各种增值服务的储备池。通过日常运营，行悦信息还可以增加客户识别度，提升自己的品牌形象，这样再向相关领域发展就是水到渠成的事。

中国经济和互联网的高速发展也随之带来了信息、旅游和酒店产业的崛起，行悦信息作为中国最大的连锁酒店多媒体信息系统平台发展迅速，2014年公司全年实现业务收入7020万元，毛利率为33.35%，净利润同比增长110.77%，具有极强的竞争力。

3. 公司提供的系统化产品在行业内具有领先地位和独创性

多媒体液晶电视一体机、多媒体机顶盒、酒店数字多媒体客房系统和数字内容及信息为公司提供的主要产品。

目前行业内综合实力较强的是一些有酒店管理软件背景的公司，但只是简单的信息提供，并没有平台型概念的整合，深度的开发和增值服务也没有。而行悦信息提供的酒店客房数字多媒体系统平台能够提供平台型的产品，在此平台上能够进一步开发、提供增值服务。

酒店数字多媒体客房系统是公司的核心部件，集合了有线电视网络、宽带局域网和卫星电视信息，形成软件集成系统，让住客能够与各品牌商家实现互动。

多媒体系统平台除了有着高清电视、卫星电视、视频点播的电视功能之外，还可以提供餐饮、娱乐、游戏、社区WIFI等增值功能。该系统可以实时了解住客的

图1-1-6（a）　行悦股份的数字多媒体客房系统

高清电视　　　　　　　　　卫星电视

酒店服务　　　　　　　　　视频点播

图1-1-6（b）　行悦股份的数字多媒体系统平台

需求，不断对系统进行升级，更加贴合企业的需求。酒店住客的最新需求能够通过系统被及时了解，这样公司能够及时掌握市场需求动态，将系统及时更新升级，更加贴近客户。比如，系统中的多语言模块在客户入住时记录了客人的国籍信息，住宿期间所有系统语音、文字等变换成客人的母语；又如，客人的智能手机、平板电脑等通过移动终端兼容系统连接到一体机，将移动终端的视频等内容呈现在一体机页面上，极大地满足了客人量身定制的需求。

图1-1-7 移动终端通过WIFI网络连接多媒体液晶电视一体机示例

数字多媒体信息的提供

酒店客房数字多媒体系统平台的建设包括多媒体液晶电视一体机、多媒体机顶盒和酒店数字多媒体客房系统的硬件、软件，能够将商家的数字多媒体信息展现给商旅客人，为双方提供互联网在线互动的平台增值服务。目前，公司主要在市场容量大、客户群体较多、后续服务空间广阔的经济型连锁酒店中开展数字多媒体信息的运营业务，为酒店住客、品牌商、广告商提供平台增值服务。

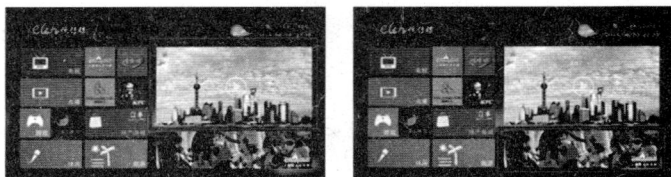

图1-1-8 品牌互动示例（肯德基点餐服务）

公司销售的数字多媒体客房系统除了具备传统液晶电视的功能外，还具有餐饮、娱乐、广告、租车、旅行、机场接送、影视影音、游戏、社区、WIFI 接入等功能，而且有专门的业务区域，能够实现酒店住客和品牌商、广告商等商家之间的在线互动。品牌商家在多媒体液晶电视一体机上向酒店住客宣传商家的商品信息，酒店住客在客房内使用遥控器或者手机等移动终端在多媒体液晶电视一体机上选择所需的商品，系统通过网络及时将客户所需商品的种类、数量、型号、交易方式等信息反馈给品牌商家，商家收到信息后再按照客户的要求派送商品，公司实现了通过系统为酒店住客和品牌商家提供互动服务。同时品牌商家、广告商还可以通过系统平台进行在线广告宣传，宣传方式分为静态和动态两种。酒店住客登记入住后，打开房门，插卡取电的同时一体机打开，品牌商家、广告商的广告通过静态图像或者动态FLASH播放出来，开机率达到100%，收视效果和广告宣传效果都能够得到很好的体现。公司还和著名在线网站合作，为酒店住客和在线网站提供增值服务，在线网站通过系统平台将信息投放到一体机上，酒店住客可以收看、点击了解网站的信息，为其提供方便的生活、时尚、旅游等信息。

4. 拥有大量的优质客户，轻资产的运营模式，细分领域市场占有率排名第一

（1）公司合作的客户多是大型连锁酒店集团，双方合作关系良好。目前与公司达成合作关系的主要有如家酒店集团、铂涛酒店集团、锦江酒店集团、维也纳酒店集团、速8酒店集团等国内大型连锁酒店集团。这些酒店集团有近百万间客房，且每年保持稳定的增长。初步统计，这些酒店集团年平均入住率大于80%，接待的酒店住客人数将近3亿人次。截至2014年底，已经签约的客房数达到了百万间。

（2）公司从2015年起与飞利浦全面开展研发方面的合作，共同研发的酒店智能电视机将投放市场。通过与知名企业的合作，公司的产品质量、技术水平、市场品牌方面都能够得到有效提升。与大量优质客户的合作能够保证需求的稳定性和增长性。

（3）公司根据酒店客户的需求，通过技术研发、测试，做出酒店客户满意的设备后，委托给外部的生产型企业加工，之后再卖给酒店，并承担安装及维修工作。在这种轻资产运营模式下，公司专心于技术研发，不需要通过长时间的固定资产投资，即可迅速扩大规模，占领市场。因此，公司提供的平台增值服务受众规模巨大、覆盖面广，能够将品牌商、广告商、服务商等各类商家的信息有效地传递给入住连锁酒店的住客，产生规模效应，市场消费空间巨大，后续服务空间广阔。在未来几年，公司计划加速铺设客房设备，提高市场占有率，快速扩大市场规模。

5. 公司具有较强的研发能力

公司自成立以来就十分注重研发能力的积累，成立了研发中心。2008年，公司通过上海市信息化委员会认证，获得《软件企业认证证书》。2010年12月9日，公司获得《高新技术企业证书》。目前，公司获得多项专利和软件著作权，技术员工占比达到50%以上，为企业奠定了扎实的技术基础。

6. 公司业绩快速增长

依托良好的行业发展背景和自身建设，公司在2012—2014年维持高速发展。特别是在2014年，公司大力对新产品进行市场开拓，借助互联网，颠覆传统模式，提供三网融合、酒店智能电视的集团化应用整体方案，走出了一条新型的发展道路。2012—2014年公司业绩不仅在数量上实现了增长，营业收入在2014年实现7020万元。在盈利方面，公司的毛利率维持两位数的水平，2014年净利润增长高达110.77%（如表1-1-6、图1-1-9所示）。

表1-1-6　企业财务情况

	2014年	2013年	2012年
营业收入（万元）	7020.1	6169.02	5092.85
毛利率（%）	33.00	34.00	22.46
归属于挂牌公司股东的净利润（万元）	1088.15	516.28	226.8
资产总计（万元）	22405.78	15309.47	14602.95

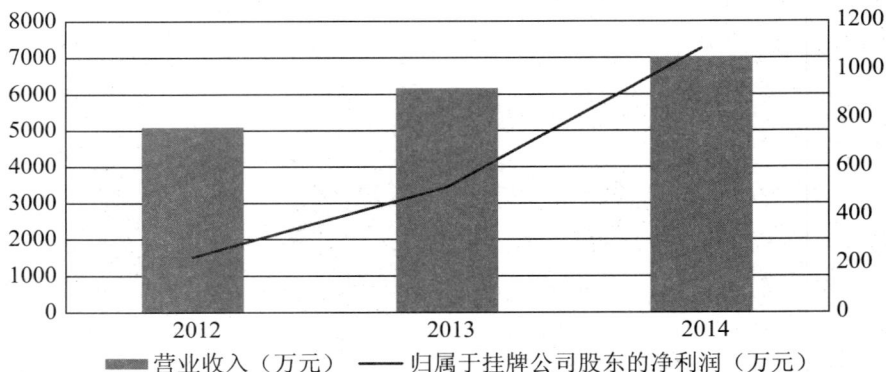

图1-1-9　公司发展情况

资料来源：全国中小企业股份转让系统

7. 公司未来发展

目前，公司打造的"智慧酒店"的创新服务模式已经获得行业认可，成为国内连锁酒店数字化的引领企业。未来，企业将大力铺设客房设备，加快提升市场占有率，形成规模效应，预计到2015年年底铺设的客房总数量将会达到15万间。除了大力发展主营业务之外，未来公司还会在产业链的上下游寻找合作机会，优化公司的产业链结构，从而进一步提升公司在行业内的地位。

行悦信息于2014年8月成为首批做市企业，股票价格实现增长，交易量位居前列。转为做市后，2014年公司一共进行了两次定向增发，分别以2.5元/股、3.9元/股的价格共募集资金7550万元，为公司的发展提供了强劲动力。做市让企业的发展进入了另外一个更高的台阶。

在做市首日就引起市场关注的不只行悦信息一家，例如艾融软件，做市首日股价就暴涨1901%。做市又让这家公司发生了怎样的变化呢？

二、艾融软件：做市首日股价暴涨19倍，成为每股超过100元的企业[2]

艾融软件股份有限公司（简称：艾融软件）于2014年6月9日在新三板挂牌，2015年3月19日发布公告，从协议转让转为做市交易。首次做市确定光大证券、国信证券为做市商。做市首日以16元为开盘价，60.03元收盘，做市首日暴涨1901%（如图1-1-10所示）。

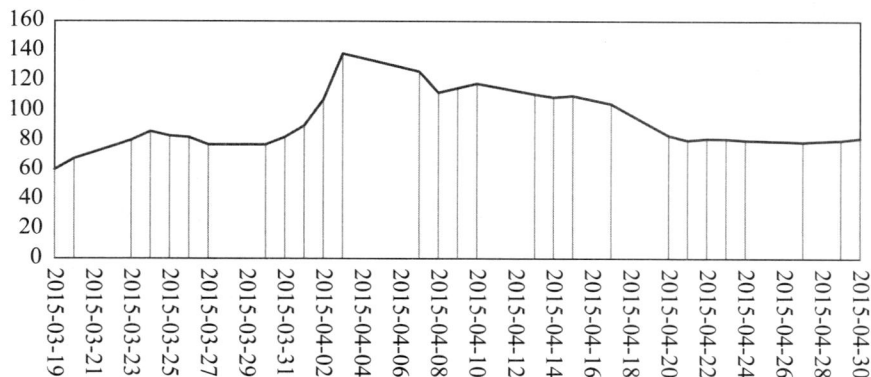

图1-1-10　股价趋势图

资料来源：中孚和泰新三板研究院

做市以来截止到2015年4月30日，总成交量为42万股，总成交额为38660400元，日均成交量为1.5万股，日均成额为1380729元（如图1-1-11所示）。

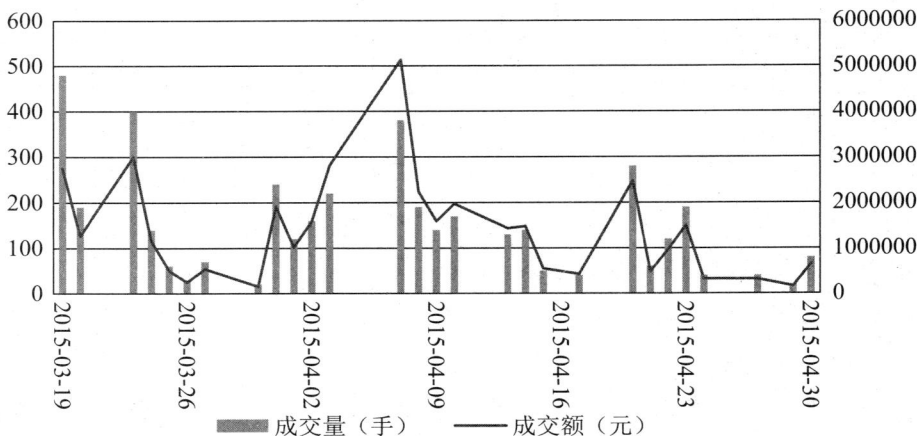

图1-1-11　成交量价图

资料来源：大智慧，中孚和泰新三板研究院

主办券商光大证券和国信证券两大知名券商为其做市，从做市开始短短一个月，股价上涨超过了10倍。股价、成交量充分反映了市场对其的认可度，又一家优质企业通过做市渠道被挖掘了出来。这又是怎样的一家高新技术公司呢？

艾融软件成立于2009年，作为金融—IT—细分领域的互联网金融软件产品的供应商，一直专注于金融业务与互联网的整合，致力于新一代互联网银行业务模式及产品创新的推进，从传统金融机构向互联网金融转型，成为互联网金融应用软件行业的领军企业。

1. 软件行业发展迅速，国家对其大力扶持并提供良性的发展环境

全球的软件产业在20世纪90年代处于一个快速发展的阶段，据有关统计显示，年均增长率在15%～20%之间。软件行业作为国家的战略新兴产业，有力推进了国民经济和社会信息化发展。从发展阶段来看，中国软件产业现在仍处于初创期，市场需求还很大。软件产业本身则具有高成长、高智力投入、服务性强、高附加值的特点，而我国由于处于初创期，软件产业正在不断扩张。在此背景下，我国对软件行业的发展也是高度重视，通过对软件行业的各种支持为其营造了一个良好的发展环境，使得软件行业的收入快速增长。2000年以来，国家相继颁布了《鼓励软件产业和集成电路产业发展的若干政策》等

文件，从而为软件产业创造了一个良好的政策环境。根据工业和信息化部的统计数据显示，2008年、2009年、2010年全国累计完成软件业务收入为7572.90亿元、9513亿元、13364亿元，同比增长29.80%、25.60%、31.00%（如表1-1-7所示）。

表1-1-7　企业2008—2010年业务收入及增长情况

年份	累计软件业务收入（亿元）	同比增长（%）
2008年	7572.90	29.80
2009年	9513	25.60
2010年	13364	31.00

数据来源：全国中小企业股份转让系统

软件行业被国家列为战略性新兴产业，国家通过出台各种相关法规政策来促进软件业的发展，从国家战略层面到税收优惠层面，这些都为公司所处的软件行业提供了强有力的支撑。

（1）纲领性文件的陆续出台。

表1-1-8　国家政策

序号	文件号	政策
1	国发〔2000〕18号	《鼓励软件产业和集成电路产业发展的若干政策》
2	国发〔2005〕44号	《国家中长期科学和技术发展规划纲要（2006—2020年）》
3	国发〔2006〕6号	《国家中长期科学和技术发展规划纲要（2006—2020年）若干配套政策的通知》
4	—	《电子信息产业调整和振兴规划》
5	国发〔2000〕18号	《进一步鼓励软件产业和集成电路产业发展的若干政策》
6	国发〔2011〕4号	《关于印发进一步鼓励软件产业和集成电路产业发展若干政策的通知》
7	—	《工业转型升级规划（2011—2015年）》

（2）具体配套措施的陆续出台。

表1-1-9　配套措施

序号	文件号	政策
1	财税〔2000〕25号	《关于鼓励软件产业和集成电路产业发展有关税收政策问题的通知》
2	财税〔2008〕1号	《关于企业所得税若干优惠政策的通知》
3	国发〔2011〕4号	《国务院关于印发进一步鼓励软件产业和集成电路产业发展若干政策的通知》
4	财税〔2012〕27号	《关于进一步鼓励软件产业和集成电路产业发展企业所得税政策的通知》

（续表1-1-9）

序号	文件号	政策
5	计高技〔2002〕2686号	《关于组织实施振兴软件产业行动计划的通知》
6	国科发高字〔2004〕124号	《关于进一步提高我国软件企业技术创新能力的实施意见》
7	信部科〔2006〕309号	《信息产业科技发展"十一五"规划和2020年中长期规划纲要》
8	信部联产〔2000〕968号	《软件企业认定标准及管理办法（试行）》
9	信息产业部令第5号	《软件产品管理办法》
10	—	《国家规划布局内重点软件企业和集成电路设计企业认定管理试行办法》
11	—	《关于印发国家"十二五"科学和技术发展规划的通知》
12	—	《关于软件产品增值税政策的通知》
13	—	《"十二五"产业技术创新规划》
14	—	《软件和信息技术服务业"十二五"发展规划》

在国家一系列产业扶持政策的推动下，我国软件业务收入在2012年达到了2.5亿万元。在国家层面的支持下，软件行业有着良好的发展环境和发展前景。

软件行业监管体制不断完善，促进了行业发展。按照国家相关规定，国家工业和信息化部是软件行业的行政主管部门，而中国软件业协会则是软件行业的内部管理机构，二者相互配合共同促进软件行业的发展。国家工业和信息化部通过制定相关的法律法规，拟定软件行业的技术规范和标准，从外部规范了软件行业，从而推进信息化和工业化结合，促进软件行业的发展。中国软件行业协会通过对软件企业进行业务指导，订立行业行规行约以及协助政府部门组织制定本行业的国家标准、专业标准和行业推荐标准等来规范软件行业，从内部促进行业发展。

银行业IT解决方案细分市场增长稳定，行业发展稳健。公司目前所处的银行业IT解决方案细分市场是软件行业的一个细分市场。随着互联网金融的快速发展，传统金融业务受到冲击，竞争日益激烈，互联网公司开始通过产品创新的方式介入传统金融服务领域（如支付宝），银行致力进入互联网金融领域已经成为一种必然选择。

总体来说，在当前政策环境下，中国银行业IT解决方案市场整体增长态势比较稳定。随着中国银行业转型步伐的加快，银行用户的需求也将发生变化，客户更加注重产品创新与服务创新，这对于解决方案商而言也将出现新的发展机会，从而进一步促进银行业IT解决方案市场的发展。

2. 发展迅猛的互联网金融，亟须转型的银行业，为公司提供了发展的契机

艾融软件的客户主要针对银行业，在互联网金融迅猛发展的背景下，传统金融业受到了很大的冲击。据艾瑞统计数据显示，2013年中国的电子商务市场交易规模达到了9.9万亿元，这一数字在2017年将达到21.6万亿元。各种互联网的创新产品渗透到传统金融业务领域，促使银行业不得不进行转型，传统柜台业务、电子渠道业务将被互联网金融业务所取代。银行业也通过建立电商平台、提供在线金融服务来跟上时代的要求。

基于银行业的发展要求，艾融软件的出现正好契合了银行业对于互联网金融领域的需求。它主要为银行搭建电商平台，使其投融资、支付等核心业务实现互联网化，对已有的用户群体提供互联网金融服务，创建一个有着用户信用评级体系的电子商务生态系统。公司在增加收入的同时，与其他互联网金融产品、模式进行抗衡。

根据IDC的统计研究，中国银行业IT解决方案的市场需求巨大，2012年的总量为121.7亿元，这个数字比2011年的总量增长了将近20%，而这一速度将继续保持增长。IDC预测2017年该细分市场需求规模将达到324.4亿元，2013—2017年的年均复合增长率为21.7%。随着中国银行业转型步骤的加快，银行业对于新兴的互联网金融相匹配的IT解决方案需求会越来越重视，这也给艾融软件提供了一个很好的发展契机。

3. 行业对产品要求高，公司研发实力强劲

公司面对的客户为银行业，银行业对于金融产品的安全性、稳定性等要求高，这就需要企业有成熟的产品。依托公司强大的创新研发能力，公司已经为多家银行提供互联网金融的平台解决方案，包括金融电商、在线融资、新型网上支付、社区金融、网上现金管理、手机银行、银企互联等。

成熟产品背后是一支在IT金融领域有着多年经验的管理和技术团队，对行业有着深刻的认识，积累了强大的人脉，能够有效把握市场的需求。公司的核心团队在电子银行产品研发、建设、运营等方面有着超过15年的行业经验，专

业基础扎实。除此之外，公司坚持开展技术交流，定期举办形式多样的交流沙龙，与业界同行探讨各种新技术、新的业务模式，不断学习使得自身始终站在技术的前沿，进而为公司的不断创新、持续发展提供源源不断的发展动力。

在现有研发基础上，公司不断加大对研发能力的投入，在北京设有专业的研发中心。公司积极响应国家"产业与研究"相结合的政策，坚持与高校开展多种合作，如与北京理工大学合作建立互联网信息安全创新研究合作实验室。

公司人才结构合理，本科及其以上学历的员工在公司占比超过80%，高素质的人才队伍为公司不断开拓创新提供了源源不断的动力。除此之外，合理的年龄结构也使得公司不仅能快速适应所在行业，更能不断创新进取。公司目前30岁以下的员工占比约为76%，30岁以上的占比约为24%。公司的中年骨干具有丰富的行业经验，能够使公司快速融入所在行业；青年员工接收新知识的能力强、创新能力强，能够帮助公司快速形成自己的竞争优势。

公司研发人员超过30人，涉及领域广泛，涵盖与银行IT相关各领域的研发方向，并取得了一定的成果，共获得了16项与互联网金融相关的软件著作权，在银行IT服务商领域取得了多项殊荣，从而更好地奠定了公司在行业中的地位（艾融软件取得的部分成果如表1-1-10所示）。

表1-1-10 艾融软件发展中大事件

时间	事件
2014年4月11日	艾融软件副总经理何继远先生应邀出席由北京银监局主办，华夏银行承办的"北京银行业金融机构互联网金融高峰论坛"，并做了互联网金融的主题报告
2014年6月19日	在由国家工信部赛迪集团主办的"2014中国方案商大会暨第十六届金软件金服务颁奖盛典"中，艾融软件荣获"2014年度中国金服务金融行业最具应用价值解决方案奖"
2014年7月25日	艾融软件 i2BDP 大数据平台经营分析平台产品及 i2CMS 内容管理平台产品分别获得国家知识产权局颁发的计算机软件著作权登记证书
2014年8月5日	艾融软件i2DirectBank 直销银行平台产品获得国家知识产权局颁发的计算机软件著作权登记证书
2014年12月19日	在由中国电子信息产业发展研究院主办，《软件和信息服务》杂志社与中国软件评测中心联合承办的"2014中国软件大会"中，艾融软件荣获"2014年度中国软件和信息服务银行直销行业最佳产品奖"

4. 积累大量的优质客户，客户群稳定

经过多年的沉淀和积累，公司形成了成熟的产品体系，有着完善的互联网系统开发经验。这些都为公司争取优质客户奠定了良好的基础，目前公司与各个层面的优质银行建立了良好的合作关系，国有商业银行有工商银行、建设银行；股份制商业银行有交通银行、民生银行；城市商业银行有上海银行、上海农商银行。通过对优质客户的经验积累，这也为公司下一步的业务开拓、发展积累了更多的经验，形成了良性循环。这种行业经验会逐渐发展成为公司的核心竞争力，在项目过程中自主开发的产品更是具有可复制性和延伸性，从而能够更好地把这一成熟的应用体系迅速应用到其他客户中去。

由于金融IT应用比较复杂并且成本高昂，商业银行一般不轻易更换系统服务商，因此保证了在公司销售额的占比超过80%的银行客户的稳定性，在一定程度上也保证了公司业绩的稳定性。公司本身凭借专业的技术、优质的服务获得了客户的良好评价，从而保证了公司在互联网金融软件市场的竞争优势，也提高了公司在业内的知名度。因此，公司更容易与商业银行形成稳定、长期的合作关系。

5. 针对性的销售模式和有效的管理模式

针对商业银行普遍采用招投标形式选择IT解决方案服务商的模式，公司积极参与各个招标活动，并且一直保持直销模式进行产品和服务的销售，保证产品质量。

公司的客户对象属于金融行业，需求是互联网金融相关的解决方案。上海、北京、广州三个地方是金融客户最密集、互联网金融意识最强，也是发展最好的地区，所以公司除了总部设在上海之外，在北京、广州均设有分支机构，设立了专门的当地销售中心和软件中心，实现服务的本土化，确保服务的针对性和及时性。

在客户筛选方面，公司聚焦于各金融市场中的重要优质客户，筛选客户的角度包括资产规模、创新意识、行业标杆示范效应等，这样客户需求能够很好地契合公司的产品定位，与之建立长期的战略合作。一方面能够很好地对接上公司的产品定位，另一方面通过对其服务不断积累行业经验，对公司自身产品的促进起到了良好的作用。而且通过这些行业标杆企业的示范效应，能够为

公司今后的市场开拓起到良好的示范作用。

在具体销售策略上，公司采取定制模式，根据每个客户的需求专门设计，在可复制的产品上进行有关延伸。公司经过长期的发展，逐渐形成了自己的服务特色。公司以产品为依托、以客户为导向形成了"软件产品+咨询服务+产品定制服务"三位一体持续迭代的高附加值专业软件产品。公司的产品研发是在充分调研的基础上，与客户进行有效的沟通，根据他们的需求提供100%专业设计和贴身定制服务。这样的生产研发模式，不仅能保证产品的先进性，还能使产品的性能更加符合客户的实际需要。为了更好地服务于客户，对公司软件产品生命周期进行更有效的管理，公司还成立了互联网金融产品事业部。互联网金融产品事业部建立了一套包括"售前咨询、交付过程管理、产品交付、售后服务"等多方面的质量监督管理体系，从而更好地把控产品质量，提高客户的满意度，使得公司和客户的合作具有可持续性。

这样具有针对性的积极主动的销售模式使公司能够迅速打开市场局面，与各优质客户进行合作。2014年6月，艾融软件中标广州农商行电子商务平台项目，为艾融公司业务又拓展了一位新的行业客户。2014年9月，艾融软件与中信银行就多银行资金管理平台 MBS 项目开展合作，作为此项目软件产品的供应商。除此之外，2014年12月，艾融软件还参与中标北京农商行网上营业厅项目，为艾融公司业务的发展又拓展一位新行业客户。

为保证产品质量，公司通过建立一系列的质量管理体系和开发控制制度；为及时获得产品反馈和客户最新需求，建立互联网金融产品事业部，能够第一时间得到市场的反馈并进行快速调整，保证市场的占有率；为降低产品开发的风险，将技术研究与产品开发相结合，部署项目实施，提高产品的可复制性。

6. 产品系列丰富，满足各种需求

围绕互联网金融应用领域，公司开发出丰富的平台型产品系列，每一款产品都具有针对性，有效满足各种不同的需求。

i2Shopping电子商务平台产品：公司自主研发的产品，通过该平台银行能够将各类第三方服务商的数据进行集中，同时将现有的客户、信用、金融服务资源有效整合，实现从传统营销向互联网营销的战略转型。

i2Cash现金管理产品：该现金管理产品获得了第三届中国金融IT服务的"优秀产品与技术创新奖"，可以帮助企业通过互联网渠道进行金融资产管理。客户对象既包括银行也包括企业集团客户，银行可以利用此平台处理企业现金管理业务，企业客户可以利用此平台进行企业内部的现金管理，与相关银行系统直接联系。

i2financing 投融资平台产品：客户可以利用此平台搭建在线融资平台，例如P2P、众筹等在线信贷应用，能够处理与之相关的贷款、还款等业务。

图1-1-12　i2financing投融资平台在线贷款业务

i2Pay网上支付产品：借助于该产品，客户可以构建网上支付平台，银行借记卡、信用卡、他行卡、商业票据等多种支付方式都可以在该平台上实现。

i2Money网上银行产品：该款产品是针对个人银行业务，为个人、家庭提供查询、代缴费等全方位的金融服务，个人用户可以在家办理大部分银行业务。

图1-1-13　i2Money个人网上银行业务

7. 未来发展

市场开拓方面，公司以银行业为主，但是会在巩固已有银行细分领域的基础上，适时向其他金融细分领域渗透。在银行客户领域继续奉行"大客户"思路，与行业内的代表客户进行合作，一方面可以提高企业知名度，另一方面通过与知名客户的合作，进行业务创新和拓展发展空间。同时，北京、上海、广州是金融机构最集中的地方，公司以该三个地方为核心，逐步向其他城市拓展，形成以点带面的发展格局。

产品方面，公司不断提高研发和创新能力，专注于互联网金融软件产品，形成完整的产品体系，并有效结合客户的需求，必要时与客户一起合作开发新产品，以客户、市场为导向。

专业性、稳定性是今后团队培养的重点，通过制定的培养计划、灵活的绩效考核、股权激励等多种方式，目前核心团队的员工已经通过持有公司股份的方式更好地参与到公司的经营中去。

2014年互联网金融得到社会的关注和认可，整个行业处于一个快速发展的阶段，为企业提供了一个很好的发展大环境。经过前几年的经营，公司的产品和服务模式也开始得到了客户的认可，除了工商银行、交通银行等已有客户业务的增长，还增加了中信银行、北京农商银行、广州农商银行三个优质客户。依托于迅猛发展的金融互联网，研发实力、销售、管理各方面有所提升，2014年艾融软件取得了显著的成效。

2014年公司营业收入为4193.8万元，同比增长42.28%；营业利润和净利润分别为575.6万元和757.3万元，同比增长17.57%和65.33%。凭借着已有的基础和市场发展态势，做市后企业的价值得到了市场的认可，股价实现了较大幅度的上涨，这为企业的发展提供了良好的市场基础（如表1-1-11所示）。

表1-1-11　2014年财务情况

财务指标	2014年	同比增长
营业收入（万元）	4193.8	42.28%
营业利润（万元）	575.6	17.57%
净利润（万元）	757.3	65.33%
毛利率（%）	42.72	—
基本每股收益（元/股）	0.75	—

第二节
哪些行业适合做市

截至2015年6月30日，新三板做市企业达510家，占全部挂牌企业数的18.96%。从行业分布来看，信息技术行业位居首位。在新三板做市企业中，属于信息技术行业的企业数量最多，共计173家，占比33.92%，紧随其后的是工业和材料，占比分别是29.02%和13.73%，普遍来看都是适应经济结构调整和符合转型方向的新兴产业类公司（如表1-2-1、图1-2-1所示）。

表1-2-1　做市企业的行业分布表

序号	行业名称	做市转让股票个数	占比
1	信息技术	173	33.92%
2	工业	148	29.02%
3	材料	70	13.73%
4	医疗保健	32	6.27%
5	可选消费	36	7.06%
6	日常消费	26	5.10%
7	能源	9	1.76%
8	电信服务	6	1.18%
9	公用事业	4	0.78%
10	金融	6	1.18%
合计		510	100.00%

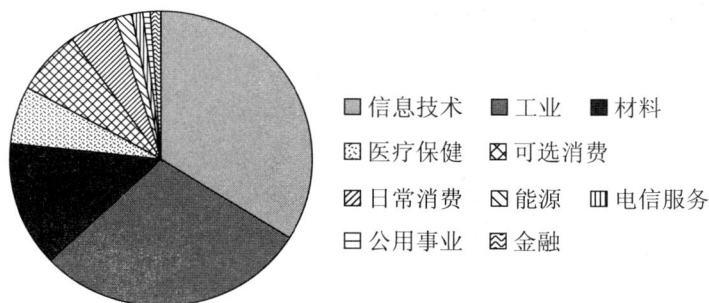

图1-2-1　做市企业行业分布图

资料来源：全国中小企业股份转让系统，中孚和泰新三板研究院

为什么信息技术、医疗保健行业是做市的首选呢？一般来说，成长性是

做市的首要条件，而信息技术、医疗保健行业是"成长性高""科技含量高"的行业，未来增长潜力大，自然是做市的标的。其次，从行业发展来看，它们在某种意义上属于朝阳产业，符合国家政策、时代主流，蕴藏的机会巨大，该类行业中的优质企业能够很快地入做市商的"法眼"。通过做市，企业不仅能够获得资本的青睐，同时能够获得专业投资机构的加盟。

让我们从中信证券发布的披露新三板做市标准来一探究竟。比如说中信证券日前在股转系统发布的2014年度新三板业务工作报告中，不但披露了公司新三板业务部门架构、业务体系及人员配备情况，还介绍了公司目前做市项目选择标准。

具体而言，中信证券对做市项目的选取有六个条件：第一，最近两年连续盈利且最近一年净利润不少于500万元；第二，最近一年营业收入不低于5000万元；第三，最近一期净资产不小于2000万元；第四，最近两年净利润增长率不低于30%，且预计未来三年营业收入平均增长率不低于30%；第五，挂牌公司所属行业符合"两高六新"的（即"成长性高、科技含量高"和"新经济、新服务、新农业、新材料、新能源和新商业模式"）可优先考虑；第六，信息科技、生物与新医药行业拟做市标的，净利润和营业收入指标可适当放宽，但必须具备更加显著的成长性。从中信证券选择的做市项目标准可以看出，券商看中的是成长性。

参考其他券商做市标准，也主要分行业，对于传统行业，对净利润的要求会高，基本上会要求企业最近一年净利润要达1000万元以上；新兴行业对净利润要求则没有特别的限定。新兴行业中比较倾向于TMT、环保、生物科技等行业。

下面我们就结合案例去了解该类高成长性的企业在做市后的变化，它们又是怎样的优质企业，怎样获得做市商的青睐？

一、凌志软件：做市首日成交额超过4000万元，与毅达资本联手助长公司[3]

2014年12月12日，苏州工业园区凌志软件股份有限公司（简称：凌志软件）开始做市，媒体报道以"大象起舞"来形容凌志软件做市首日的表现。做市首日，天风证券、国泰君安、上海证券3家券商为其做市，成交额超过4000

万元，一举成为当日成交额最高的新三板股票。

做市交易活跃：做市交易首日以每股13.26元为开盘价，自此股价一路上扬，截至2015年4月30日，以每股38元收盘，期间最高价达到55.69元，均价为27元（如图1-2-2所示）；总成交量为2134.5万股，总成交额为559997172元，日均成交量为23.71万股，日均成交额为6222190元（如图1-2-3所示）。

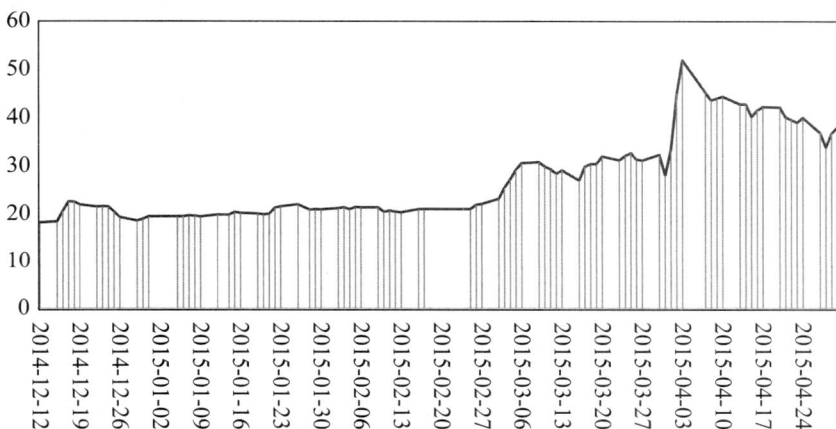

图1-2-2　股价趋势图

资料来源：大智慧，中孚和泰新三板研究院

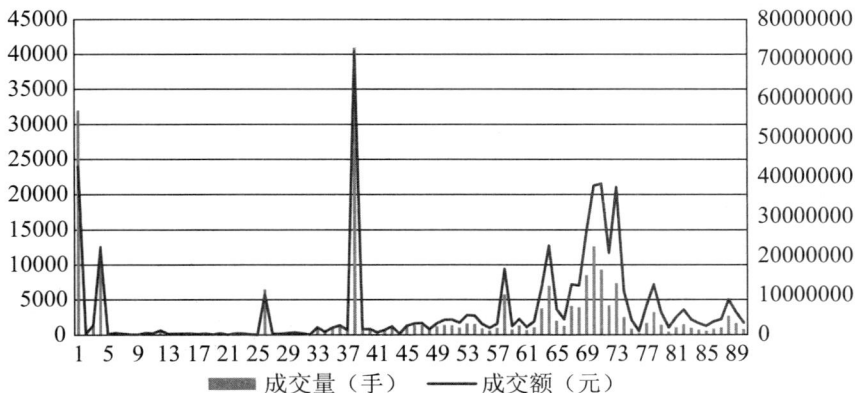

图1-2-3　成交量价图

说明：横坐标表示做市第1日至第90日。

资料来源：大智慧，中孚和泰新三板研究院

做市后，公司不仅借助资本市场的力量进行业务开拓，还受到投资机构的有力关注，联手进行资本运作。2015年6月5日公司发布公告，毅达资本与其签署了《战略合作框架协议》。根据合作框架，毅达资本将针对凌志软件成立针对性的项目组，结合凌志软件的发展计划，利用投资机构的专业能力和储备项目，对公司发展有利的项目进行并购或其他资本运作，推动企业的资本运作，实现产业链的完善和扩充。同时凌志软件也发布公告称，将向毅达资本投入2000万元，占基金总规模约3%。

做市让凌志软件不仅在资本市场舞台上展现自己，还与投资机构携手，实现角色的完美转身，也站在投资角度去书写公司的宏伟蓝图。那么，作为一家专注于向国内外客户提供高端的软件外包与服务的供应商，凌志软件在哪些方面体现着信息技术行业的"高成长性""高技术含量"呢？

1. 所处IT服务行业市场容量大，对日软件外包细分市场规模稳定增长

（1）全球IT服务市场规模稳步增长，专业化分工深化为发展中国家提供外包市场空间。

信息技术作为当今社会的主要生产力，代表着目前社会主流的发展方向，对整个社会的生产效率和运行效率都产生了很大的影响，在各个领域应用广泛，涉及金融、交通、贸易、能源等各个领域。随着信息技术在社会各个领域的深入，整个社会对软件和信息服务的需求日益增长。根据美国信息产业咨询公司Gartner的数据显示，2013年全球范围内IT服务类支出为9220亿美元，而且这一需求呈现稳步增长的趋势，市场容量越来越大。

在整个社会软件行业中，软件外包服务是其中重要的组成部分，随着全球软件服务行业的需求增长和社会分工深化，对软件外包服务的需求越来越大，这项业务的占比也越来越大。据统计，2009年、2010年、2011年全球IT服务总支出分别为7690亿美元、7930亿美元和8480亿美元，而同期全球软件外包与服务行业的规模分别为3100亿美元、4100亿美元和4900亿美元（如表1-2-2所示）。从数据不难看出，软件外包与服务行业的增长速度明显快于全球IT服务市场。2010年，软件外包与服务行业在全球IT服务市场的占比首度超过50%，达到51.70%（如图1-2-4所示）。

表1-2-2　全球信息技术行业情况

全球信息技术行业概况			
年份	IT服务总支出 （亿美元）	软件与外包服务行业 （亿美元）	占比 （%）
2009年	7690	3100	40.31
2010年	7930	4100	51.70
2011年	8480	4900	57.78

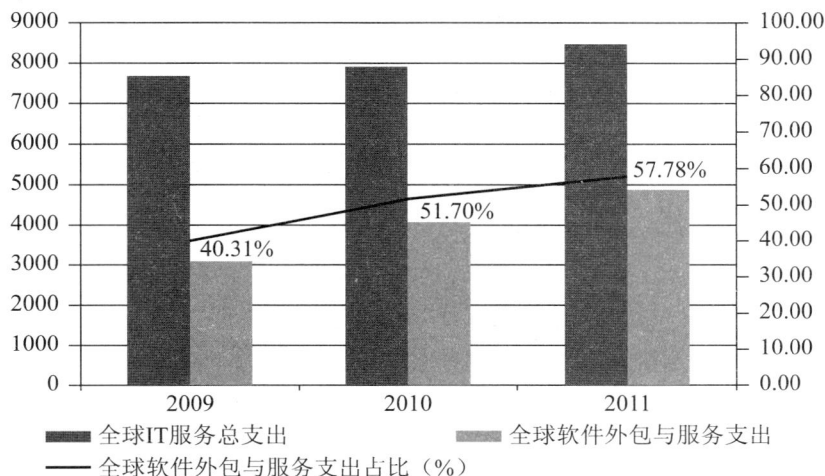

图1-2-4　全球信息技术行业概况

资料来源：全国中小企业股份转让系统

　　近几年，随着发展中国家技术水平的提高和发达国家人力成本的提升，软件外包和服务的主要承接方都在发展中国家。由于信息技术发展的阶段不同，像美国、日本、欧洲等发达国家和地区一直处于软件的上游主导地位，一般软件的发包商都在这些国家。据商务部统计，全球软件外包的发包市场，美国占了三分之二，欧盟和日本占了剩下的三分之一。发展中国家凭借着税收、人力成本等方面的优势，加之近年来科技水平的提升，发展情况受到金融危机、欧债危机的影响也比发达国家小，使得这些新兴经济体成为国际上发包商的外包服务的不二选择。特别像印度、中国和马来西亚，就成为软件外包服务的主要市场。从 AT Kearney 发布的"全球离岸服务目的地指数排名"的情况可以看到，这三个国家在近几年的软件外包和服务市场中占据了主导地位，综合实力靠前（在计算"全球离岸服务目的地指数"时，财税吸引力、技术人才和商业环境三类指标权重分别为40%、30%和30%）（如表1-2-3所示）。

表1-2-3 中国、印度、马来西亚的软件外包和服务市场情况

排名	国家	2011年				2009年			
		财税吸引力	技术人才	商业环境	综合得分	财税吸引力	技术人才	商业环境	综合得分
1	印度	3.11	2.76	1.14	7.01	3.13	2.48	1.3	6.91
2	中国	2.62	2.55	1.31	6.49	2.59	2.33	1.37	6.29
3	马来西亚	2.78	1.38	1.83	5.99	2.76	1.24	1.97	5.98

资料来源：全国中小企业股份转让系统

不仅仅是量的提升，随着科技的发展，软件外包与服务在整个产业链中的附加值和地位也是与日俱增。除了发包商对接包商的技术水平要求提升，软件外包与服务的内容也在不断地升级，这两者是相辅相成的。例如，目前云计算、大数据分析、物联网等新兴细分领域的外包服务的涌现。根据 Gartner 预计，2015年全球云计算服务市场规模有望达到1768亿美元。科技诱发新需求，在发包商和接包商的科技能力同步提升的背景下，发包商将越来越多的附加值高、科技含量高的业务内容发包出去，这对接包商来说，能够获取的收益性价比也越来越高。

（2）日本细分市场稳步增长。

公司在软件外包和服务业务中，主要针对的是日本市场，并且专注于日本市场多年。日本市场由于它特有的行业属性，一旦形成业务关系，将会保持长期合作。在服务外包领域，日本一般的最终用户会发包给日本国内的一级接包商，这些一级接包商不仅要有很强的专业能力，同时在资金等方面都要有一定的实力，所以，日本国内的一级接包商仅有30多家，且都为有规模的大型企业。它们控制了日本的大部分外包市场，且和用户关系紧密，深刻了解用户的需求。为了降低成本，它们也会将部分软件服务再外包。由于地理位置、文化等方面的优势，中国成为下级分包商的不二选择，有将近70%的业务分到了中国。基于对分包商的要求，公司在日本市场精耕细作多年，业绩增长稳定可期。凌志软件与日本前三大一级接包商有着将近10年的合作，为后续长期持续稳定的需求来源奠定了很好的基础。

由于我国天然的地理位置优势和人力成本优势以及日本软件行业的发展需求，中国逐渐成为日本软件外包服务的主要市场。据有关数据统计，日本国内一级接包商能够从最终用户得到的价格为100万日元～300万日元/人月，日

本国内二级接包商的平均成本为70万日元~100万日元/人月，而中国优秀的合格接包商的价格为30万日元~50万日元/人月。可见，在外包服务市场中，中国的人力成本优势非常明显。据IDC的分析统计，2009年在12家大型日本一级外包服务商中，将部分业务分包给中国接包商的一级接包商业绩均实现了增长，而在整个经济不景气的日本，这样的业绩增长与其他未分包给中国的一级接包商的业绩下滑形成了鲜明对比。日本对中国外包的分发无论在量上还是质上都在逐年增长，对中国的接包商来说，这是一个广阔的市场。

除了中国在人力成本方面的优势外，从日本国内的发展情况来看，日本对外需求也在日益增长。由于日本人口的老龄化导致了IT技术人员的缺口大，只能寻求海外市场。加之税制改革规划和金融制度调整，日本对于IT方面的需求会进一步加大，根据IDC在2012年发布的报告，日本2016年的IT服务市场空间将达到52843亿日元，中国未来将承接更多的业务。

不仅来自海外的承包业务增加，中国国内市场的IT外包业务也在快速发展。随着国家经济结构的调整、产业的升级，信息化建设在各行业都有需要，这就释放了大量的软件外包服务需求。根据我国工信部的数据，我国国内软件外包服务的收入2004年为943.8亿元，2011年达到了3555亿元，年均复合增长率为37%。

2. 较早进入IT外包行业，确定了行业领先地位

凌志软件进入软件外包行业较早，特别是在对日这块，经过十多年的经营，积攒了大量的人脉和经验，成为该行业中的领导者，获得了各项行业内的奖项（如表1-2-4所示）。经过多年的行业积累，公司的业务能力已经得到了多方面的认可，软件开发能力和项目管理水平能与国际较先进水平相靠齐。

表1-2-4 企业2008年以来获得荣誉情况

时间	获得荣誉
2008年	入选中国软件和服务外包网评选的中国软件出口（外包）排行前20强
2010年	通过了软件能力成熟度模型CMMI5级认证（最高级别的认证）
2013年	通过CMMI5级认证复评
2011—2015年	被认定为国家规划布局内重点软件企业

公司在日本市场耕耘多年，与日本客户形成了长期稳定的合作关系，对

日本市场的了解深入，确定了在日本市场的行业地位，积累了一部分高端客户。特别是与野村综合研究所（简称：野村综研），有着将近十年的业务合作关系，并建立了战略合作伙伴关系。由于日本的一级接包商数量较少，与其建立合作关系后能够长期维持订单的来源。除了与日本一级接包商的合作，公司还直接与日本大型房地产公司进行合作，为进入房地产领域奠定了良好的基础，也为进入产业链的上端进一步开拓了日本市场（如表1-2-5所示）。

表1-2-5　公司与日本客户合作关系

日本客户	公司种类
野村综研	日本排名前十的软件一级接包商
SRA	日本一级接包商
佳能 IT	
NTT DATA	
TIS	日本排名前五的一级接包商
富士通	
大东建托	日本大型房地产公司

除了在日本市场的开拓，公司还积极发展国内市场。随着国内软件服务市场的兴起，公司通过近几年的产品研发销售，已经在国内市场建立了客户群，主要集中在证券行业，为其提供有效的IT解决方案。目前已经与国信证券、中信证券、广发证券、申银万国、东北证券、东海证券等17家知名证券公司形成合作。由于行业特性，一旦建立稳定关系，客户的黏着度比较高，能够很好地为下一步市场开拓提供良好的口碑。

3. 积累高附加值的软件外包服务技术能力

公司通过数十年为日本市场提供软件外包服务的过程，积累了丰富的行业经验，特别是日本软件技术位居全球前列。在这个过程中，公司的整体技术实力得到了有效提升，在行业中具有明显的技术优势，主要表现为：（1）公司面对的客户规模大，如野村综研，是公司的最主要的客户，它是一家在日本金融、电子商务等领域数一数二的软件服务公司，对二级承包商的要求也比较高，特别是精通金融领域，这也为公司在其金融领域中的领先地位奠定了良好的基础。除了金融行业，公司也拥有其他领域的大客户，如大东建托，是日本的大型房企，在提供服务中，一方面要满足大客户复杂、严格的要求，另一方面在过程中积攒了丰富的经验。（2）为客户提供的软件外包服务，不是处于产业链的末端，而是处于产业链的较上端，内容的附加值、技术含量都比较高。特别是直接承接的项目，涵盖了前端的咨询、中期的开发实施、后期的维护等整个周期的作业。公司的市场定位不只是低端、简单的软件外包服务，还包括很多行业中应用软件核心业务的开发，需要为客户提供一整套的解决方案。（3）在多年的对日软件外包业务中，公司培养了一支自己的技术团队。一方面无论从理论上还是实践上都有着跨国的项目实施经验，可以更好地开拓国际市场；另一方面能够复制和延伸已有经验，挖掘国内项目，将在发达国家中积攒的经验应用到国内市场来，推动国内软件外包行业的发展，树立行业地位。

4.服务涵盖各行业，积累丰富经验

公司的客户主要集中在日本和国内的市场。公司进入日本市场多年，服务的项目渗透到证券、银行、保险、房地产、电信和电子商务等多个重要行业，承接的项目也是各行业的核心业务（如表1-2-6所示），为公司在日本市场的进一步发展打下了坚实的基础。

表1-2-6　公司在日本市场的服务项目情况

行业	项目
证券业	网上证券交易系统开发及运维
	基金销售支援系统
	券商客户关系管理系统
	富客户端策略交易系统
银行业	网上银行系统
	养老金管理系统
保险业	车险销售平台
	寿险核心系统维护
	寿险数理统计系统
	寿险营业支援系统
	财险合同管理系统
	财险集团客户管理系统
房地产	不动产公司内部业务系统

（续表1-2-6）

行业	项目
电子商务	不动产广告平台
	电子杂志网站系统维护
	化妆品公司网上销售系统
其他产业	电信公司营业厅支持系统
	预算管理及供应商费用支付系统
	公司内部OA业务申请系统

公司凭借着在日本市场多年的经验积累，特别是在证券行业，国内正处证券业创新发展时期，公司可以很好地将日本市场的经验复制到国内市场，并针对国内市场进行相应的调整。公司已经与中国证券公司进行合作，为其核心业务提供软件服务（如表1-2-7所示）。

表1-2-7　企业在证券业的业务情况

行业	项目
证券业	投行综合管理系统
	CRM营销服务一体化平台
	MOT关键时刻服务管理系统
	程序化交易平台

5.软件开发中心建设降低人力成本

软件外包行业中最主要的是人才，人力成本就成为该行业中主要的竞争优势。目前公司在苏州成立了软件开发中心，一方面可以减少不必要的人力、运营成本，另一方面也可以作为公司的竞争优势承接大规模、高盈利的项目。接下来，公司将会在无锡等三四线城市继续布局，建设软件开发中心，加强人力成本的优势。

6.实力雄厚的技术人才队伍

在数十年的经营发展中，企业形成了一支管理能力和技术能力齐备的队伍。管理团队以总经理为首，他在日本工作了数十年，对日本市场的需求非常了解，此外又有着长达20年的本行业管理经验。其他管理人员也都拥有不止10年的从业和管理经验。公司的员工以技术人员为主，研发和技术人员占到公司员工总数的9成以上，其中能够直接与国外客户对接、提供场外服务的高级技术人员达60人以上。而且，公司通过股权激励的方式增加核心员工的稳定性。

除了现有的人才队伍，公司还注重后续人才队伍的培养。公司对人才队伍的定位是打造一支具有跨国工作能力的高技术复合型人才队伍，并建立了一套人才培养体系，以"凌志培训中心"为核心，运用"未来之星""梦想加油站"和"凌志之星"，建立人才梯队，为项目输送人才。此外，针对优秀员工，还开拓了"精英训练营"。

7. 针对性的服务模式

公司目前的客户主要分为对日市场和国内市场，根据两个市场的不同特点，针对性地设计不同的服务模式，让外包服务更为有效。

（1）对日的服务模式。

对日主要是作为二级接包商，属于项目外包服务。

项目外包服务是客户把外包业务整体或者部分提供给公司，项目的进度、人员安排、质量等都由公司自己来把控，按照约定的要求标准进行。而与之对应的有人力外包服务，是公司指派人员到客户的软件工作组进行工作。

公司与客户的合作方式是先签订框架协议，确定长期合作关系，再根据业务来签订个别的合同。这种模式有利于客户根据自身的需要合理确定发包的工作量，有更大的调动空间。对于公司来说，这样也可以有更多的灵活性和自主权，但对公司的项目管理经营有着更高的要求。相对人力外包来说，这种模式也能赚取更多的附加值。

（2）国内市场的服务模式。

较之于对日的二级接包商的角色，在国内可以直接与最终客户进行业务合作。针对不同的客户进行定制化的服务，前期市场开拓人员充分深入了解客户的需求，特别是特定需求，将之反馈给研发部门，研发人员结合其需求为其定制阶段方案。项目管理过程中，不断与客户进行交流，特别是市场开拓人员，他们充当桥梁角色，进行及时反馈。一般该种模式采取约定节点收费，公司的项目管理能力和经验在此种模式下能够很好地发挥其作用。

截至2015年6月30日，凌志软件的做市商有天风证券、长江证券、国泰君安证券、太平洋证券、万联证券、上海证券、广发证券，高达7家。其发展前景和潜力都获得了做市商的认可。

以上的案例都是属于信息技术行业，其高成长性均得到了市场的一致认可，更容易获得做市商的青睐。那么是否其他行业的企业就难以进入做市商的"法眼"呢？其实，做市企业只要是成长股，都是做市商追捧的对象。营利性也是筛选企业的一个方面，虽然是传统性的行业，但只要其企业有着快速的增长，同样是做市商的香饽饽，如工业行业的捷昌驱动。

二、捷昌驱动：线性驱动专业生产商，高盈利能力吸引做市商[4]

浙江捷昌线性驱动科技股份有限公司（简称：捷昌驱动）是一家专业从事线性驱动产品研发、生产、销售的国家级高新技术企业。2014年营业业绩亮眼，销售收入为21792.96万元，同比增长90.82%。盈利方面，公司净利润为4093.07万元，同比增长157.06%。2015年1月9日转为做市，截至2015年6月30日，兴业证券、浙商证券、金元证券3家券商为其做市。

虽然是非信息技术行业，但是公司凭借其良好的盈利能力、成长空间，同样是做市的好标的，做市的表现可圈可点。

公司做市交易首日以每股11.05元为开盘价，自此股价一路上扬，截至2014年4月30日，以每股36元收盘，涨幅达到225.79%。其中最高价达到41.05元，均价为28元（如图1-2-5所示）。

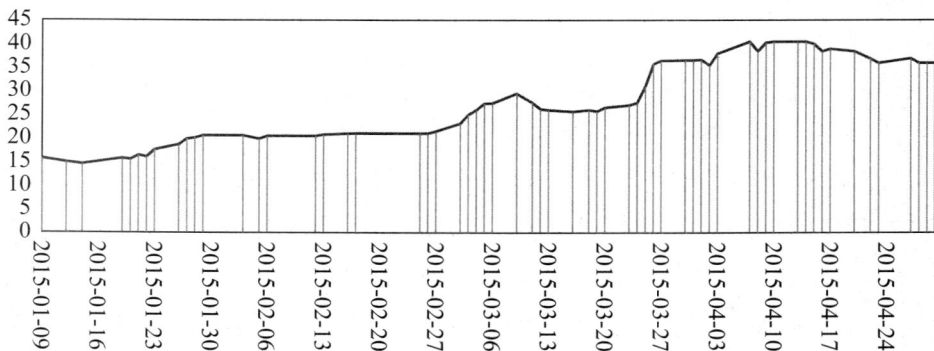

图1-2-5   股价趋势图

资料来源，大智慧，中孚和泰新三板研究院

截至2015年4月30日，总成交量为72.50万股，总成交额为21520530元，日均成交量为1.19万股，日均成额为3527956元（如图1-2-6所示）。

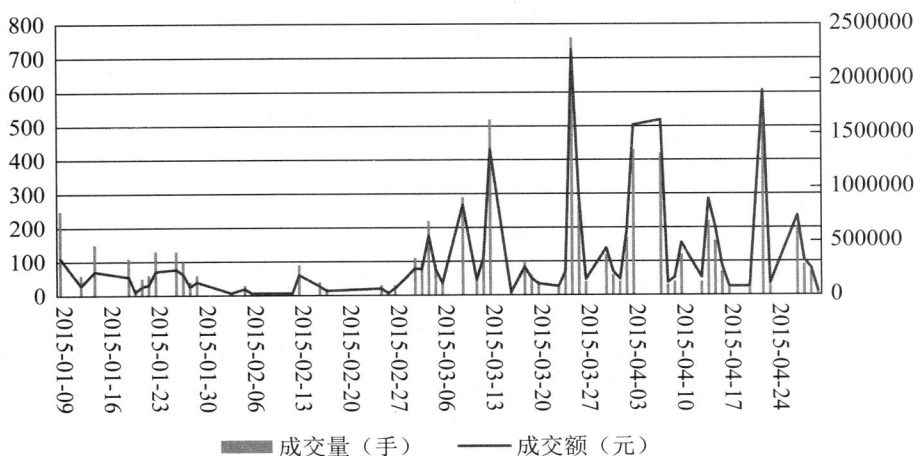

图1-2-6　成交量价图

材料来源：大智慧，中孚和泰新三板研究院

1. 自身行业和下游行业受到政府政策支持

捷昌驱动属于制造业，近几年国家不断提升对于装备制造业的重视，尤其是对高技术含量领域的政策鼓励和支持，特别是公司的线性驱动产品处于新兴的细分行业，技术含量高，涉及计算机硬件产业、软件行业、电子行业、远程咨询业等相关产业和领域。该行业还与网络、计算机软件、通信、机械等相关学科及产业的综合集成应用相关联。在智能家居行业、自动化、医疗器械行业都有广泛的应用，线性驱动产品的控制系统相比之下更加智能化、网络化，逐步替代了传统控制系统。因此，相比传统制造业，线性驱动行业更加符合国家对先进制造业的政策导向。

公司面对的下游行业主要是医疗器械行业和智能家居行业，高端附加值的核心器件和配件也是国家提倡的发展领域，尤其要实现自主产权、进口替代，无论从自身所处的制造业还是下游行业的政策导向，都为公司的发展提供了一个良好的政策环境（如表1-2-8所示）。

表1-2-8　相关产业政策

相关产业政策	
政策	**要点**
《中华人民共和国国民经济和社会发展第十二个五年规划纲要》	2011年3月，全国人大在《中华人民共和国国民经济和社会发展第十二个五年规划纲要》中提出装备制造行业要提高基础工艺、基础材料、基础元器件研发和产业化，加强重大技术成套设备研发和产业化，推动装备产品智能化
《国务院关于加快振兴装备制造业的若干意见》	2006年6月28日，国务院在《国务院关于加快振兴装备制造业的若干意见》中提出装备制造业是为国民经济发展和国防建设提供技术装备的基础性产业。要优化装备制造业产品和产业结构，大力提供自主创新能力，推进重大技术装备自主制造，加大政策支持和引导力度，实现关键领域的重大突破
《当前优先发展的高技术产业化重点领域指南（2007年度）》	2007年1月，国家发展和改革委员会、科学技术部、商务部和国家知识产权局联合发布了《当前优先发展的高技术产业化重点领域指南（2007年度）》，确定了当前应该优先发展的高技术产业领域，要求重点发展适用于个人、家庭、社区诊所及医院的信息服务系统及便携式分析、监护、诊断及预防治疗仪器，病人信息数据库、专家系统，医学信息数据库、数字医学影像存储系统，远程医疗诊断、监护和教育系统、社区卫生服务网络系统，数字医学信息处理专用软件
《国家火炬计划优先发展技术领域（2010年）》	2009年9月，国家科学技术部发展计划司发布了《国家火炬计划优先发展技术领域（2010年）》，主要涉及的领域包括医疗器械行业，"重点支持应用各种先进技术、制造快速、精密、安全、有效、可靠且临床急需的诊断和医用治疗设备、仪器及相关部件；升级换代的社区医疗设备产品，特别注重具有自主知识产权的创新医疗器械产品的规模化、产业化"，其中包括"生物电信号检测及临床监护设备"
《医疗器械科技产业"十二五"专项规划（2011年）》	2011年11月，中华人民共和国科学技术部发布的《医疗器械科技产业"十二五"专项规划》（国科发计〔2011〕705号）提出到2015年，初步建立医疗器械研发创新链，突破一批共性关键技术和核心部件，重点开发一批具有自主知识产权、高性能、高品质、低成本和主要依赖进口的基本医疗器械产品
《中国家用电器工业"十二五"发展规划的建议》	2010年12月20日，中国家电协会发布《中国家用电器工业"十二五"发展规划的建议》指出：产品方面，"十二五"时期将重点发展附加值高的高端家电产品；在技术方面，将加强对人机工程、传感技术、模糊控制等家电智能化技术的研究，跟踪物联网和智能电网技术的发展动向，对物联网家电和智能电网家电进行先行性研究和开发
《进一步鼓励软件产业和集成电路产业发展的若干政策》	2011年1月28日，国务院发布了《进一步鼓励软件产业和集成电路产业发展的若干政策》（国发〔2011〕4号），进一步确认软件产业和集成电路产业是国家战略性新兴产业，是国民经济和社会信息化的重要基础

2. 市场容量大

公司主要产品是线性驱动产品，为很多下游行业的产品提供核心配件，应用范围广。目前公司针对的主要领域是医疗器械行业和智能家居行业。医疗器械和智能家居行业近年和未来的快速发展是公司发展的持续引擎动力。

《医学科技发展"十二五"规划》和《医疗器械产业科技发展专项规划2011—2015》均提出要大力发展医疗器械行业，加大对医疗器械企业的复制力度，将之上升为国家战略型行业，这将有效带动整个医疗行业的发展。

我国医疗器械行业发展相对滞后。我国健康产业占GDP的比重仅为2%，相比之下，发达国家高达8%～15%。据相关统计数据显示，2010—2012年期间我国医疗器械市场销售规模一直保持上升趋势，2014年市场销售规模达到2556亿元，比2013年增长将近20%（如图1-2-7所示）。

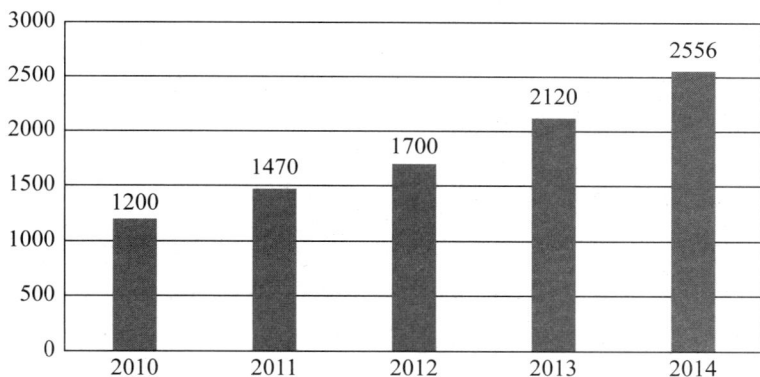

图1-2-7 医疗器械销售收入

资料来源：全国中小企业股份转让系统

按照该增长趋势，中国的医疗器械市场规模在2020年预计会达到1万亿元。纵观全球，我国人口约是世界总人口的1/5，但是医疗器械的市场规模仅为5%左右。因此从人口规模上看，我国的医疗器械市场规模的潜力巨大。随着国家医改的推进和投入的增加，未来乡镇、中西部等经济不发达地区的医疗器械市场领域也将进一步开拓，市场的增长空间巨大。

随着我国社会进入老龄化，养老事业的发展对医疗器械的需求也在逐步扩大。据有关数据显示，2015年我国60周岁以上老龄人口达到2.1亿，占到全部人口的10%，而且这一数据将会持续上升。中国的老龄化将会催发一批养老相关机构和配套设施的市场，使得医疗器械设备市场容量进一步扩大，进而对上游产品的需求量也会扩大。

智能家居市场是线性驱动产品的另一个重要应用行业。据相关资料统计，美国在2012年就有150多万的家庭实现了家居系统智能化，智能家居产业也比国内发展得更加成熟。相比之下，国内智能家居市场发展相对比较缓慢，除了受居民的消费水平制约外，还有一个重要的原因是消费者体验欠佳。以往的智能家居系统没有充分考虑用户的使用需求，而是将整套系统打包销售给用户。

随着技术的发展和消费者消费水平的提高，企业也更加关注用户体验，智能家居市场的潜力也被商家不断挖掘。根据千家咨询顾问的统计数据和预测，中国智能家居的市场规模从2011年的110亿元会一直上升至2020年的3294.1亿元，从2013年开始进入一个快速的增长期，年增长率达到25%左右（如图1-2-8所示）。国脉物联网技术研究中心的统计数据也表明，我国建筑总面积在2015年达到632.7亿平方米，为智能家居提供了一个潜在的市场需求。

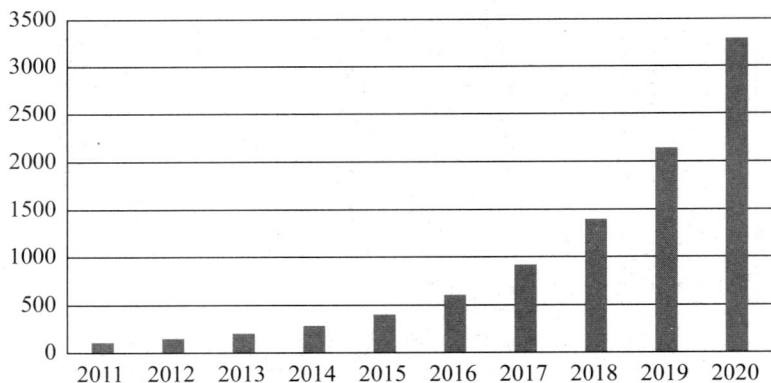

图1-2-8 市场规模

资料来源：全国中小企业股份转让系统

智能家居从某种意义上来说是移动互联网的拓展应用。随着居民消费观念的提升，人们更加注重生活的舒适性、便利性。加之整个互联网时代的到来，智能化的应用更是随处可见。智能小区的建设，包括国家对"智慧城市"的推广，目前已有193个国家智慧城市试点，这些互联网时代带来的对智能家居的需求将会给线性产品提供一个广阔的空间。

除了医疗器械行业、智能家居两大主要应用领域，随着社会的发展和人们生活习惯的变化，也给线性产品增加了更多的应用领域。目前随着工作环境的变化，工作人员的脊椎类疾病和鼠标手患者增加，如何通过办公设备的改善（如可升降的办公桌）来预防此类职业病，这些都为线性产品的应用打开了一个全新的发展契机。

3. 国内企业与国外企业相比的后发优势

参与线性驱动行业竞争的企业主要包括跨国公司、中国台湾地区的供应商以及中国内地的供应商。

国外跨国公司进入这个行业最早，是该行业的创造者、开拓者，通过多年的积累，已完成该行业的专利布局，给新进入者带来知识产权方面的障碍，同时这些企业具有较高的品牌效应和完善的分销渠道，基本垄断国外基础医疗设备的控制系统业务。但随着自动化技术、网络技术飞速发展，许多客户提出自己的功能设想，由于此类企业规模庞大，市场反应速度不够快，往往忽略这部分业务，这也是国内企业的切入点。国内本土供应商的龙头公司在产品性能指标上已基本与国际品牌产品持平，相对优势在于产品的性价比更高，对客户的定制要求反应更为迅速。国内企业虽然进入该行业时间不长，但通过近十年来的技术积淀，在传感技术、同步控制技术和网络技术上可以和国外企业相竞争。同时，国内企业抓住客户定制这一业务契机快速响应，带给客户满意的产品，逐步获得国外客户的信任。由于国内企业响应速度快，产品能够满足客户要求，通过客户定制业务逐步拓展到标准化业务，市场逐步扩大。

4. 研发实力强劲，主导行业标准

2012年国家工业和信息化部发布直流电动推杆的行业标准（QB/T4288-2012），该标准由中国轻工业联合会提出，捷昌驱动牵头起草。作为该行业标准的制定者，国家政府每年会给予公司50万元～110万元的补助支持，行业的主导地位得到了国家的肯定和支持，其技术实力也得到了业界的认可。

公司拥有一支强劲的研发团队，以创始人为领头羊。创始人拥有机械、电器方面的技术，并一直钻研先进制造技术，曾有过国家层面的研发计划，将会带领出一支技术过硬的研发核心团队。

公司目前获得多项奖项，截至目前共获46项专利权、2项专利申请权、8项软件著作权（如表1-2-9所示）。其中多款产品还获得了CE认证、UL认证等国际认证，为进军国际市场打下了坚实的基础。

表1-2-9　企业软件著作情况

软件著作权情况		
软件名称	证书取得日期	取得方式
捷昌三立柱系统转接盒控制软件V2.0	2013年11月29日	原始取得
捷昌三立柱系统护士台控制软件V2.0	2013年11月29日	原始取得
捷昌三立柱系统控制软件V2.0	2013年11月28日	原始取得
捷昌多功能医用翻身床控制器系统软件V1.0	2011年5月30日	受让取得
医用七电机多功能床控制器嵌入式软件V1.0	2011年5月30日	受让取得
捷昌三立柱医用床控制器系统软件V1.0	2011年5月30日	受让取得
捷昌两立柱同步控制系统软件V1.0	2011年5月30日	受让取得
捷昌电动医疗床背腿角度九十度限制控制软件V1.0	2011年12月16日	原始取得

公司不故步自封，在已有的科技成果上，继续以"功能创新"为导向，根据客户和市场的新变化、新需求，不断对已有产品进行更新迭代、进行新技术的研发，此外还注重技术的集成性，注重整体的功能性，更能提升公司产品的附加值，在市场上更具有竞争力。

5. 质量管理到位

公司奉行质量第一的原则，不断加强质量管理方面的水平，获得各项认证：2012年1月，公司获得GB/T24001-2004/ISO14001:2004标准质量管理体系认证；2013年11月，获得了GB/T19001-2008/ISO9001:2008标准质量管理体系认证证书及ISO9001质量管理体系认证证书；2011年9月公司获得国家级高新技术企业证书。

6. 内贸和外贸相结合，与国外知名经销商合作

公司市场定位于国外和国内，不同的市场采取针对性的销售模式。

国外，采取直接销售和通过当地经销商相结合的渠道；国内，采用与客

户直接接触的直销方式。直接销售方面，公司计划在北美设立子公司负责当地的销售和售后服务。为了能够更好地打开市场，提高市场开拓效率和售后服务的到位性，公司选取与当地知名的经销商合作，这样能够更好地建立销售渠道。

瑞士的经销商是BIBUS AG公司，这是一家总部设在瑞士、有着24家子公司的销售公司，涉及机械零件、气动元件等多个领域，在欧洲和亚洲都有极为广阔的销售网络，在全球范围内有着很深的影响力。公司与之合作多年，借助它开拓了更多的国际市场。

在韩国，主要的合作经销商为SAPEC（Supreme Authentic Products Export Co.，Ltd）。这是一家老字号公司，成立于1997年，业务涉及线性电动机的销售，与公司的产品重合性高。它在韩国的医疗器械有着70%左右的市场占有率，与各相关产品的制造商都有往来。公司在韩国市场主要与它保持紧密的联系与合作。

在与经销商的合作中，公司通过将自主研发产品销售给经销商后确认收入，下一步由经销商自主定价，同时保留公司的自主知识产权，这样既不会存在知识产权方面的纠纷，又在国外市场中有着自己的品牌地位。除此之外，在对外销售的定价方面，公司采用的是FOB（离岸价），由买方负责安排船只接运货物，货物的风险是在装运港货物装上船后即开始由卖方转移给买方，从而很好地控制了交易风险。

在开拓国际市场的同时，公司也积累了一支能够掌握多语言业务沟通能力的复合型人才团队，销售能力强大，跟行业内其他企业相比在国际市场竞争中多了一份优势。

在国内市场上，不经过经销商，通过直接与客户接触有效地把控市场和其他环节。

在多年的耕耘下，公司在行业内已经树立了自己的品牌地位，全球建立起1000多家客户群，被浙江省科技厅评为重点技术骨干标榜企业。强大的研发能力结合卓越的质量控制体系，捷昌驱动树立了行业品牌，获得了全球1000多家客户的认同，目前已经是浙江省科技厅重点技术骨干标兵企业。

作为细分领域的领军企业，做市后股价翻倍，价值得到了市场的认可。虽然是传统的工业行业，但是其反映出来的成长性契合了做市的要求。

此外，一些稀缺行业的企业由于其稀缺性，其可观的成长空间也是做市商们最"喜闻乐见"的，如日常消费行业的古城香业，截至2015年6月30日，已经坐拥天风证券、山西证券、财达证券、华泰证券、华融证券、齐鲁证券、国泰君安证券、东方证券、上海证券9家做市商。作为非典型意义上的新兴技术行业，古城香业有着怎样的魅力吸引着如此众多的做市商呢？

三、古城香业：制香企业龙头，主板、新三板唯一标的[5]

河北古城香业集团股份有限公司（简称：古城香业）是一家制香企业，也是该行业的龙头企业。主要的产品为空气清新香、空气卫生香、熏香（含香道、香文化用香、礼品香）、传统用香。从行业定位上来看，该企业是一家普通意义上的传统企业。但是在资本市场上，它却是该行业中主板、新三板的唯一标的。无论从科研技术还是从生产工艺、设备自动化水平方面，公司是国内乃至亚洲最大的制香公司。

"物以稀为贵"，加之该企业良好的基本面，当它作为稀缺资源出现在资本市场上时，做市商便在极大的利益驱动下为其做市。那么，古城香业做市表现如何，它的稀缺性到底表现在哪些方面呢？

1. 市场规模保持稳定增长

传统香文化行业的历史比较悠久，整个市场的发展也比较成熟，不会出现那种爆发式的增长，但是随着人们文化生活方式等的变化，消费者对香的关注点也发生了变化。特别是近些年，随着居民生活水平的提高，消费能力也随之提高，由此也形成了对香的长期需求。卫生香的主要成分是天然植物，能够有效杀菌和优化室内环境，对人体无害是其他化学类杀菌产品所无法替代的。随着社会的发展和居民消费意识的提升，对于保健、杀菌功效的香类产品的需求进一步提升。在中国，香制品是中国传统的香文化产品，也是一种文化消费品。社会工作节奏的加快导致了亚健康的出现，熏香的天然植物芳香的理疗功效能够改善人的健康状态，市场对该方面的需求也是逐步上升。据相关数据分析，香类制品的市场规模在今后将保持稳步上涨，2017年将达到300亿元的规模（如图1-2-9所示）。

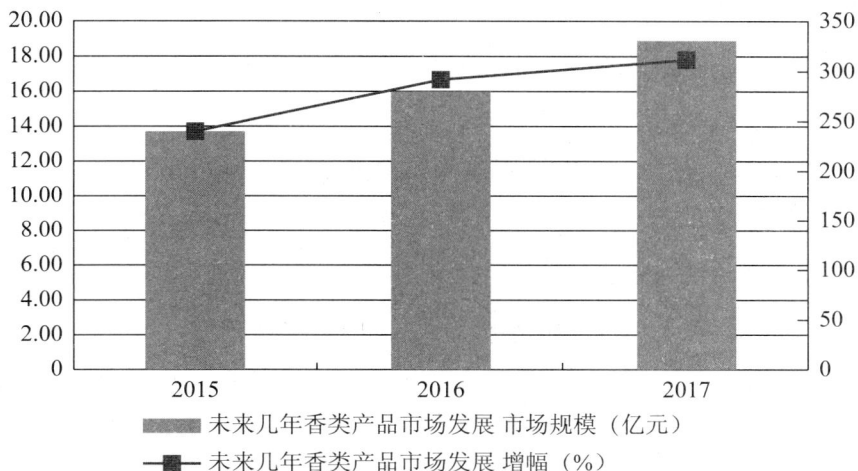

图1-2-9 市场规模预计

资料来源：全国中小企业股份转让系统

2. 受到国际市场冲击小，具有竞争优势

香制品市场主要是被国内企业占领，该行业在国内已经发展多年，是较为成熟的产业，生产工艺和产品质量都能符合国际市场的要求。加之卫生香是劳动密集型产业，国际上能够实现机械化生产的企业几乎没有。在与国外企业的竞争中，我国有着天然的人力资本优势，很难受到国外企业的冲击，这也为我国香制品进入国际市场打下了良好的质量和价格基础。

3. 行业领军企业，引导行业标准

卫生香行业的自律组织为"中国日用杂品工业协会制香分会"，公司作为当时协议成立的主要筹备单位。协会成立后秘书处就设在公司，公司的高管分别担任为香业分会的会长、秘书长。

随着行业不断规范化，国家出台各种行业标准，公司积极参与和主导行业标准制定和起草。国家标准化管理委员会在2011年2月批复成立"全国家用卫生杀虫用品技术委员会燃香产品分技术委员会"，该会的秘书处设在公司，由公司的董事长和技术总监分布担任该会的副主任委员和委员会秘书长。目前已有多个行业标准和国家级的标准由公司参与制定：《燃香类产品安全通用技术条件》《宗教活动场所和旅游场所燃香安全规范》《燃香类产品有害物质测试方法》《卫生香》等。

作为该行业的领军企业，公司在行业的发展方向和标准制定方面有着极大的发言权。

4. 行业发展趋于集中化，产品竞争优势显著

卫生香行业进入门槛不高，启动不难，属于劳动密集型的行业，大大小小的制香企业较多，特别是小作坊式的企业。目前具有一定生产规模的企业数量有5000家左右，但是随着国家标准的出台和行业的规范化，该行业中小规模企业由于质量、价格方面无法与大规模企业抗衡将渐渐被淘汰，行业越来越往大企业集中的趋势发展，更加巩固了公司的市场地位。

卫生香的主要功能除了净化空气、香化环境外，还有高效杀菌和保健的作用。根据其不同的功能，市场上也存在着类似的替代品。如针对净化空气的功能，市场上有空气净化器这样的产品，这类产品主要是利用臭氧等对空气中的有害物质或者自然菌进行杀灭；同样对于香化环境的功能，有空气清新剂这样的产品。但是，相比于同类产品卫生香具有使用简便、功能完善、品种多样等特点，因此在市场竞争中具有明显的优势。在未来一段时间，其他同类产品很难对卫生香产生实质性的冲击。

5. 集团化的运营模式实现规模经济

古城香业共有8家控股子公司，涵盖了制香、制香辅料、包装等各个环节，在集团内部形成了完整的链条。集团内部建立了协作配套厂，主要填充料、包装材料和部分贵重材料实现自给，有效降低了生产成本，提高了产品的竞争力（如表1-2-10所示）。在集团管理模式上采取了"集中采购、分散生产、统一销售"的产供销模式，既能实现规模效应，又能保证质量，采购、生产管理等各个环节都在把控之中，能够为后续的发展打下良好的管理基础。公司通过不断摸索经验、改进机器设备，目前线香制香每班产量可达4500～6000箩，大大提高了公司的生产能力。公司2013年主营业务收入超过2亿元，为细分行业龙头。

表1-2-10 企业控股子公司及主营业务情况

控股子公司	主营业务
菩提制香	制香
古城工艺香	
大道制香	
茶陵香业	
古城香精香料	香精香料
古城包装	包装制品
古城塑料	塑料制品
大道印刷	印刷业务

6. 科研能力雄厚，具有多项知识产权

公司拥有一支高技术人才队伍，从事产品研发、工艺改造等，研发人员都具有中级职称以上，其中博士两人、硕士有五人（如图1-2-10所示）。

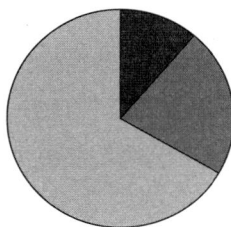

■ 有正高级职称　■ 副高级职称　□ 中级职称

图1-2-10 技术人员构成

资料来源：全国中小企业股份转让系统

研发人员包括公司的高管在内，都有着多年雄厚的行业技术积累，特别是董事长，他是该行业的领军式人物，多年来取得了行业内各项技术突破并引导行业技术发展方向（如表1-2-11所示）。

表1-2-11 董事长的技术履历表

时间	行业内建树
1989年	参加全国日用杂品工业协会家用卫生杀虫用品分会，担任副理事长
1994年	显字香获国家发明专利证书
2004年	研制的"一种改进型无烟蚊香"获国家发明专利
2007年	研制的"野芙蓉香"获国家发明专利
2007年	研制的"利用天然植物精油制造驱蚊熏香产品的方法"获国家发明专利
2010年	参与制订中华人民共和国轻工行业标准 QB/T1692.4-2010《卫生香》

（续表1-2-6）

时间	行业内建树
2011年	参与制订中华人民共和国国家标准 GB26386-2011《燃香类产品安全通用技术条件》
2011年	参与制订中华人民共和国国家标准 GB/T26393-2011《燃香类产品有害物质测试方法》
2012年	研制的"一种制香工艺及系统"获国家发明专利授权
2012年	参与研制的"一种竹脚棒香生产线上用的干燥染色系统"获国家实用新型专利

研发设施齐备，有理化实验室、精密仪器室、气相色谱室、高温实验室、昆虫养殖室、生物测试实验室等多个实验室，能够进行各项基础试验和创新试验，为公司的研发能力打下良好的硬件基础。

截至目前，公司的注册商标有178项，著作权有17项，网络域名有20项，在行业内树立了自己的品牌，如"古城""菩提""佛点头"等已是行业内知名品牌，其中"古城"与"菩提"被国家商标局认定为"驰名商标"，"菩提"商标与"佛点头"商标是"河北省著名商标"。

在具体生产制造过程中，公司也首创线香半自动制香机，打破了行业内采用太阳晒的旧烘干工艺，此项工艺的新突破大大提高了公司的生产产量，各项指标都居于行业内领先地位。

7. 国家政策支持，享有税收及财政补贴

公司享受贷款贴息优惠政策（贷款基准利率下调2.88%），这主要得益于公司被国务院和国家民委批准为"全国少数民族用品定点生产企业"。除此之外，公司在2012年被评为高新技术企业，享受10%的所得税优惠。

8. 完善的内部管理

公司有一支经验丰富和高素质的管理队伍，管理层中大部分员工在公司工作多年，注重以全新的理念推进管理创新，按照现代企业制度的要求积极推进管理制度、运行机制、组织机制的整合，为公司的持续健康发展打下了坚实的基础。

9. 庞大的销售网络

线上、经销、商超、外销四种相结合的销售模式为公司全面打开销售渠

道。目前全国有2000多家代理商、100多名进行市场开拓的销售管理的业务代表。6个销售大区、30多个省市及自治区都有公司的销售网点。此外，全国商超终端的销售网络，覆盖全国商超终端市场；电子商务的互联网销售初见规模，同时大力拓展海外市场，产品已远销到日本、东南亚等国际市场和中国港澳台地区。

古城香业从2012—2014年业绩实现了快速的发展，特别是在2014年的营业收入增长了8%，达到23589万元；净利润实现12%的增长，达到6052万元（如图1-2-11所示）。高达40%的毛利率加上不断增长的业绩（如表1-2-12所示），作为制香细分行业的龙头企业，众多做市商"趋之若鹜"。

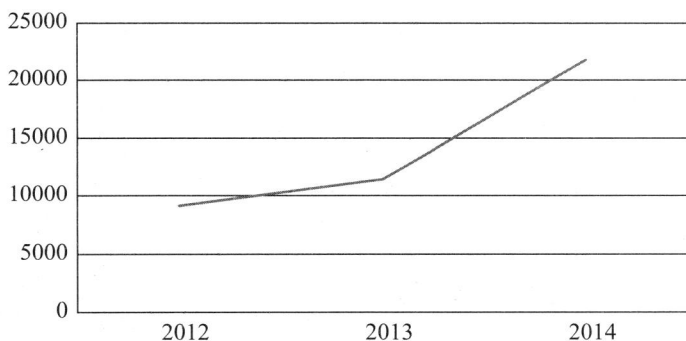

图1-2-11　2012—2014年营业收入情况

资料来源：全国中小企业股份转让系统

表1-2-12　2013—2014年年度企业财务情况

财务情况		
	2014年	2013年
毛利率（%）	41.03	44.10
归属于挂牌公司股东的净利润（元）	60528538.16	53721884.30
基本每股收益（元/股）	0.83	0.9

做市后公司的股价实现了增长，从12.39元上涨到2014年4月30日的27.18元（如图1-2-12所示），共募集资金13260.97万元。企业的价值得到市场的认可后能够有效借助资本市场进行融资，企业进一步做大做强。

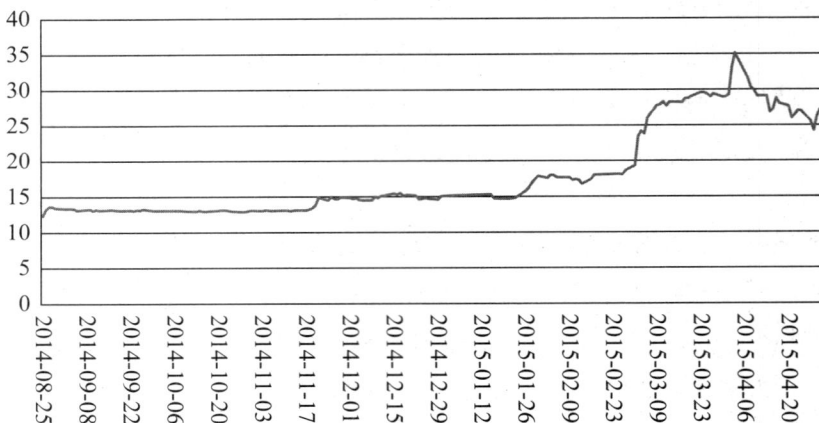

图1-2-12　股价趋势图

资料来源：全国中小企业股份转让系统

除了新兴产业、稀缺产业，在细分领域的优质企业同样是做市的香饽饽。如泡卤风味休闲食品细分行业的有友食品。

四、有友食品：揽获7家做市商，"凤爪"第一股[6]

重庆有友食品股份有限公司（简称：有友食品）是一家从事休闲食品研发、生产、销售，拥有国家发明专利的现代化、农业产业化食品企业。截至2015年6月30日，有友食品拥有齐鲁证券、东方证券、光大证券、招商证券、东北证券、国信证券、中信证券等七家做市商。作为凤爪生产商，该企业有着怎样的独到之处呢？

1. 市场容量稳步提升

2005年我国休闲食品行业的销售收入为2304亿元，2009年预计达到4304亿元，年均复合增长率达到16%以上。但是，我国的休闲食品人均消费水平相差发达国家的消费水平将近150倍。随着经济和居民生活水平的提升，根据《中国食品安全报》文章，2015年我国休闲食品市场规模已接近亿万元。相关分析报告预测，未来6年时间里该市场的规模将会以超10%的速度持续增长，2021年市场规模可达到1.7万亿元。

作为酱卤肉细分领域，这一市场需求更是在近10年间保持了快速增长的势头。酱卤肉制品的市场规模从2000年的92.37亿元增加到2009年的437.42亿元，年均复合增长率为18.86%。以此为基础预算的话，2016年该细分领域的市场规模为1176亿元。

泡肉类食品起源于川渝地区，泡椒凤爪是其代表食品，由于其独特的味道，已经从川渝地区向全国扩张，受到各地消费者的喜爱。目前该市场的容量在35亿元～40亿元之间，未来还将保持一个稳定的增长态势，主要基于：泡椒凤爪的消费群体不仅仅局限于青少年，也涵盖了成年人，特别是女性消费者。从具体年龄段来看，35岁以下的女性消费者是消费主流，她们这一阶层也具有较好的消费能力。随着产品种类的不断丰富，各个地区产品的针对性化，消费群体的种类和数量上都会得到提升。对于川渝当地居民来说，泡椒凤爪是个很常见、易于接受的食品；对于其他市场，特别是具有高消费能力的华东和华北市场，市场通过多年的培育已经渐渐被打开，这将有效扩大整个市场容量。城镇一直是消费的主力军，随着各大品牌在主要城镇渠道的建立、市场拓展，消费能力强的城镇将成为市场扩张的主要目标，他们的消费能力和消费习惯对产品的升级换代也起到一个良性的促进作用；随着新农村的建设，农村居民的消费水平实现了质的飞跃，根据国家统计局的数据，我国农村人均可支配收入从2003年的2622元达到2012年的7916元，年均复合增长率为13%，额外支出涨幅在2003—2012年达到了11%。乡镇人口有9亿多，随着渠道的下沉，为泡椒凤爪的市场增长提供了源源不断的动力。

2. 进入行业有一定的壁垒

虽然快速消费类是个充分竞争的市场，但是要进入休闲食品行业并有效存活下来并不是一朝一夕的事情。主要表现在：

（1）良好的品牌形象的树立。休闲食品在中国已经发展多年，特别是泡卤制品，居民随着生活水平的提高，对其的安全、功能、口味等方面都有着较高要求，表现出来就是对品牌的认可，要购买有品牌的种类。而品牌是通过多年的市场经营获得消费者认可以后形成的，这是长时间对一个品牌的维护、建设的结果，新进入的企业要想在短时间内树立一定的品牌形象是比较困难的。

（2）通畅的销售渠道的开拓。渠道的铺设对于休闲食品来说是非常重要的，通过多年的渠道铺设，行业内已有的企业形成了广阔的销售网络，甚至延伸到了县乡层级。这需要一个长期周期的投入和维护。新进企业要想在短时间内铺设好销售渠道不是一件容易操作的事情。

（3）产品质量的监管要求。随着近些年政府和整个社会对食品安全问题的关注，国家出台了各种法规加大惩罚力度来严格控制食品安全问题，如2009年颁布的《食品安全法》、2011年颁布的《食品添加剂使用标准》，对行业标准和企业的各项指标都提出了更高的要求，淘汰了一批不符合规定的企业，企业要想进入此行业的门槛也提高了。

（4）需要一定的资金规模。休闲食品处于竞争激烈的市场，市场的"马太效应"也越来越明显，对于急速扩张的企业，原料采购、物流配送、仓储建设、渠道建设等各个环节需要大量的资金投入，对于企业的资金实力是个关键的考验。要想在行业内保持竞争优势，就要在资金层面有相当的实力。而新进入企业在品牌的广告宣传投入、销售渠道的开拓投入等方面都需要大规模的资金，这在一定程度上也阻碍了流动资金不足的企业进入。

3. 优秀的成本控制，获得竞争优势

公司经过长期的发展在精细化管理方面积累了丰富的经验，相比于同类企业具有明显的优势，尤其在采购和生产环节上表现突出。在采购方面，公司充分考虑淡旺季对销售价格的影响，积极跟踪国外市场的供求信息并做出合理预测，最后再综合自身情况制定出合理的采购计划，这样在与供应商谈判时处于优势地位，进而获得更优惠的价格。在生产环节上，公司除了严格控制加工环节各项成本的发生，还注重对员工的管理，根据加工人员的产品出成率给予相应的业绩报酬。在公司管理上，为了解决信息不对称的问题，公司实行扁平化的管理，高级管理人员深入生产、销售环节，从而对员工的工作状态有更实际的了解，并通过分种类核算产品销售利润等方式来细化考核相关人员。各项措施的有效实施，使得公司能有效控制成本，提升盈利水平。

4. 在川渝市场的占有率高，品牌获得消费者的认可

公司的产品属于休闲食品，休闲食品行业属于未完全竞争市场，企业数量多，竞争激烈，行业集中度低。但是由于公司生产的泡椒凤爪地方特色强，市场集中度相对高。

泡椒凤爪主要流行在川渝地区，生产厂商也集中在该区域，全国50%以上的泡椒凤爪出自川渝地区，这为企业的原料采购和生产设备提供了很好的保障，消费市场的成熟稳定性也为公司的订单提供了保障。作为身处其中的泡椒凤爪生产商，公司占据了地理区域优势，能够有效利用其成熟的消费和生产市场，泡椒凤爪在当地的市场占有率达到50%以上。

公司在发展过程中重视品牌的建立，坚持产品为主、质量保证、品牌主打的方针，获得了市场和消费者的认可。除了在川渝地区的绝对市场优势之外，公司的产品在全国的市场占有率也超过了1/5，并不断加强品牌的建设，在泡椒凤爪领域树立领先地位。其中"有友"成为中国的驰名商标，被消费者高度认可，也是重庆的美食代表。

5. 采用经销模式为主、直销模式为辅的销售模式赢取渠道优势

为了更加有针对和有力地开拓市场，公司在2013年成立全资的销售子公司，全面开拓全国市场，主要利用经销商这一渠道模式全面铺开，消灭市场盲点（如表1-2-13所示）。除了将销售区域根据片区进行划分，在目前已有800家经销商网络的基础上，公司还在几个重要的城市设立营运中心和办事处，进一步加强市场开拓的力度和管理，提升市场占有率。

表1-2-13　企业经销商分布情况

部门		区域（省份）
销售部门	西南	四川、重庆、贵州、云南、西藏
	华东	上海、江苏、浙江、山东、安徽、福建、江西
	华中	湖南、湖北、河南
	北方	北京、天津、河北、山西、内蒙古、黑龙江、吉林、辽宁
	西北	陕西、甘肃、青海、宁夏、新疆
	华南	广东、广西、海南
营运中心		重庆、成都
办事处		北京、上海、广州、深圳、昆明等

鉴于800多家的经销商规模，公司制定了一些有效的经销商管理模式。由销售子公司的市场部专门负责市场推广方案，推广方案和具体流程与经销商相同，细化到卖场的陈列、试品尝活动、节假日促销等方面。在经销商管理上，采取奖惩结合的制度。公司制定了一系列的考核指标，包括销售业绩、诚信

纪录等来对经销商进行考核，还会派专员到所在负责区域进行现场检查、跟踪。若是发现违规现象，采取停止供货等相应的处罚措施。为调动经销商的积极性，公司会通过返利、提供品尝计划等方式让经销商真正成为公司的合作伙伴。

采取先付款再供货的政策加强资金方面的管理，控制货款回收的风险，从而使公司的流动比率保持在一个健康的水平，也大大提高了公司的盈利质量。

在以商超为主要渠道的直销模式下，公司主要在重庆本地采用该模式，能够更好地加强管理，如在重庆地区与重庆商社新世纪百货连锁经营有限公司、重庆百货大楼股份有限公司等大中型商超建立了良好的合作关系。相比之下，公司在外地采取的更多是经销商的模式。此外，随着互联网购物的兴起，公司与时俱进，加大了电子商务渠道的建设，积极拓展更新更好的销售渠道。

6. 精细化的管理模式

"以产定销"和部分库存相结合的采购模式。

作为消费类食品，质量是公司的生命线。为把控好质量关，公司成立采购供应部来具体负责原材料的采购和供应商的选择，其中关键性的主要原料由母公司来统一负责，对产品质量影响不是很大的物品可视情况由子公司来进行个别采购。

通过对采购每个环节的设计，使得公司的采购工作做到最佳。

（1）采购计划的编制。

生产管理部在年初制定的生产预算的基础上，结合实际订单和库存，来编制采购计划，并下发到具体的采购部门。采购部门接到计划后，会结合市场行情和经验值储备相关的原材料，应对可能出现的价格波动和生产变化，最大限度地降低成本。由于公司在行业内属于规模企业，在采购环节有一定的议价能力，能够对市场原材料价格的波动有很好的抗风险能力。

（2）合格供应商名单的制定。

作为食品行业，为了保证食品安全，公司对供应商有着严格的筛选制度。除了纸面的材料，公司还会派人去现场考察，建立一系列的指标多维度来考察和考核供应商，并进行周期性的变动和调整。对于排名靠前的供应商，则会给予相应的优惠措施，与优质供应商建立良好的合作关系，也增加了供应商之间的良性竞争，利于公司采购工作的把关。

（3）严格的入场检验。

除了对供应商的筛选，在原材料入场时，还要经过严格的质量把关，运用抽查、批次管理的形式保证原料的质量安全。

（4）固定的付款方式。

公司与供应商之间采取固定的月结算方式，结算周期在一个月之内。有些供应商采用预付款或者货到验收合格后付款的方式。这样周期不长、固定的结算方式能够与供应商之间形成良性的合作关系，同时也是公司良好的现金流管理的体现。

整个采购过程中都以质量作为重中之重，有计划地实施采购，最大限度地节约了成本。质量为重的理念一直贯穿后期生产过程中，取得了ISO9001:2008质量管理体系认证与国家食品质量安全体系（QS）认证，也被评为"全国食品安全示范单位"。

7. 技术优势

作为消费类食品，质量和口味都是需要考虑的关键因素。为此公司专门设立了研发中心，运用现代技术将生物技术与传统的泡菜工艺相结合，不断加强创新能力，拥有了自己的核心技术能力，形成自己的食品生产秘方，独特的口味和保鲜能力是其抢占市场的重要砝码（如表1-2-14所示）。

表1-2-14　企业核心技术情况

核心技术	特点
泡凤爪调味技术	按照公司特有配方比例调制，使泡椒凤爪散发独特的酸、辣、劲、爽风味。
卤肉制品调味技术	改进传统酱卤工艺，使卤肉制品的口感风味独特，鲜香入骨。
成套泡凤爪自动化生产技术	自动化程度高，生产高效，质量易控稳定，是构成公司产品可追溯质量控制体系的重要组成部分。

截至目前，公司已经拥有4项专利，其主打产品"有友泡凤爪"获得国家发明专利，是该细分领域知名的品牌。为了进一步提高研发能力，公司还依托与高校开展合作，与西南大学在食品开发和保鲜等领域进行深度合作。

有友食品将借助资本市场，将"泡椒"风味应用到其他产品上，扩大公司的产品系列，将"有友"建设成全国性的品牌。除了在国内上不断提高市场占有率，公司还计划将产品出口到国外，打造全球品牌。

作为国内泡卤风味休闲食品销售商，有友食品靠着自己多年专注主业，在这一细分领域获得优秀业绩，被众多做市商和投资者看好，已经获得了7家做市商的认可。

古城香业、有友食品虽然都属于可选消费，但是由于都是细分领域的领先企业，通过做市得到了市场的认可，更好地借助资本做强做大企业。

除了信息技术、工业、可选消费，目前还有材料、医疗保健、能源、电信服务、公用事业、金融行业都进入了做市领域，那么其他非高新技术行业的企业又是凭借怎样的优势进入做市商的眼中？其在做市中表现如何？

五、鄂信钻石：做市3个月，上涨75%[7]

湖北鄂信钻石科技股份有限公司（简称：鄂信钻石）隶属于超硬材料行业，主要提供中复合超硬材料、合成超硬材料，包括复合钻石工具、合成钻石材料、合金材料、模具材料等。公司从2015年1月14日开始转为做市，由主办券商长江证券、华融证券、财务证券、万联证券4家券商为其做市。做市首日，公司以6.3元开盘、6.49元收盘。截至2015年4月14日，公司股价达到11.36元，在3个月的时间内上涨了75%。企业的价值充分得到了市场的认可。作为一家属于材料行业的高新技术企业，公司有着哪些亮点为市场所看重呢？

1. 硬材料行业受国家政策扶持

节能环保、信息技术、高端装备制造、新能源、新材料行业在国家"十二五"规划中被明确列为战略新兴产业，超硬材料属于新材料行业中的细分行业。作为重要的工业材料，应用广泛，既能应用于机械、冶金、地质、石油、煤炭、石材、木材、建筑、汽车、家电等传统领域，也能应用于电子信息、航天航空、国防军工等高技术领域（如表1-2-15所示）。

表1-2-15　国家政策情况

时间	政策	内容
2011年6月	《当前优先发展的高新技术产业化重点领域指南（2011年度）》	新型超硬材料为实现产业化的重点领域

（续表1-2-15）

时间	政策	内容
2011年7月	《机床工具行业"十二五"发展规划》	超硬材料为重点发展的产品，并将高速、高效、精密超硬材料磨削工具制造技术定性为关键技术
2011年11月	《建材工业"十二五"发展规划》	"超硬材料制备技术"为技术创新与技术进步方向
2012年1月	《新材料产业"十二五"发展规划》以及《新材料产业"十二五"重点产品目录》	高品级金刚石、高品级立方氮化硼以及高效精密超硬材料制品为重点产品，超硬材料有序排列布料、高效精密激光焊接、高效精密成型等技术及装备为关键技术装备，巩固人造金刚石和立方氮化硼超硬材料、激光晶体和非线性晶体等人工晶体技术优势，大力发展功能性超硬材料和大尺寸高功率光电晶体材料及制品

2. 朝阳产业应用前景广阔

超硬材料由于其超高的硬度和良好的耐磨性，在工业发展中发挥着重要的作用。在20世纪60年代以前，超硬材料的制造技术一直被西方国家垄断；我国改革开放以后，中国的超硬材料制造技术取得了突破性的发展，其中最主要的人造金刚石和立方氮化硼两种产品的发展取得了很大的成效。据统计，2012年我国的金刚石产量为148亿克拉，氮化硼产量为4.25亿克拉，同比增长分别为17.2%和13.1%。复合超硬材料的市场总容量约为190亿元。特别是我国的人造金刚石的产量达到了全球总量的80%，是人造金刚石的大国。

基于行业发展的以下几大趋势，复合超硬材料的市场将会越来越大，根据中国机床工具工业协会超硬材料分会的数据，我国超硬材料行业在2001-2008年的复合增长率已经高达24%。

（1）应用越来越广泛。复合超硬材料性能优越，在工业的各个领域都有着重要的应用，对传统的材料替代性强，既能应用在机械、冶金等传统领域，也能应用在军工等高精尖行业上。随着我国复合超硬材料技术的成熟，潜在的市场空间巨大。

（2）超硬材料是金刚石锯切研抛类工具的重要组成部分。石油、天然气等矿产资源的大规模勘探和城市地铁建设的加速发展，对金刚石勘探采掘类工具需求进一步提升。

随着国家宏观经济的发展、技术的升级、产业结构的调整，对超硬材料的需求会持续增加，需求前景十分广阔。

3. 行业进入门槛高

（1）技术要求高。

单晶超硬材料产品的生产不同于一般产品，不仅需要专用的合成设备，还需要在高温高压的条件下才能生成，这两个条件缺一不可。合成设备、原材料以及合成工艺等都会影响产品的产量、质量及品级。在整个生成过程中，任何一项技术从研发、试验到最终应用于产业化生产，都需要大量的人力物力的投入，与此同时，生成过程中还要不断总结经验来改善产品的质量、品级。

超硬材料生产工艺复杂、技术含量高，对于产品的稳定性要求高，没有深厚的技术积累、先进的设备，是无法制造出相应的产品。特别是面临国际和国内先进超硬材料生产企业的竞争，没有深厚的技术积累很难在该行业存活。因此，技术壁垒成为进入该行业的一个重要障碍，潜在进入者如果不能掌握这些核心技术，将很难进入本行业。

（2）人才资源的积累。

高科技公司的竞争，归根到底还是人才的竞争。超硬材料行业对于人才的要求也很高，既要有很强的理论储备，又要有丰富的实践经验，能够拥有一支高素质的科研人员团队是决定企业存货的关键。因此对于潜在进入者，如果不具备充足的人才资源，将难以掌握该行业的核心技术，从而很难在该行业立足。

（3）规模要求。

超硬材料由于对研发、技术的要求高，前期需要大量的投入，在技术成型后后续仍需要持续的科研投入进行技术的更新迭代，这就需要企业实现一定规模的产业化，规模太小无法支撑企业进入中高端领域，无法获得核心竞争力。目前，行业规模也不断扩大，这主要得益于技术带来的生产成本下降。这也使得行业内的竞争愈加激烈，迫使企业加强自主创新，提高产品质量，实现规模化生产，从而缓解经营压力。因此企业规模效应愈加凸显，这也成为阻止其他企业进入该行业的一个重要壁垒。

4. 公司研发实力雄厚，产品技术含量高

我国制造钻石复合材料工具刀的厂家多达2000家，但是多数为小企业，产品的技术含量不高，核心竞争力不足。随着行业竞争的加剧，行业的集中度将会提高，小企业将会被逐渐淘汰。公司经过多年的积累，技术和工艺方面在行业内都处于领先地位。特别是自主研发的磨料级人造金刚石触媒柱，因其良好的性能和质量在市场中产量位居前列。

公司自成立以来，就非常注重研发技术的投入。现有研发人员19名，30台（套）科研设备。尤其在金刚石原材料和金刚石制品方面，有着很深厚的研发技术积累，获得多项专利发明，在业内也获得多项荣誉（如表1-2-16所示）。

表1-2-16　2005—2013年企业获得荣誉情况

年份	荣誉
2005年	国家合格评定质量达标放心产品
2006年	AAA+质量信誉资质单位
2010—2011年	湖北省守合同重信用企业
2011年	高新技术企业
2011年	湖北省名牌产品
2012年	湖北省认定企业技术中心
2012年	鄂州市质量技术协会第五届副会长单位
2012年	湖北省著名商标
2013年	超硬材料行业优秀企业奖
2013年	国家火炬计划重点高新技术企业

公司拥有钻石工具复合技术、金刚石真空微蒸发镀钛技术、金刚石刀头有序分层技术、合成金刚石的粉体触媒柱制作技术等多项技术，在行业内处于领先水平。如应用"RVD磨料级粉体触媒柱制造技术""以矿源精选、提纯、加工、配方、渗碳、物理化学处理"的技术，石墨转换成金刚石的转换率能够超过60%，处于世界的领先水平。在超硬材料模具领域拥有的3项专利技术填补了行业的空白，有效地提高了产品质量。预合金粉配方也达到了国际领先水平。

为更好地提升科研能力，公司借助于高校的力量，在省级科研中心平台基础上，与俄罗斯和乌克兰的两所科研院校进行合作，引进精加工技术。

截至目前，公司的超硬材料生产技术研发团队人员已经超过60人，结合股权激励、技术创新奖励等多种机制，进一步提高了公司的科研水平，加强了产品的竞争力。

5. 全产业链的产品布局，各产品为细分领域的引导者

依托于公司强大的技术实力，公司所生产的产品在各个细分领域都有着很强的竞争力，针对客户定制研发，客户认可度和黏度都非常高。

在复合工具产品方面，公司通过引进国际技术、与高等院校合作等模式，形成了自己的合成钻石材料方面的技术工艺。在金刚石产量、粒度均衡等指标都较国内产品牌有很大的优势，突破了原先这一块领域主要被发达国家垄断的局面，成功进入中高端市场。

在合金材料方面，公司掌握了核心的技术配方，制造工艺已达到国际水准。此外，产能规模在国内也属于行业前列，规模效应凸显。

合成钻石材料属于新领域，有很大的潜在市场空间。在总结国外科研机构的经验上进行创新，研制出的微米和亚纳米级金刚石粉末已经达到世界先进水平，占据了国内外的高端市场。

在特种模具方面，公司的石墨模具有纯度高、密度高、性能强的特点。在特种模具市场急速发展的背景下，公司凭着高品质的产品有效地开拓了市场。

除了高品质的产品定位，公司还是行业内为数不多的产品覆盖全产业链的企业之一。上游产品包括纯化石墨粉、合金触媒、触媒柱等，行业中下游产品包括金刚石粉末、预合金粉以及复合钻石工具等。一方面，完整的产业链保证了公司的原材料的质量，有效降低生产成本，提高盈利能力；另一方面，产品向下游延伸，由于下游市场空间大，为企业的持续发展提供了市场空间。完整的产业链模式增加了公司的抗风险能力和经营的灵活性，是公司重要的竞争优势。

6. 市场渠道完善

在市场定位上，公司生产的产品在产业链上处于上游位置，占据着核心地

位，有一定的主导权。凭借着过硬的技术和性价比高的产品，公司在中高端市场有着一席之位。对于市场的区域布局，公司根据客户的集中性，进入湖南、安徽、丹阳、广东、厦门、石家庄等客户的核心圈，提供一条龙的服务。

除了国内市场，公司还积极开拓海外市场。在海外市场，公司主打复合钻石工具等高附加值产品。经过7年的时间和1000多万的资金投入，公司目前已经在20多个国家拥有超过200家客户。凭借着性价比的优势，成功在德国、美国、意大利等发达国家占据较大的市场占有率，在印度、中东、南美等新兴市场也占有一席之位。这些都为公司走向国际化打下了良好的市场基础。

2014年，公司继续加大研发投入，共获得9项实用新型专利。2014年的营业收入为1.4亿元，净利润为2257万元，同比增长分别为13%和17%。总资产增长40%，达到2.99亿元，净资产为1.67亿元。未来公司将稳固现有市场，并积极开拓附加值高的下游产品市场。将产品从国内推向国际，打造知名品牌，同时建立电子商务渠道，开展线上业务。

公司的价值通过做市得到市场的认可，后续公司将借助于新三板的投融资功效，整合资源，选择并购标的，快速扩大公司规模。

六、天阶生物：医疗保健优质企业，坐拥9家做市商[8]

随着国家经济的发展和人口老龄化加剧，医疗保健行业对于社会的重要程度越来越高，未来的增长空间巨大，自然成为做市商的追捧对象之一。北京世贸天阶生物科技有限公司（简称：天阶生物）是一家从事生物基因药物研发的高科技公司。公司于2014年12月12日转为做市，做市首日股价达到17.34元。做市首日，由主办券商齐鲁证券、中国国际金融有限公司、华安证券股份有限公司、世纪证券有限责任公司4家证券公司为其做市。截至2014年6月30日，天阶生物的做市商高达9家，包括达华安证券、东吴证券、中国国际金融、国泰君安证券、齐鲁证券、国信证券、世纪证券、光大证券、天风证券等。它是怎样的一家企业，赢得了高达9家做市商的青睐？

1. 医药市场需求大

随着人口总数增加、社会老龄化程度加大以及经济的发展，全球的医药行业快速发展，对药品的需求量也是与日俱增。尤其是新兴国家，医药消费支出的金额越来越大。随着政府的医疗改革，医疗保险的覆盖面逐步扩大，新的药品系列不断上市。这与发达国家形成鲜明的对比，发达国家在医药技术领域已经成熟，新品推出的速度不及新兴国家，特别是中国。基于以上，我国在全球的医药市场上所占的比重越来越大。据国际权威医药咨询机构IMS预计，中国在2020年将成为全球第二大医药市场，仅次于美国，市场占比将达到7.5%。

根据卫生部统计的数据，1990—2012年，中国的卫生总费用从747.39亿元增长到27846.84亿元，短短22年之间增长了37倍，年均复合增长率超过15%。这一增长速度在"十三五"期间还将继续攀升，根据2012年的中国药品市场报告，预计2013—2020年药品市场规模继续以年均12%的速度扩容。这也得益于医药产业投资的加大。据统计，2012年医药产业的投资达到3565亿元，比全国固定资产投资增长高出14个百分点，为34.6%（如图1-2-13所示）。

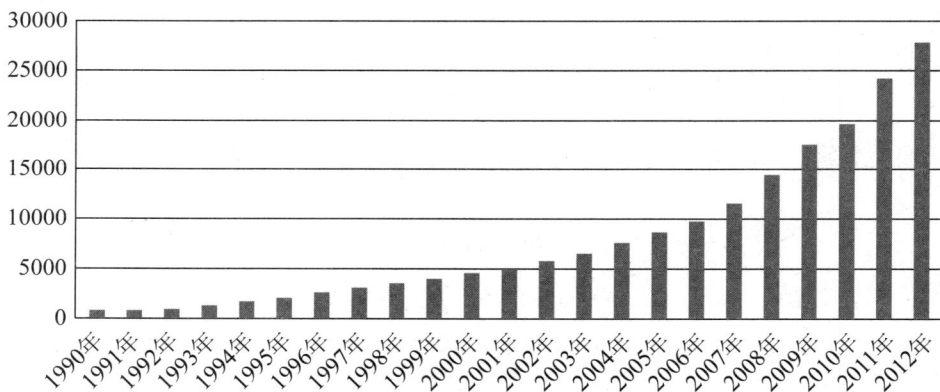

图1-2-13　1990—2012年我国卫生总费用

资料来源：中华人民共和国卫生和计划生育委员会网站

公司的主打产品有抗血栓相关药品，抗血栓药物市场规模在2010年已经达到67.5亿元。这主要是由于社会工作方式的转变和人口老龄化刺激了需求。一方面现今社会的工作方式的转变，如节奏加快、压力大等，造成血液循环相关的疾病增加。根据第六次全国人口普查数据，60岁以上老人的数量为1.78亿人，占总人口的13%；65岁以上的老龄人数为1.18亿，占总人口的9%。我国已经步入老龄化社会。在2015—2035年的20年间里，中国老年人的比例将达到20%，60岁以上人口的数量将为3.6516亿人。进入2020年后，我国步入重度老龄化阶段，对医药产品的需求量快速增加。

此外，我国城镇化速度的加快也是刺激医药产品需求增加的重要因素。2002—2011年我国城镇化率以每年1.35%的速度在发展，截至2011年，我国的城镇化率已经达到51%。与此同时，我国的医疗保健水平也随着城镇化的推进在稳步提升，这极大地促进了医疗需求的释放及医药行业的快速发展。

2. 国家政策的产业支持

医疗制度的改革，着重解决看病难、看病贵的难题，居民的支付能力也得到了极大的改善，城乡之间的用药差距得到缩小。特别是医疗保险制改革的推进，乡村居民也有能力得到好的医疗保健，这无疑推进了我国药品市场的发展。我国近几年持续出台相关政策扶持我国医药行业的发展（如表1-2-17所示）。

表1-2-17　国家政策支持情况

政策	内容
《"十二五"期间深化医药卫生体制改革规划暨实施方案》	到2015年，个人卫生支出占卫生总费用的比例降低到30%以下，看病难、看病贵问题得到有效缓解
《生物产业发展"十二五"规划》	到2015年，我国生物产业形成特色鲜明的产业发展能力，对经济社会发展的贡献作用显著增强，在全球产业竞争格局中占据有利位置。到2020年，生物产业发展成为国民经济的支柱产业。2013—2015年，生物产业产值年均增速保持在20%以上。到2015年，生物产业增加值占国内生产总值的比重比2010年翻一番，工业增加值率显著提升。《规划》明确指出疫苗、核酸药物、治疗性抗体、蛋白药物、多肽药物、重组血液制品、细胞治疗、基因治疗技术等都会获得大力支持，抗体规模生产、新型生物反应器和佐剂等关键技术的推广应用也将加速
《促进生物产业加快发展的若干政策》	生物医药作为现代生物产业发展的重点领域，要积极研发对治疗常见病和重大疾病具有显著疗效的生物技术药物、小分子药物，积极拓展，生物医药应用范围。目前，我国正在制定生物医药产业振兴规划，生物医药产业将纳入到我国"十二五"发展规划中，成为国家战略重点支持的新兴产业，受到国家政策的重点扶植

（续表1-2-17）

政策	内容
《全国药品流通行业发展规划纲要（2011—2015）》	明确了行业发展的"十二五"时期的总体目标和主要任务：一是提高行业集中度，调整行业结构；二是发展药品现代流通和经营方式，加强对外交流合作；三是规范药品流通秩序，加强行业信用建设；四是加强行业基础建设，提升行业发展水平
《国家中长期科学和技术发展规划纲要（2006—2020年）》	积极制定有利于医药产业创新发展的税收激励、金融支持、政府采购、知识产权保护政策；加大对医药科技创新方面的投入，推进建立以企业为主体、科研院所为支撑、市场为导向、产品为核心、产学研相结合的医药创新体系；扶持一批优势企业，加快企业技术中心建设，提高创新能力，实现从仿制为主向仿创结合，逐步走向自主创新发展道路

3. 行业进入门槛高

医药行业与人们的健康息息相关，对社会的影响意义重大。国家对企业的进入、经营制定了一系列的规范和要求，必须达到一定的标准、取得相关证书才能够进入该行业。

首先，药品生产企业要进行药品生产，必须取得药品生产许可证，凭借此证才能够到工商部门进行企业的登记注册。后续《药品生产许可证》到期后还要重新进行审核。无药品生产许可证或者审核不通过的则不能从事该行业。

在药品生产过程中，企业要通过国家食品药品监督管理局的药品生产质量管理规范认证，按照《药品生产质量管理规范》的要求进行生产，取得相关认证证书，否则不得从事药品生产。

国家药监局和卫生部等部门制定了《中华人民共和国药典》《中华人民共和国卫生部药品标准》《国家药品监督管理局国家药品标准》等一系列药品生产标准来控制药品的质量，对药品的质量指标、检验方法、生产工艺等都进行了具体的规定，若企业生产的药品没有达标，则无法进入市场流通。

系统化、严格的管理体系构成了进入本行业的政策性壁垒。

其次，进入该行业对于资金的要求也很高。医药行业前期的研发投入大，属于高风险、高投入的行业，而且研发周期长，要通过研究开发、临床试验、试生产等多个环节才能达到产品的最终生产销售环节，在这期间需要投入大量的人力物力，没有一定资本积累的企业是无法达到最终产品的生产销售环节。

医药行业还有着技术密集型特点，从事该行业的技术人员必须涉猎多项领域，对技术、工艺、设备都要有相当的了解。雄厚的研发能力也是决定了医药企业的存活，没有相当的技术积累和人才储备是无法在该行业中生存的。

4. 强大的研发团队优势

公司在医药行业中凭借自身强大的研发实力获得多项奖项。2009年获得北京市房山区科技成果一等奖；2012年获得北京市新医药重大技术项目培育研究立项，同时北京市科学技术委员会也给予了科技经费80万元；2013年获得北京市重大科技成果转化和产业项目资金股权投资项目，投入金额为1500万元。

此外，公司拥有一支强大的研发团队，在医药行业拼搏多年，无论在理论和实践方面都有着很深的见地。从总经理到技术人员都有着深厚的技术积累，尤其是控股股东之一的乔俊峰，在医药界有很高的威望，公司成立之初就获得了社会和行业的支持和认可，其他的核心团队人员也是在行业内具有一定的建树，是公司的竞争能力所在。

乔俊峰，公司控股股东、实际控制人、董事长。北京企业家协会常务副会长，在医药行业有着40多年的经营经验。曾担任北京双鹤药业股份公司董事长，是华靳制药、萌蒂制药、费森尤斯制药3家中外合资企业的创始人。2009年当选为"中国医药60年·60人"、"中关村首届十大优秀企业家"等荣誉。获得"中关村首届十大优秀企业家"等称号。

宋国芳，担任公司副总经理，高级工程师。曾任中美合资北京华靳制药公司总经理。中国医药企业第一条大容量非最终灭菌制剂无菌灌装流水线由她开创，她在医药企业生产经营管理方面经营丰富。

王虹冰，担任公司副总经理。曾在医药企业萌蒂制药、神威药业担任人力资源总监，在制药企业的管理咨询和管理培训方面有着丰富的实战经验。

邹晓阳，担任公司医学总监，曾就读于中国人民解放军第四军医大学心血管内科，医学硕士、副主任医师。曾在沈阳三生制药有限公司任医学总监一职，在心血管临床诊治方面有20多年的经验，包括各16年国家Ⅰ/Ⅱ类新药的临床研究、药品注册及学术推广。

王晓良，为研究员、博士生导师。曾任中国医学科学院协和医科大学药物研究所所长，国家新药开发工程技术研究中心主任。曾承担包括

"973" "863" 及十五期间国家重大科技专项等国家科研课题20余项，获得首届国家杰出青年科学基金、"求是基金会"杰出青年学者奖、卫生部科技进步三等奖、中华医学科技奖三等奖、北京市人民政府科学技术奖二等奖。在2004年被评为卫生部有突出贡献专家。

潘瑞芹，教授，博士生导师。历任中日友好医院副院长，北京协和医院、北京医院、中日友好医院外科主任，中华外科杂志编委，中国普通外科杂志编委。

宋鸿鹏，医学博士。现任双鹤研究院副院长，曾担任双鹤药业股份有限公司医学总监、科学技术委员会副主任。

吕秋军，药学博士，国家新药评审专家，中国军事医学科学院教授，国际药理学联合会药物毒理专业委员会委员，中国毒理学会药物毒理与安全性评价专业委员会委员，中国药理学会药物毒理专业委员会委员。

5. 营销队伍实力强大

公司目前与全国300多家医药公司有战略合作，产品在30个省市自治区、600多个地、县进行销售。同时还在北京、上海、广州等地开拓OTC市场，已经与30多个OTC医药连锁企业进行合作，直接将产品销售给医药公司和OTC医药连锁企业。天阶生物依靠强大的营销队伍，目前已经在全国建立起营销网络。

公司2014年营业收入高达4445.82万元，同比增长56.15%。同时实现盈利，净利润增加245.94万元，毛利率实现质的飞跃（如表1-2-18所示）。

表1-2-18　企业财务情况

年份	营业收入（万元）	净利润（万元）	毛利率（%）
2012年	3511.49	−333.2	32.32
2013年	2847.16	−99.63	39.53
2014年	4445.82	146.31	55.93

在2015年召开第十二届全国人民代表大会第三次会议开幕的政府工作报告中指出将继续推进医药卫生等领域改革，加快实施生物医药等重大项目，深化医药行业流通体制改革，把医药行业培育成主导产业。医药行业已然成为国家的战略性重要产业，在国家强有力支持的背景下，公司凭借着自身的优势将

继续保持快速增长。这也是被众多做市商看好的原因。截至2015年6月30日，公司的股价为13.98元，曾一度达到20元以上。

虽然2012年、2013年企业未实现盈利，但是其爆发性在2014年表现得淋漓尽致，做市让市场看到了其内在价值和潜在增长性。

七、亿童文教：行业领先的幼儿教育综合服务商，股价超百元[9]

武汉亿童文教股份有限公司（简称：亿童文教）作为幼儿教育综合服务商，主要研发和销售幼儿教育产品，为幼儿园提供整体解决方案。作为首批做市企业，公司在做市当日由主办券商长江证券、国信证券、兴业证券3家券商为其做市。做市首日，公司成交额突破万元，接着股价一路上扬，在2015年4月9日，股价突破百元，以100.52元收盘。作为可选消费中的幼儿教育行业的企业，亿童文教是如何获得了市场的青睐？

1. 产品体系化，种类齐全

根据幼儿园的教育特点，公司的产品种类丰富，涵盖了幼儿教育的方方面面。结合幼儿园的自身特点，公司将产品分为学习资料和区域活动资料两大类。

学习资料指教学所需材料，该公司的学习资料种类已经超过300种，涵盖了社会、阅读、数学、英语、音乐、美术、体育、家园共育、综合、多媒体软硬件教学材料等10大类。按照年级公司对产品又进行了细分，分为托班、小班、中班和大班4个层次。这样能够有效地选取利于幼儿园材料。幼儿园的教育处于基础阶段，品类齐全、分类清晰的资料能够有效辅助幼儿园提供全方位、有趣的教学课程，让幼儿园教学活动质量得以提升。

区域活动资料指辅助教学的用具，包括了室内区域活动和室外区域活动材料。目前品种已经超过100种。活动材料趣味十足、品种丰富。室内区域活动包括科学区、游戏区、建构区、阅读区、角色区、表演区、美工区7大区域，每个班级教室里面都可以进行配置。室外区域活动包括运动区、沙水区等，位于公用区域供小朋友玩耍。为了能够让幼儿园有针对性地进行幼儿教育，区域活动资料在以内容分类的基础上还可以细分为小班、中班、大班三个门类。

体系化的产品结构，为幼儿园进行幼儿教育提供了丰富、有效的教育辅助工具。

图1-2-14（a）　区域性活动资料

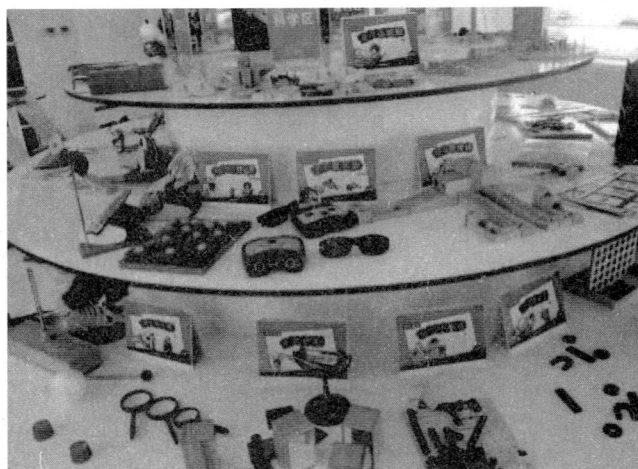

图1-2-14（b）　区域性活动资料

2. 市场导向、完善的业务流程

前期产品研发、采购，中期产品生产，后期成品销售，公司建立了一套完善的业务流程，在整个业务流程中以市场为导向。

在产品开发前，公司主要在内部收集产品需求，需求通过总经理的初审后送达研发部，研发部门成立相应的项目组。在经过市场调研、分析的基础上，结合公司市场部等部门的选题报告，确定拟开发的产品细节，包括内容、材料、营销目标、销售渠道等。立项后的项目进入实施阶段，预算控制由财务总监和采购总监共同负责。为了保证过程控制，最终产品满足客户要求，项目实施过程中邀请客户对正在进行的方案提出意见和建议，结合客户的意见和建议对方案进行相应的调整。几轮迭代后形成产品的初样，由项目组成员和质检组共同对样品进行检验，在品质的稳定性得到确认后进行批量生产。接下来的销售环节由公司的市场部先制定销售策略，销售部和经销商负责后续的产品推广和服务。在产品销售和服务过程中关注客户的反馈，特别是好的意见和建议会及时反馈到公司的研发部门，为后续的产品研发提供很好的经验。这样形成一个完整的闭环业务流程。在整个业务流程中，始终以客户需求为导向，紧贴市场需求，为产品的销量奠定了很好的基础。

3. OEM外包方式有效提升资金利用率

不同于学习材料必须由国有或国有控股出版社完成编辑、审稿并申请书号后出版的硬性规定，区域活动材料的生产没有受到特别的限制。公司在区域活动材料的生产方面，主要委托加工单位进行加工，自身主要负责产品的研发和装配物流环节，公司拥有5000平方米的装配物流车间。为保证外包生产产品的质量，公司要对外包企业的资质进行审核，进行严格的质量把控。首先加工厂商提供的样品需具备国家玩具检验标准，生产材料由公司设定，每批产品都需要经过监督、验证。在严格质量管理的基础上采取产品外包加工的方式，能够使得公司专注于附加值更高的研发设计环节，也提升了公司的资金使用效率。

4. 灵活的销售模式

在销售模式上，公司采取直销和经销相结合的方式，在不同的区域采取不同的、更为有效的方式。由于公司在武汉，武汉地区采取了直销模式。其他区域以经销方式为主。具体操作上，公司在全国寻找相应的经销商，根据产品发行计划定期向经销商进行新品推介，由经销商确定产品预计销量向公司提交订单，并由它们负责后续销售、终端供货环节。目前，公司的经销商渠道已经下沉到区县。

在产品推广上，采取"会议营销，深度协销"的方式。会议营销是指组织各类幼儿教育研讨会或者培训会，可由公司、教育部门或者经销商来进行组织。在会上，将公司的产品和理念与客户进行充分的交流，让其对公司的服务有更直观深入的了解。会后，销售人员与经销商继续跟踪客户，进行回访，收集相关信息。协销是指公司工作人员与经销商一起进行市场的开拓、产品的销售服务，参与到经销商的运营过程中，提供公司运营和营销方面的帮助，使其获得更高的销售业绩和利润。"因地制宜"的灵活销售方式让公司有效开拓了市场，并确保了效果。

5. 解决方案式的产品具有核心竞争力

公司目前的产品分为学习材料和区域活动材料，种类过百，涵盖了幼儿教育中涉及的各种辅助材料，为幼儿园进行幼儿教育提供了广阔的选择空间。从前期的研发到后期的销售服务，公司将客户需求贯穿其中，根据需求还可以为幼儿园提供培训。这样系统化的解决方案，能够使得幼儿园更好地实施幼儿教育，是公司的核心竞争力。

解决方案的科学性、专业性、全面性都是基于公司产品的技术含量，通过邀请教育界专家参与产品研发等方式来不断提升产品的技术含量。针对学习材料，公司有一支专门的策划编写团队，同时还邀请业界内知名的专家和教授共同参与指导，与高校（北京师范大学、华东师范大学、南京师范大学、华中师范大学、湖南师范大学等）的教授保持合作，保证产品的专业性。在区域活动材料方面，公司积极参与国家教育部的相关课题，如"分级分类的幼儿园玩教具装备研究"，此课题的目的是为幼儿园玩教具的配备标准提供重要依据。针对该课题公司已经推出相关的产品，进行了试验和修订。公司不仅仅是简单的提供产品，还引导着幼儿教育的方向。公司将"蒙氏教育"理念融合到产品中，倡导"寓教于乐"的教育理念，在国内率先将四维目标体系的概念应用到幼儿园区域活动中去，按照总目标、分层目标等层层分解，构建完善的教育目标体系，增加教学产品的教育价值。

6. 注重品牌建设

公司自成立初期就注重品牌建设，通过内容和市场两个维度不断加强公司品牌的认可度，已经在业内获得了相当不错的品牌效应，多次获得相关荣誉奖项（如表1-2-19所示）。

表1-2-19　2010—2014年企业获得奖项情况

时间	奖项
2010年	"湖北省文化创意产业示范基地"
2011年	荣获"2011年第六届中国创意产业年度大奖——龙腾奖"
2012年	"国家文化产业示范基地"，我国第一家幼儿教育文化创意类国家级示范基地
2014年	成为中国学前教育研究会会员单位
2014年	公司四大类科学保教装备产品获颁"教育部教学仪器研究成果鉴定证书"

7. 幼儿市场广阔

幼儿教育作为基础教育，对整个国家教育的发展起着至关重要的作用。自改革开放以来，幼儿教育事业就开始进入快速发展的时期，普及程度得到提高。在我国，幼儿教育主要以幼儿园的形式存在。根据教育部的数据，2009年我国幼儿园的数量已经达到13.8万所，幼儿园学生将近2658人，对比1980年的数据足足增长了两倍。随着全民对幼儿教育的重视，加之国家政策指导（中国儿童发展纲要（2011—2020年），提出学前三年毛入园率达到70%，学前一年毛入园率达到95%），幼儿园的数量持续增加，与此同时，对于相应的教学装备的需求也大幅度提高。

根据中国产业信息网的数据，我国幼儿教育市场规模在2019年将达到2300亿元，增长速度维持在两位数以上（如图1-2-15所示）。

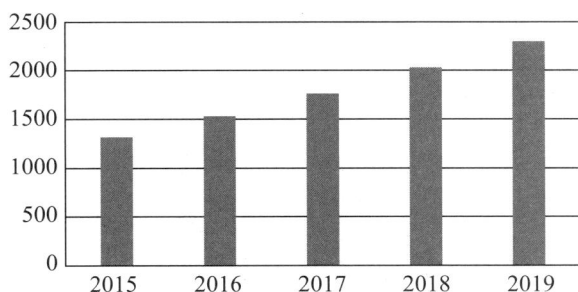

图1-2-15　中国幼儿教育市场规模预测

来源：中国产业信息网

庞大的幼儿教育市场规模也催生了相应的幼儿教育装备市场，这一数据在2010年已经达到77.4亿元，未来还将持续增长（如图1-2-16所示）。

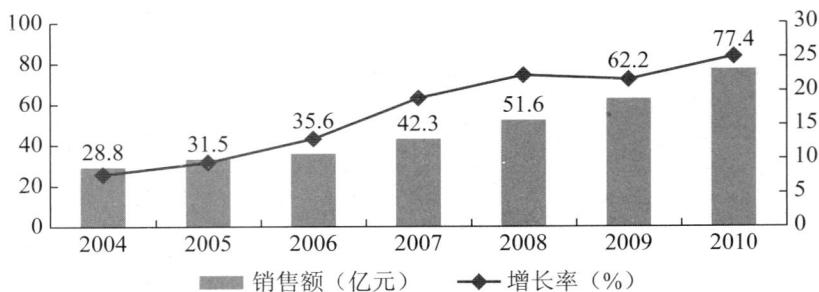

图1-2-16　2004—2010年中国幼儿教育装备市场规模

资料来源：全国中小企业股份转让系统

公司大胆进行创新，2014年推出亿童网校，是国内首个以微课的形式开展幼儿教师视频培训课程。公司抓住幼儿教育快速发展的契机，不断做强做大企业，2014年营业收入达到3.1亿元，营业利润高达9058万元，同比增长分别为24%和46%。在费用良好的控制下，毛利率高达70%。

作为幼儿教育细分领域的佼佼者，截至2015年6月30日，公司共获得东方证券、国信证券、天风证券、兴业证券、光大证券、长江证券6家做市商的看好，并为其做市。登上做市舞台后公司价值被发现，后续将借助资本市场的力量做强做大企业。

能源作为一个国家发展的关键因素，一直以来都是各国竞争的战略制高点，对于国家发展的重要不言而喻，特别是对于现今社会来说，随着资源的渐渐枯竭，日益受到国家的重视，相应的能源行业相关企业也是资本市场的关注重点。以下就是有关能源装备的企业，它是怎样在该领域脱颖而出，登上做市舞台？

八、紫贝龙：石油测井装备服务商，周成交高达146.57万股

北京紫贝龙科技股份有限公司（简称：紫贝龙）为国内石油测井行业的专业设备供应商，主要提供石油测井专业设备。公司于2014年12月29日在新三板转为做市企业，做市首日有主办券商宏源证券、山西证券、齐鲁证券、长江证券4家做市商。截至2015年6月30日，公司总成交额为8486.9万元。交易活跃，在2015年4月的第一周创下最高周成交量，成交量为146.57万股。公司有

着怎样的亮点吸引了市场的投资者？

1. 集中采购降低采购成本

为降低采购成本，公司采用集中采购的方式，由采购管理部管理紫贝龙公司及其下属子公司的全部采购工作。具体流程为：将各公司编制的年度、季度和月度采购计划汇总到采购管理部，根据公司采购程序进行集中采购。若有适宜当地采购的项目，则授权当地公司的采购部门进行单独采购，降低成本。为保证公司采购价格的优势，定期进行市场调研分析。为保证产品质量，公司有着严格的供应商准入制度，供应商要满足一系列条件方能进入《合格供方名单》。若不在名单内，则一事一议。除了供应商准入制度，公司采取招标与议价两种采购模式，这样能够最大化地保证采购的质量和成本。

采购基本流程的主要环节（如图1-2-17所示）：

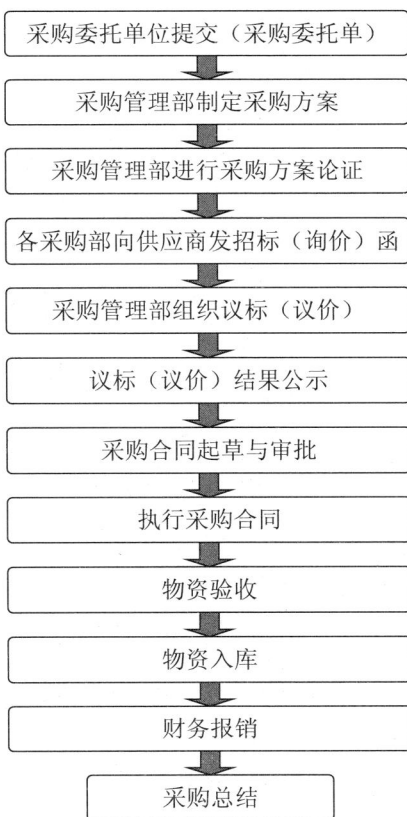

采购委托单位提交（采购委托单）

采购管理部制定采购方案

采购管理部进行采购方案论证

各采购部向供应商发招标（询价）函

采购管理部组织议标（议价）

议标（议价）结果公示

采购合同起草与审批

执行采购合同

物资验收

物资入库

财务报销

采购总结

图1-2-17 采购基本流程

2. 三位一体的研发体系

根据公司的经营法则，共建立三个针对性的研发中心。其中武汉研发中心和东营紫贝龙研发中心分别负责软件的开发和随钻测井的研发。而测井系统的整体研发主要由公司及西安紫贝龙的研发团队负责，形成完善的三位一体的研发体系。

3. 技术营销有效开拓市场

公司提供的产品和服务的专业技术含量高，采用技术营销能够更好地开拓市场。所谓技术营销，是指公司通过在专业报刊上发表文章、与大型机构进行科研合作、参加展会等方式来获得业内专家和单位的认可，提高知名度，以获得客户资源。同时结合客户回访，与客户保持联动性，了解市场新需求，提供后续的产品和服务，实现收入的快速增长。

4. 拥有强大的研发实力

公司拥有一支强大的研发团队，以首席技术专家李代甫为牵头人，全方位深入研究测井基本原理和方法，同时紧跟全球和时代步伐，参照国家动向，落实工艺实施方案，取得了各项技术成果。李代甫本科主修测井专业，在该行业有着将近三十年的从业经验，在理论知识和测井工程方面积累了丰富的经验，引导着公司的技术研发方向，将各项技术有效应用在产品上。井下仪器产品结合了数字化前端技术、微弱小信号提取和耐高温技术、低功耗技术和高温短测技术。地面系统产品应用到了公司特有的测井地面系统动态配置专利技术。在测井服务方面，公司团队的一次对接成功率已经处于行业领先水平，掌握水平井施工、对接作业等技术。

凭借在测井理论及方法研究方面的独特领先优势，公司拥有多项专利技术和获得多次奖项（获得专利情况如表1-2-20所示，取得相关资质和荣誉情况如表1-2-21所示）。

表1-2-20　企业获得专利情况

序号	已获专利技术	专利权人
1	软件使用权加密保护的系统和方法	紫贝龙
2	一种列阵化声信号检测系统及其工程应用	紫贝龙

（续表1-2-20）

序号	已获专利技术	专利权人
3	普通单色光测距的系统和方法及其引用	紫贝龙
4	一种带写保护的数字签名装置	紫贝龙
5	可以明确装置持有者权利的信息安全装置	紫贝龙
6	可动态配置硬件电路的综合数控地面测井系统	紫贝龙
7	一种油气井下用螺旋钻进式电动捞砂工具	西安紫贝龙

表1-2-21 企业取得相关资质和荣誉情况

时间	取得相关资质和荣誉
2009年	获得中国石油天然气集团公司的《物资供应商准入证》
2011年	取得高新技术企业证书
2011年	取得国家环境保护总局制的辐射安全许可证
2012年	取得质量管理体系认证证书
2012年	取得安全、环境与健康管理体系认证证书
2012年	取得中国石油天然气集团公司颁发的《石油工程技术服务企业资质证书》

5. 测井服务市场广阔

从全球来看，测井服务市场从2000年开始每年以10%的速度增长，到2011年，市场规模已经达到140亿美元，当年全球油田市场规模为3131亿美元，占到其4%左右。

在我国，随着中国经济的不断发展，对于能源的需求也在不断增加，石油公司对石油勘探活动的投入量也是持续增加，石油测井行业得到相应的快速增长。近几年石化行业的快速发展进一步扩大了相关勘探开发企业的发展空间。

随着勘探开发规模的上升，石油和天然气开采业项目的数量也在急速增加，2009—2012年新开工项目、施工项目、竣工项目的年复合增长率分别达到22%、14%和20%。我国的石油和天然气开采业新开工项目个数在2012年达到329个，施工项目数量达到432个，竣工项目达到258个。2009—2012年这三项指标的年复合增速分别达到21.49%、14.20%和19.86%。随着后续项目的开展，这会有效地拉动测井行业的需求（如图1-2-18所示）。

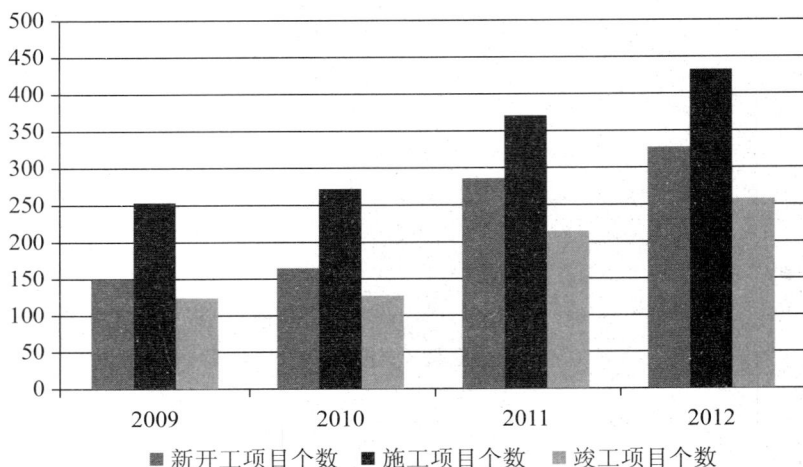

图1-2-18 石油和天然气开采业项目数量情况

资料来源：全国中小企业股份转让系统

　　石油勘探活动的增加，导致配套的固定资产和设备采购的资金投入也相应增加。2003—2010年这十年间，固定资产投资完成额增长近3倍。在2011年达到峰值，为3022亿元（如图1-2-19、1-2-20所示）。

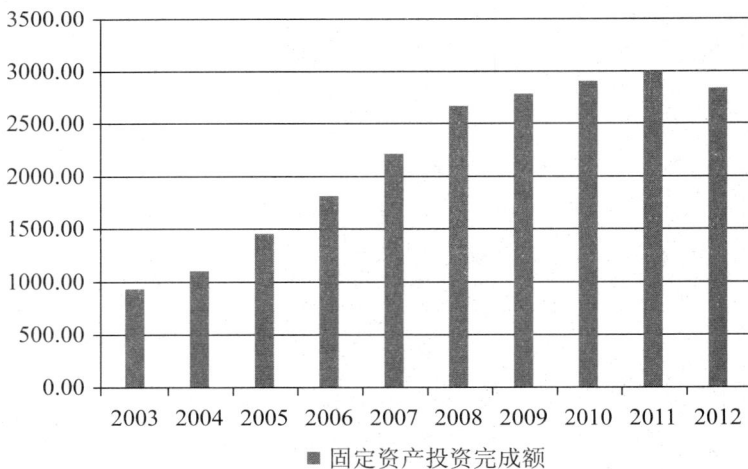

图1-2-19 石油和天然气开采业固定资产投资情况（亿元）

资料来源：全国中小企业股份转让系统

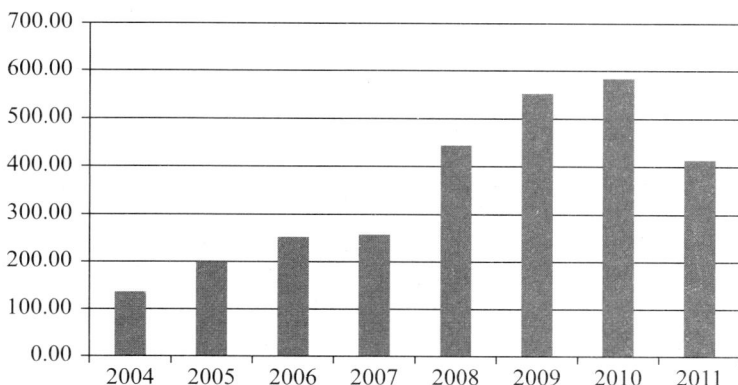

图1-2-20 石油和天然气开采业固定资产投资情况

资料来源：全国中小企业股份转让系统

随着国家对于垄断行业的改革，油气服行业的放开也是大势所趋。由国家能源局颁布的《关于鼓励和引导民间资本进一步扩大能源领域投资的实施意见》中指出，鼓励民间资本进入油气领域涉及产业链上游勘探开采、中游油气管网建设以及下游石油冶炼等诸多领域，包括煤层气、页岩气等非常规油气领域。国家也允许外资、民营企业进入页岩气的勘探开发领域，这些都让民营企业能够更好地参与到这些原本的垄断行业中去。与此同时，为提高勘探效率、降低成本，油田公司也越来越倾向于采用招标等市场化的方式来选择优质的油气服务业公司，这些都为公司的发展提供更为广阔的空间，技术实力强劲的民营企业在此能够得到有效发挥。

6. 国家扶持力度加大

石油作为国家的重要能源行业，石油勘探开采的相关设备是发展能源不可或缺的因素。为了能够使我国的石油能源行业快速发展，降低对外依存度，国家出台了一系列的政策对其进行扶持（如表1-2-22所示）。

表1-2-22 国家相关政策

时间	法规	内容
2006年	《国家中长期科学和技术发展规划纲要（2006—2020年）》	重点开发复杂环境与岩性地层类油气资源勘探技术，大规模低品位油气资源高效开发技术，大幅度提高老油田采收率的技术、深层油气资源勘探开采技术；加强资源勘探开发装备的创新。积极开发高精度勘探与钻井设备、大型矿山机械、海洋开发平台等技术，使资源勘探开发重大装备达到国际先进水平

（续表1-2-22）

时间	法规	内容
2007年	《当前优先发展的高技术产业化重点领域指南（2007年度）》	石油勘探技术及设备为当前优先发展的高技术产业化重点领域
2010年	《关于鼓励和引导民间投资健康发展的若干意见》（《若干意见》）	鼓励民间资本参与石油天然气建设。支持民间资本进入油气勘探开发领域，与国有石油企业合作开展油气勘探开发。支持民间资本参股建设原油、天然气、成品油的储运和管道输送设施及网络
2011年	《国家能源科技"十二五"规划》	将加快新一代物探、测井设备研发，使大型地震仪和测井设备的国产设备替代率提高至30%和80%，研究内容包括多维成像测井技术与装备和随钻测井技术与装备

7. 行业进入门槛高

石油测井行业属于技术、资金密集型行业，要想进入该行业，需要一定的技术基础和资金实力。

石油测井仪器项目的研发、测井服务队伍的组建都需要大量的资金投入，而且在前期投入比较大。大量的资金投入能够使得公司产能跟上市场需求，扩大市场规模，保持技术优势，而没有相当的资金支持很难进入该行业。石油测井对经验要求非常高，要根据各种不同的环境条件和井况做出判断，制定相应的项目实施方案，这就要求工作人员具有丰富的实战经验，新进入的企业无法在短时间内积累丰富的经验。测井行业是一个技术复合型的行业，需要相关人员掌握声、电、光、核、磁、地质、物探等多学科的知识。此外，相关的工艺、设备、制造包含的技术含量也是其他一般行业无法比拟的。这是通过长期的研究、实践积累下来的，一般刚进入的企业无法在短时间内形成自己的技术竞争力。技术密集型的行业自然对人才的要求也特别高，需要具有专业性的背景，核心团队对软件、硬件都有着深刻的了解，如果不能组建一支核心技术团队，企业很难在该行业内存活。

截至2015年6月30日，达海通证券、山西证券、齐鲁证券、申万宏源证券、长江证券、招商证券6家券商为其做市。能源行业作为国家的战略性产业，其行业内的佼佼者必会受到市场的关注，其发展前景广阔。

同样作为国家层面重要的电信行业，其行业中的优质企业自然受到做市商和资本市场的关注。下面我们就来了解一个电信行业的优质企业。

九、唐人通服：做市首日上涨300%，坐拥9家做市商[10]

江西唐人通信技术服务股份有限公司（简称：唐人通服）是一家提供通信网络技术服务的高新技术企业。作为国内领先的通信技术服务商，公司在2015年4月16日转为做市，由主办券商国泰君安证券、齐鲁证券、平安证券、世纪证券、光大证券、广发证券、兴业证券、中银国际证券8家券商为其做市。做市首日，公司股价上涨300%，以28元的高价收盘。到底是怎样的一家企业在做市首日有着如此亮眼的表现？

1. 公司拥有多项核心技术和相关资质

公司拥有多项核心技术，包括基站远程综合维护管理平台系统（包含基站远程抄表、基站远程门控、基站蓄电池充放电测试、基站能耗远程监控系统）和计算机终端及网络资源管理系统。公司取得多项软件著作权，全部为原始取得（如表1-2-23所示）。

表1-2-23　公司多项软件著作权

序号	软件名称	取得方式
1	唐人远程抄表系统V1.0.0	原始取得
2	企业短信群发系统V1.0.0	原始取得
3	新农村信息服务系统V1.0.0	原始取得
4	基站能耗远程监控系统V1.0.0	原始取得
5	会务接待管理系统V1.0.0	原始取得
6	计算机终端资源管理系统V1.0.0	原始取得

作为电信运营商的服务企业，要取得各项资质，这些资质的获取同时也为公司业务的开拓增加了更多的砝码（如表1-2-24所示）。

表1-2-24　公司取得资源

时间	资质名称
2012-04-18	通信信息网络系统集成企业资质证书（甲级）
2012-01-09	江西省安全技术防范工程设计、施工备案证
2012-04-12	建筑业企业资质证书（电信工程专业承包三级）
2010-05-07	安全生产许可证
2011-09-08	高新技术企业证书
2012-04-18	南昌市技术贸易登记证

（续表1-2-24）

时间	资质名称
2010-07-28	防雷工程专业施工资质证（丙级）
2010-06-20	防雷工程专业设计资质证（丙级）
2013-03-04	通信工程企业入川备案证

2. 成长期的通信网络技术服务行业市场广阔

通信行业发展一般会经历四个阶段，即起步期、成长期、成熟期和衰退期。西方发达国家通信业起步早，经过快速的发展已经步入成熟阶段，专业性、市场化程度都比较高。中国通信行业起步晚，目前处于成长期，属于快速发展阶段。销售利润与各阶段关系如图1-2-21所示。从图中可以看出，在进入成熟期之前，销售利润随通信行业成熟度呈几何式上升趋势；步入成熟期后，利润有所下降。

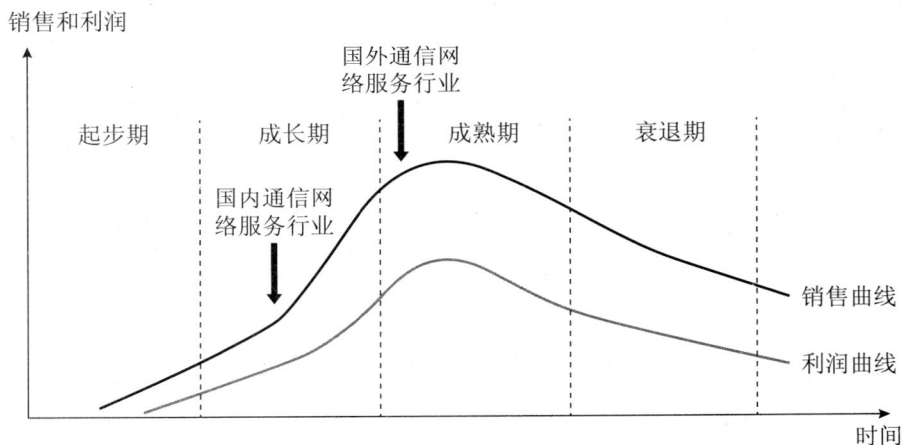

图1-2-21　通信行业发展情况

资料来源：全国中小企业股份转让系统

运营商投资的加大带动电信技术服务商的发展：电信行业固定资产投资规模从2009年起处于一个上升的态势。至2014年，固定资产投资规模达到3992.6亿元，同比增长6%（如图1-2-22所示）。通信网络技术服务行业作为电信的服务行业，为运营商网络建设的前、中、后期提供相应的服务，运营商大规模的基础建设投入直接拉动了通信网络技术服务行业的发展（如图1-2-23所示）。

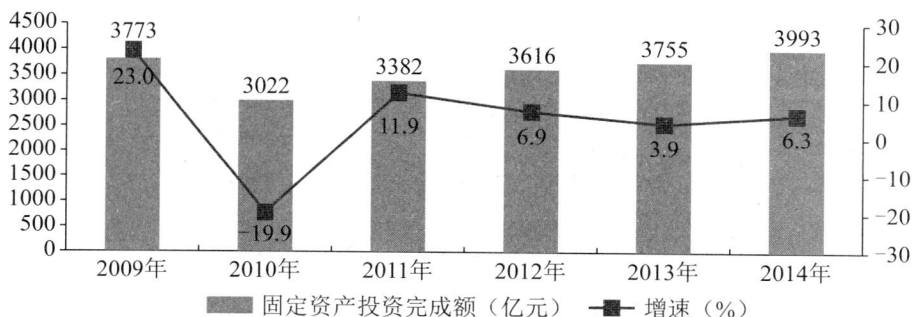

图1-2-22　2009—2014年电信固定资产投资完成情况

来源：中国信息产业网

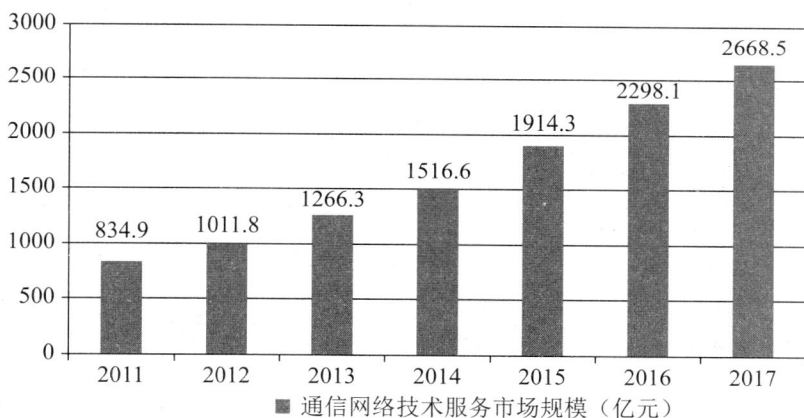

图1-2-23　通信网络技术服务市场规模

来源：中国产业信息网

2015年2月，中国电信集团公司和中国联合网络通信集团有限公司获得工业和信息化部发放的"LTE/第四代数字蜂窝移动通信业务（LTE FDD）"，推动着我国4G技术的发展，这将带动通信行业的又一轮投资高峰，通信网络技术服务行业将进入新一轮的增长期。

依托于电信发展良好的大环境，公司在近几年实现了快速的增长。2014年更是加大研发投入，加强队伍建设。截至2014年，公司的营业收入和净利润分别达到19046.33万元和2900.88万元，同比增长率分别为31%和10%（如图1-2-24所示）。

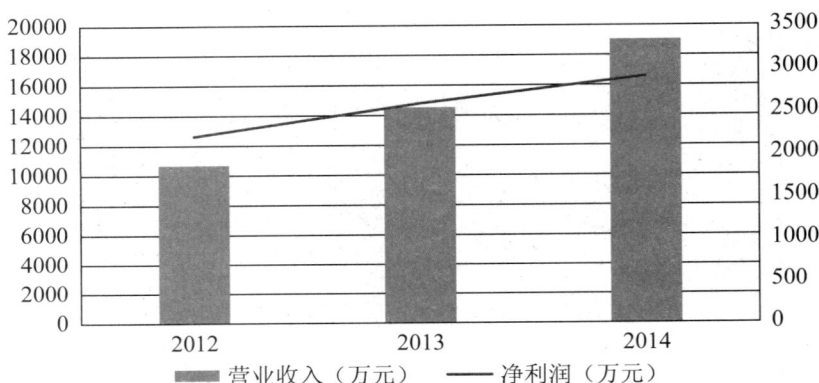

图1-2-24　企业近三年盈利情况

来源：全国中小企业股份转让系统，中孚和泰新三板研究院

截至2015年6月30日，共有9家券商为其做市。2015年公司定向增发方案通过董事会预案，拟以15元的发行价发行100万股，预计募集资金15000万元。做市让大唐通服获得了市场的认可，打通了资金募集渠道，更有利于企业做强做大。

3.行业进入门槛高

作为通信行业的服务商，要进入通信服务行业需要取得一定的资质，对其企业的要求比较高，包括通信信息网络系统集成资质，电信工程专业承包资质，计算机系统集成资质，增值电信业务经营许可证，网络文化经营许可证，安全技术防范系统设计、施工、维修资格证等，有了相关的资质证书才能够从事相应范围的业务。

作为运营商，通信网络的可靠性、稳定性是其非常关注的方面，它会选择行业经验丰富、技术实力强的企业进行合作。为降低风险，运营商一般不会轻易更换服务商，特别是对于已经长期合作的服务商，这些对于新进入企业都是一个很大的障碍。

基于对可靠性、稳定性的高要求，运营商要求通信技术服务商掌握多个设备厂家的系统性能，精通多个专业技术，在提供服务时能够灵活应对。这就需要服务企业在长期合作中积累丰富的经验来应对运营商的高要求，需要一支高素质、理论和实践经验丰富的团队，新进入企业难以在短时间内达到这样的技术积累。

由于运营商的采购大多采取招标的方式，在对招标商的选择上，就对注册资金、销售渠道、人员构成、成功案例等有着一定的要求。由于付款方式的滞后，一般服务商在项目初期需要自己有相应的准备金，是否具备较强的资金能力也是进入该行的障碍之一。

十、浩博新材：做市后首周涨幅达14.83%[11]

江苏浩博新材料股份有限公司（简称：浩博新材），公司成立于2007年，于2014年6月26日正式在新三板市场挂牌转让，是一家专注于晶硅片切割刃料的生产销售和太阳能线切割废砂浆回收利用的企业。公司于2015年8月7日正式变更为做市转让方式，由广州证券、太平洋证券、新时代证券、日信证券、国联证券5家券商为其做市。作为一家环保类新材料企业，该企业又有哪些特别之处呢？

1. 市场潜力巨大，可开拓性强

（1）全球太阳能行业持续发展。

从整个市场容量来看，太阳能光伏产业作为高新技术行业，自20世纪80年代以来得到了快速发展。进入21世纪，美国、日本等国家都制定了相应的产业政策促进光伏产业的发展。据有关数据统计，2000—2012年，世界光伏发电总装机量年复合增长率达到42.28%。从绝对数字来看，2012年全球光伏装机容量已达到102156MW，是2000年光伏装机容量的70倍。因此，太阳能光伏发电已经成为世界能源的主要来源之一。

从市场区域来看，欧洲仍是全球最大的光伏市场，2012年欧洲的太阳能光伏装机容量在世界占比达到68.57%。除此之外，欧洲每年新增装机容量也明显大于其他国家，2012年新增容量为17159MW，在全球占比达到55.18%。太阳能光伏产品的成本也伴随着技术的成熟而不断降低，由此进一步加强了光伏发电相比于其他能源发电的价格优势，并促进该市场的进一步扩张。

（2）国内太阳能行业起步晚，发展速度快。

中国光伏产业的发展，分为两大阶段。第一阶段是2000年以前，中国的太阳能组件基本上是自给自足；2000年以后，中国光伏产业不断发展，市场也不断扩大，尤其是对外出口逐年增加。2007年，中国已经成为世界上第一电池生产国，产量达到1200MW。截至2012年底，中国仍是世界最大的太阳能光伏产品生产基地。与此同时，环境问题日益受到社会的关注，政府不断推出支持太阳能光伏产业发展的政策措施。在国家政策支持下，国内光伏行业在2015年交出了一张漂亮的成绩单。与其他工业能源行业的产能缩减、下滑不同，中国光伏行业的新增装机量在过去的2015年仍然保持了大幅增长，累计装机量首次超越德国，跃居全球第一。2015年中国光伏新增装机量约15GW，同比增长40%以上，连续三年全球第一，累计装机量约43GW，约占全球总量的1/5。

2. 政策红利，促进行业的进一步发展

表1-2-25 相关政策

序号	发布单位	政策名称	颁布时间	与公司从事业务相关的内容
一、法律				
1	全国人大	可再生能源法	2005年2月	①明确鼓励和支持可再生能源并网发电 ②实行可再生能源发电全额保障性收购制度 ③扶持在电网未覆盖的地区建设可再生能源独立电力系统 ④鼓励单位及个人安装太阳能光伏发电系统
2	全国人大	节约能源法	2007年10月	①鼓励、支持在农村大力发展沼气，推广生物质能、太阳能和风能等可再生能源利用技术 ②鼓励在新建建筑和既有建筑节能改造中使用新型墙体材料等节能建筑材料和节能设备，安装和使用太阳能等可再生能源利用系统 ③安排节能专项资金，支持节能技术研究开发、节能技术和产品的示范与推广、重点节能工程的实施、节能宣传培训、信息服务和表彰奖励等
二、产业发展规划				
1	国家发展和改革委员会	可再生能源发展十二五规划	2012年8月	①将太阳能行业规划作为总规划下四个专题之一 ②光伏发电装机目标为2100万千瓦 ③建立可再生能源发展目标考核制度，明确各地区和主要能源企业发展可再生能源的目标和要求 ④积极推广与建筑结合的分布式并网光伏发电系统，鼓励在有条件的城镇公共设施、商业建筑及产业园区的建筑、工业厂房屋顶等安装并网光伏发电系统

（续表1-2-25）

序号	发布单位	政策名称	颁布时间	与公司从事业务相关的内容
2	国家发展和改革委员会	可再生能源中长期发展规划	2007年8月	①将可再生能源开发利用重点确定为水能、现代技术利用的生物质能、风能和太阳能 ②明确太阳能发电的重点领域在于3个领域，即偏远地区农村电气化、并网城市建筑物光伏系统和大型太阳能荒漠电站
3	国家工业和信息化部	太阳能光伏产业"十二五"发展规划	2012年2月	①2015年形成：多晶硅领先企业达到5万吨级 ②骨干企业达到万吨级水平；太阳能电池领先企业达到5GW级，骨干企业达到GW级水平；一家年销售收入过千亿元的光伏企业，3～5家年销售收入过500亿元的光伏企业，3～4家年销售收入过10亿元的光伏专用设备企业 ③到2015年，光伏组件成本下降到7000元/千瓦，光伏系统成本下降到1.3万元/千瓦，发电成本下降到0.8元/千瓦时，光伏发电具有一定经济竞争力；到2020年，光伏组件成本下降到5000元/千瓦，光伏系统成本下降到1万元/千瓦，发电成本下降到0.6元/千瓦时，在主要电力市场实现有效竞争
三、具体政策措施				
1	国务院	国务院关于促进光伏产业健康发展的若干意见	2013年7月	①2013—2015年，年均新增光伏发电装机容量1000万千瓦左右，到2015年总装机容量达到3500万千瓦以上 ②扩大分布式光伏发电应用，建设100个分布式光伏发电规模化应用示范区、1000个光伏发电应用示范小镇及示范村 ③培育形成一批综合能耗低、物料消耗少、具有国际竞争力的多晶硅制造企业和技术研发能力强、具有自主知识产权和品牌优势的光伏电池制造企业 ④对分布式光伏发电项目实行备案管理，豁免分布式光伏发电应用发电业务许可。对不需要国家资金补贴的分布式光伏发电项目，如具备接入电网运行条件，可放开规模建设 ⑤对分布式光伏发电实行按照电量补贴的政策，上网电价及补贴的执行期限原则上为20年，鼓励各级地方政府利用财政资金支持光伏发电应用

（续表1-2-25）

序号	发布单位	政策名称	颁布时间	与公司从事业务相关的内容
2	国家发展和改革委员会	中国应对气候变化国家方案	2007年6月	积极发展太阳能发电，在偏远地区推广光伏发电系统或建设小型光伏发电站，在城市推广普及太阳能一体化建筑；重点研究低成本规模化的高性价比光伏及利用技术、太阳能建筑一体化技术
3	国家发展和改革委员会	可再生能源发电有关管理规定	2006年1月	重点在于规范电网企业和可再生能源发电企业的有关责任，尤其是规范电网企业的强制性责任： ①为发电企业提供入网服务 ②全额收购可再生能源电力 ③按照国家规定的价格支付电费的强制责任
4	国家发展和改革委员会	可再生能源发电价格和费用分摊管理试行办法	2006年1月	①针对不同可再生能源技术特点和经济性，明确上网电价定价方式和水平 ②明确可再生能源发电上网电价超出部分由全体电力用户分摊的原则，确定分摊水平、具体的征收、支出的管理办法
5	财政部、住房和城乡建设部	关于加快推进太阳能光电建筑应用的实施意见	2009年3月	提出实施"太阳能屋顶计划"，对建筑一体化项目予以政策扶持
6	财政部、科技部、国家能源局	金太阳示范工程财政补助资金管理暂行办法	2009年7月	①综合采取财政补助、科技支持和市场拉动方式，加快国内光伏发电的产业化和规模化发展，并计划在2～3年内，采取财政补助方式支持不低于500兆瓦的光伏发电示范项目 ②并网光伏发电项目原则上按光伏发电系统及其配套输配电工程总投资的50%给予补助，偏远无电地区的独立光伏发电系统按总投资的70%给予补助。光伏发电关键技术产业化和产业基础能力建设项目，给予适当贴息或补助 ③各地电网企业应积极支持并网光伏发电项目建设，提供并网条件。用户侧并网的光伏发电项目所发电量原则上自发自用，富余电量及并入公共电网的大型光伏发电项目所发电量均按国家核定的当地脱硫燃煤机组标杆上网电价全额收购 ④财政部根据项目的投资额和补助标准核定补助金额，并按70%下达预算

（续表1-2-25）

序号	发布单位	政策名称	颁布时间	与公司从事业务相关的内容
7	财政部	太阳能光电建筑应用财政补助资金管理暂行办法	2009年3月	对城市光电建筑一体化应用，农村及偏远地区建筑光电利用，太阳能光电产品建筑安装技术标准规程的编制以及太阳能光电建筑应用共性关键技术的集成与推广给予补助
8	国家电力监管委员会	电网企业全额收购可再生能源电量监管办法	2007年9月	①明确电网企业全额收购可再生能源电力监管的职能部门、监管职责、监管措施和有关法律责任； ②省级电网企业和可再生能源发电企业定期报送可再生能源发电电量、电价和电费结算情况； ③电网企业及时向可再生能源发电企业披露上网电量、电价，以及可再生能源发电未能及时上网的改进措施； ④并网双方争议、协调、调解和裁决的有关规定

3. 公司具有专业的技术，研发能力强

公司长期以来一直专注于硅片切割刃料及其设备的研发、制造和销售。公司积极开展硅片切割刃料领域研究，现在已获得江阴市科学技术局的批复同意。

公司为了突破硅片切割刃料产品在粉磨、分级、酸洗等关键生产环节的技术瓶颈，从产品性能、制作工艺、生产设备三个方向自主研发并改造了干式球磨分级系统、全自动化离心脱酸系统等设备。新的技术突破，大幅提高了公司的生产效率。在脱酸时间方面，由原来的2小时/吨缩短至1.5小时/吨；在废水循环利用方面，效率也大大提高，每吨用水量由原来的3吨缩减至现在的2.5吨，同时还减少排污一吨，大幅减少了废水排污费用。

公司依靠自己的技术优势，目前已经获得35项实用新型专利、1项发明专利。除此之外，还有2项发明专利、3项实用新型专利正在申请中。专业的技术，使得公司在同行竞争中获得了明显优势，促进了公司的进一步发展。

4. 公司盈利能力可持续性强

公司盈利能力的提升主要从三大方面展开：第一，管理体系的不断完善；第二，产品质量的不断提升；第三，废砂浆回收利用成本的降低。

（1）管理体系的不断完善。

公司长期以来一直重视内部管理流程的完善，形成了"计划—执行—考核—改进"的优化循环，将OA系统全面应用于日常管理中。公司的供应商和客户群体比较稳定，这主要得益于公司稳定的管理和优质的服务。在业务板块方面，托晶硅片切割刃料生产销售和太阳能线切割废砂浆回收利用作为公司的两大业务支柱，大大提高了公司的盈利水平。

（2）产品质量的不断提高。

公司通过对碳化硅微粉产品的形貌特征的研究，开发微粉颗粒形貌特征表征方式技术，改进了设备机构，使得符合条件的粒径粉料更易排出。改变颗粒形貌后，颗粒的纯度有了显著提升，提升至98%以上，切削能力提高了2%，提高了公司的盈利水平。

（3）废砂浆回收利用成本的降低。

在产品回收方面，公司采用碳化硅微粉反浮选、碳化硅微粉分级等技术，加强了杂质的去除能力，提高了产品的收集捕获能力。除此之外，公司采用纳米膜反渗透污水处理等技术，有效降低了产品的回收处理时间，减少了用水量和排污量，大大节约了公司的加工成本，提高了公司的盈利能力。

5. 优质的客户资源

公司是国内硅片切割刃料行业重要的供应商之一，同保利协鑫、晶科能源、昱辉阳光、亿晶光电、中环股份、包头山晟等国际国内知名的晶硅片生产商建立了良好的合作关系。以保利协鑫为例，它是在香港联合交易所上市的一家港股公司，是目前全球最大的光伏材料供应商，该公司在光伏电站运营管理方面拥有着丰富的经验。同样，另一重要客户亿晶光电是中国第一家A股上市的纯太阳能电池组件生产企业，该公司先后被评为国家火炬计划重点高新技术企业、江苏省百强民营科技企业、科技部国际科技合作基地等。浩博新材与这类优秀企业建立了长期的合作关系，在合作过程中也能学习对方优秀的管理经验。相比于该细分行业的其他公司，具有明显的优势。

6. 独特的地理区位，使公司快速响应客户需求

公司位于江苏省江阴市，享有着得天独厚的地理优势。江苏不仅是中国长三角的重要地带，更是中国光伏企业最集中的地区之一，江苏省内有天合、

中电等光伏组件企业。除此之外，邻省江西、浙江等都是光伏大省。由此看来，公司位于中国光伏产业集群的核心地带，这不仅能使公司在销售、物流等方面享有成本优势，还便于公司对客户的需求能做出及时的响应，快速适应市场行情的变化。

从以上的案例可以看出，做市制度的开启，带给企业的不仅仅是股价的上升、股票流动性的增强，关键的是融资效果的提升。资本运作让企业做强做大，这些附加值是做市前不可想象的。资本市场是个利益驱动的市场，做市商同样也是，无论是新兴行业、传统行业、稀缺行业，只要企业有着可预见的高成长性，都是做市商的不二选择。

第二章
企业为什么需要做市

从第一章的案例可以看出来，企业在做市后最大的益处就是融资需求得到了有效的解决。此外，企业价值得到了市场肯定，股价提升，资金流动性增强，企业知名度提高，这些都为企业后续的发展提供源源不断的动力，这些都吸引着越来越多的挂牌企业转为做市方式。

自做市转让制度实行以来，新三板做市转让的企业越来越多，每月做市增加企业数呈现快速增长趋势，尤其在2014年底实现爆发式的增长，随后保持稳定增长的速度（如图2-1-1所示）。

2015年3月18日，三板做市指数推出，这是新三板的又一里程碑。

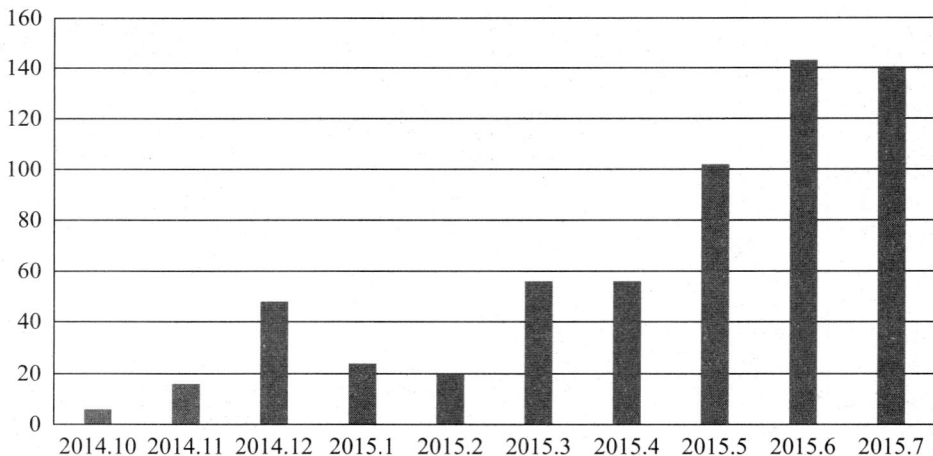

图2-1-1　每月新增做市企业数量图

资料来源：中孚和泰新三板研究院

第一节
企业做市能够体现企业价值

　　截至2015年6月30日，新三板挂牌企业共有2367家。从做市企业的行业分布来看，主要集中在信息技术等新兴产业，信息技术类企业为795家（如图2-1-2所示）。从上述章节也可以看到，这类公司也容易成为做市商的标的。但是正是由于新三板的企业大部分都是属于创业型的科技类公司，如何定价是个困难的事情，特别是对于非专业投资者来说，如何估值，怎样估值？在做市商制度推出之前，协议定价模式的交易的随意性大，难以实现有效的评估，不利于市场的发展。做市商制度的引入之后，对企业的估值就会有很大的提升，专业机构的判断会使得企业的价值得到修正。相对来说，估值的客观公平性就大大的加强，特别是对于之前被低估价值的企业，做市商的出现就像是伯乐，把它们真正的价值还原。

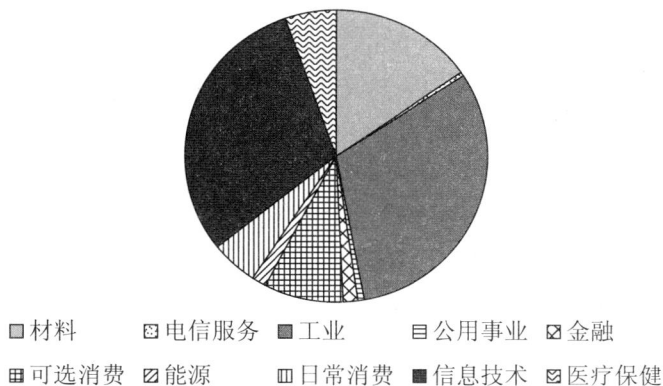

　　□材料　　　□电信服务　　■工业　　　□公用事业　　□金融
　　□可选消费　□能源　　　　□日常消费　■信息技术　　□医疗保健

图2-1-2　挂牌企业行业分布情况

资料来源：WIND

　　企业的估值和价值如何体现呢？最直观的就是体现在股价上，即市值上。现在让我们来了解一个信息技术类的企业，看它的价值是怎样通过做市被调整的？

一、华灿电讯：4G网络服务商，做市首日涨幅达85%[12]

　　江苏华灿电讯股份有限公司（简称：华灿电讯）是研发、生产和销售移动通信基站天线及移动通信配套件的民营科技型企业，属于国家高新技术企业。截至2015年6月30日，做市商共有国信证券、国泰君安、平安证券3家。

　　华灿电讯（830771）于2014年12月31日开始转为做市，交易首日以每股16.1元为开盘价，自此股价一路上扬，截至2015年4月30日，以每股30.1元收盘，涨幅达到86.96%。其中最高价达到45.85元，均价为27.03元（如图2-1-3所示）。而在做市之前，华灿电讯的股价一直低于10元。做市的舞台让公司得到了展示，价值得到了市场的认可，市值达2.2亿元。

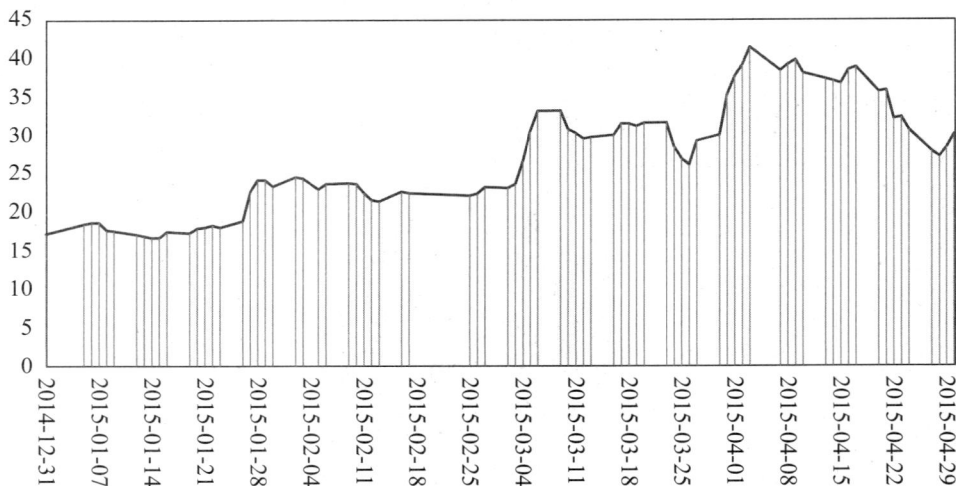

图2-1-3　股价趋势图

资料来源：大智慧，中孚和泰新三板研究院

　　市值是最能反映企业价值的参考数据，从交易的角度，交易的活跃度也反映了市场对其价值的认可。

　　做市以来，截至2015年4月30日，总成交量为306.2万股，总成交额为87942010元，日均成交量为3.93万股，日均成交额为1127462元（如图2-1-4所示）。

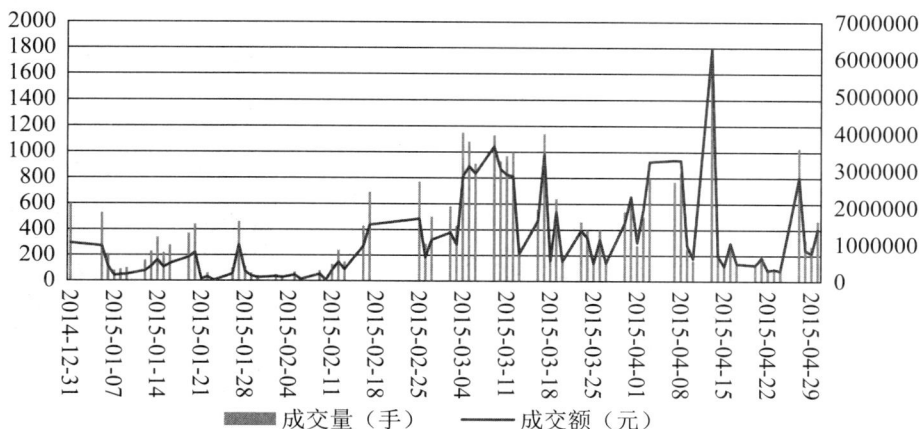

图2-1-4　成交量价图

资料来源：大智慧，中孚和泰新三板研究院

是怎样的一家信息科技类企业，其价值被做市商挖掘，企业的潜质被市场所认知，价值得到修正了呢？

1. 移动通信行业保持发展高景气度

移动通信技术在去年的几十年间实现了跨越式的发展，尤其在20世纪80年代以后，保持着快速增长，是全球信息产业中最为活跃的领域。移动通信的使用人数有了大规模的增长，引发了通信系统设备相关行业的崛起。Dell'Oro Group 的数据显示，2016年的市场容量达到400亿美元，2012—2016年市场增速为3.3%，需要大量的移动通信设备作为硬件支撑，这为公司提供了广阔的发展前景。

由于社会的变革和人类对于通信需求的提升，通信系统设备制造业已经成为各个国家的基础战略性产业，通信网络覆盖设备制造业作为其细分产业，亦有着广阔的发展空间。在我国，该细分领域处于成熟期阶段，基本的通信网络覆盖解决方案、设备的研发制造相对成熟，下一步是要将通信信号无缝覆盖到居民生活的各个区域，包括住宅、校园、商业等区域，提高用户的移动通信使用体验。

通信覆盖设备行业主要的客户为通信运营商，随着国内移动通讯用户数量的突飞猛进，对通信运营商的通信网络的扩容和升级是个考验，从而使得通信运营商加大对固定资产的投资（如图2-1-5所示）。

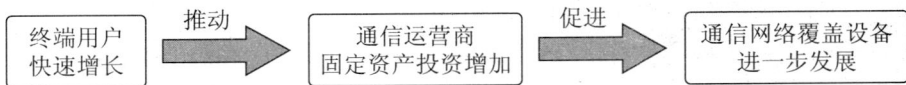

图2-1-5　通信运营商增加固定资产投资

2013年我国三大运营商的固定资产投资额达到3754.70亿元，未来这一数据将继续保持增长。以移动通信基站设备为例，产量从2007年的1604.6万信道增长到2013年的14248.5万信道，年均复合增长率达43.90%，增速明显（如图2-1-6所示）。

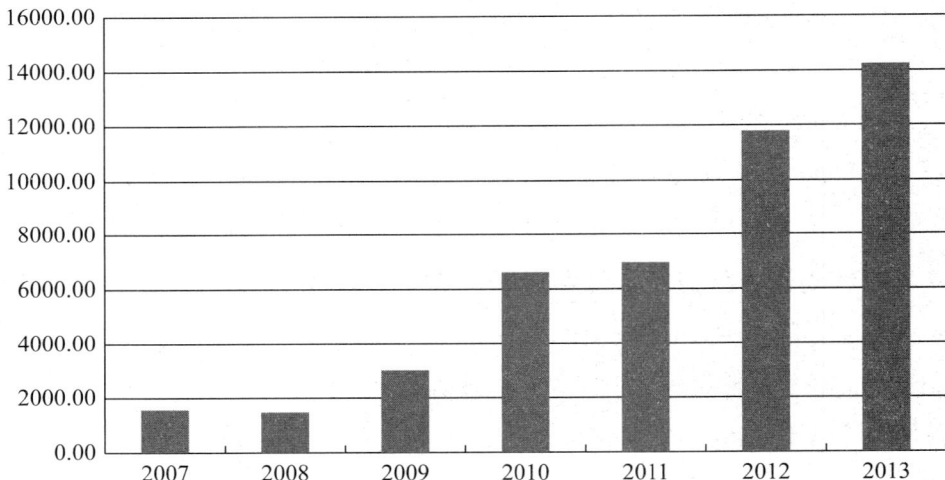

图2-1-6　2007—2013年国内移动通信基站设备产量（万信道）

资料来源：全国中小企业股份转让系统

通信网络覆盖设备行业持续发展的原动力来自于通信技术的不断升级，每一次通信技术的升级都会引发通信网络设备的升级换代，特别对于集资金、技术的密集型网络覆盖设备行业。在经历了第一代模拟移动通信技术、第二代数字移动通信技术、第三代支持高速数据传输的蜂窝移动通信技术之后，目前第四代移动通信技术的"4G"时代已经到来。4G牌照在全球各国各地的相继发放，带动了4G用户的飞速增长，新移动互联网业务也不断出现，已有的4G网络流量已经不能很好地满足用户的需求，从而激发了通信设备制造业的发展，也包括通信网络覆盖设备。

对我国来说，已然进入4G时代，4G网络建设完善的巅峰期即将到来，除了对已有基站设备的升级，还将继续扩大空白地区的基站建设，全面提高信号覆盖率。而通信网络覆盖设备行业的核心就是基站建设，技术发展推动了相关硬件设备的需求。

随着我国制造能力的提升，通信产品也渐渐走出国门，参与到全球市场中。多年的发展，我国在该领域已经积攒了一定的经验，尤其在成本、生产规模等方面有着自己的优势，如华为、中兴通讯，已经全面参与到国外市场中，并占据着一定的市场份额。国外市场的开拓也给国内的企业提供了另一个市场机会。

2. 国家政策扶持，鼓励发展

一直以来，中国的制造业都被欧美品牌主导，但是近年来我国的制造业水平有了长足的提升，打破了原来的格局，通信网络覆盖设备制造业属于国家支持发展的制造业行业之一，国家出台了一系列的发展政策和规划来支持我国通信设备制造业的发展（如表2-1-1所示）。

表2-1-1　相关政策情况

序号	文件名称	发布时间	主要内容
1	《国家中长期科学与技术发展规范纲要（2006—2020年）》	2006年	重点开发高性能的核心网络设备与传输设备、接入设备，以及在可扩展、安全、移动、服务质量、运营管理等方面的关键技术，建立可信的网络管理体系……
2	《中华人民共和国国民经济和社会发展第十二个五年规划纲要》	2011年	统筹布局新一代移动通信网、下一代互联网、数字广播电视网、卫星通信等设施建设，形成超高速、大容量、高智能国家干线传输网络……
3	《"十二五"国家战略性新兴产业发展规划》	2012年	宽带中国工程，加快推进宽带光纤接入网络建设，推进第三代移动通信（3G）网络全面、深度覆盖，开展TD-LTE规模商用示范；实施下一代互联网商用推广，建立新型网络体系架构及配套技术试验床，形成完备的互联网技术标准，完善网络安全防护体系；全面实施广播电视数字化改造，积极推进三网融合……
4	《国务院关于大力推进信息化发展和切实保障信息安全的若干意见》	2012年	加强3G网络纵深覆盖，支持具有自主知识产权的3G技术TD-SCDMA及其后续演进技术TD-LTE产业链发展，科学统筹3G及其长期演进技术协调发展……

（续表2-1-1）

序号	文件名称	发布时间	主要内容
5	《关于促进信息消费扩大内需的若干意见》	2013年	开展下一代互联网示范城市建设……统筹推进移动通信发展。扩大第三代移动通信（3G）网络覆盖，优化网络结构，提升网络质量……全面推进三网融合……
6	《国务院关于印发"宽带中国"战略及实施方案的通知》	2013年	到2015年，初步建成适应经济社会发展需要的下一代国家信息基础设施……到2020年，我国宽带网络基础设施发展水平与发达国家之间的差距大幅缩小……全面提速阶段（至2013年底），重点加强光纤网络和3G网络建设……推广普及阶段（2014—2015年），重点在继续推进宽带网络提速的同时，加快扩大宽带网络覆盖范围和规模
7	《外商投资产业指导目录（2011年修订）》	2011年	将"（二十一）通信设备、计算机及其他电子设备制造业"之"30.第三代及后续移动通信系统手机、基站、核心网设备以及网络监测设备开发制造"列为鼓励类外商投资产业
8	《通信业"十二五"发展规划》	2012年	加速推进信息网络宽带化进程，全面构建面向应用、普遍覆盖、绿色高效的下一代国家信息基础设施……统筹2G/3G/WLAN/LTE等协调发展，加快3G网络建设，扩大网络覆盖范围，优化网络结构，提升网络质量……
9	《电子信息制造业"十二五"发展规划》	2012年	推进宽带无线接入、多媒体数字集群及数字对讲技术和产业的发展。支持广域覆盖低成本宽带接入……加快实施"核心电子器件、高端通用芯片及基础软件产品""极大规模集成电路制造装备及成套工艺""新一代宽带无线移动通信网"等国家科技重大专项，进一步明确资金支持重点，加强产业链配套……
10	《长三角地区通信发展"十二五"专项规划》	2012年	加快建设覆盖区域、辐射周边、服务全国、联系亚太、面向世界的宽带、融合、泛在、安全的下一代信息基础设施……统筹推进移动通信发展。统筹2G/3G/WLAN/LTE等网络协调发展，优化网络结构，提升网络质量。加大3G网络投资力度，加快网络建设速度，扩大网络覆盖范围，推进网络在长三角地区全面覆盖，推进无线局域网在长三角地区热点区域和公共场所覆盖……进一步加强综合通信枢纽及长途干线网建设，优化调整覆盖长三角地区主要城市的通信网络结构……

资料来源：全国中小企业股份转让系统

3. 行业进入壁垒高

对属于国家的战略型制造行业、集资金型和技术型为一体的领域，要进入该行业有较高的门槛。产品要进入该行业，要通过各个方面的认证，包括管理体系、研发能力、技术水平、生产能力、品质控制、供货信用等各方面。此外还需要在各个环节接受认证，除了样品通过运营商和系统集成商的相关试用和严格认证，在之后的批量生产的环节中也要进行相关认证。

由于认证的时间长、涉及的事项多，在确定包括质量、研发能力等方面没有问题后，方可成为合格供应商。运营商和系统集成商一般不会轻易更换供应商，这对新进入行业者是个很高的门槛。

作为技术密集型行业，技术的发展速度快，研发能力必须要跟得上运营商和系统集成商的快速要求。产品的精度和高质量需要企业具有多年的技术沉淀和积累，一般的新进入企业的产品开发研发能力难以在短时间内达到这样的高度。而且小的公司难以拥有一支实力强劲的研发团队，人才储备库不及大企业，培养也难以跟上大企业。

要快速跟上整个行业技术的变化，需要企业对研发进行大量的资金投入，升级设备，提高研发能力。由于生产过程中需要多种设备，需要规模化生产才能更好地实现效益，这就需要能够拿到优质客户的大订单，刚进入行业的企业难以达到规模效应，容易被淘汰。

在具体运营过程中，由于运营商的付款周期比较长，也要求企业有一定的储备资金来应对较长的付款周期。

4. 丰富的产品系列

公司拥有丰富的产品系列，包括天线产品和天馈系统附件，涵盖多个种类，能够自主研发，满足客户的多种需求，提供一站式的服务，提供系统性的产品，增大了供应商拿到订单的概率（如表2-1-2所示）。

表2-1-2　公司产品情况

产品系列	产品分布	
天线产品	室外基站天线	2G 基站天线
		3G 基站天线
		4G 基站天线
	室内分布式天线	定向室分天线
		全向室分天线

（续表2-1-2）

产品系列	产品分布	
天馈系统附件	起支撑、固定作用的器件	天线支架
		馈线走线架
		馈线卡
	起连接作用的器件	连接器
		线缆组件
	起保护作用的器件	馈线密封窗
		馈线接地夹/接地卡
		接地铜排

资料来源：全国中小企业股份转让系统

5. 拥有大量的优质客户

公司定位的客户群是优质客户，他们对产品的质量和精度要求高，要通过严格的考核和认证才能进入其合格供应商名单。公司凭借积累多年的行业经验和强劲的研发实力，成为其稳定的合格供应商，确定了行业地位。

针对已有的客户，后期进行全面维护。针对性地建立运营商、系统集成商的销售平台，能够及时地响应客户需求，与客户建立一个稳定长期的合作关系。

服务的运营商包括中国移动、中国联通、中国电信等三大运营商，系统集成商和设备制造商包括中国知名的华为、中兴通讯、罗森伯格、京信通信等。

公司2014年营业收入为70394.83万元，同比增长86.99%；利润总额和净利润分别为9293.57万元和7564.91万元，同比增长分别为195.59%和190.37%。做市后企业的价值达到2.2亿元，价值得到回归，并且得到了市场的认可，今后企业将更有效借助资本市场不断发展扩大。

截至2015年6月30日，新三板做市公司总市值4448.63亿元，市值在1亿元～4亿元、4亿元～8亿元、8亿元～12亿元范围内的做市公司分别有199家、169家、53家，挂牌公司中市值最大的是联讯证券，其市值为103.16亿元（如表2-1-3、图2-1-7所示）。

表2-1-3　做市企业市值分布表

市值分布（亿元）	企业数量（家）	占比（%）
<1	15	2.94
1～4	199	39.02

（续表2-1-3）

市值分布（亿元）	企业数量（家）	占比（%）
4～8	169	33.14
8～12	53	10.39
12～16	35	6.86
16～20	15	2.94
20～40	19	3.73
>40	5	0.98
总计	510	2.94

资料来源：WIND，中孚和泰新三板研究院

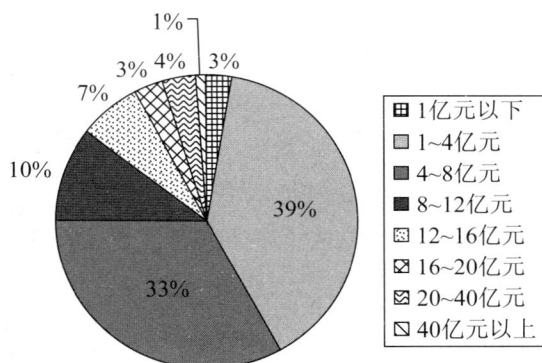

图2-1-7 做市企业市值分布

资料来源：WIND，中孚和泰新三板研究院

做市商在做市前会对企业进行深入的调研，这种信息优势使得它们比其他投资者掌握着更多的企业信息，从而能够更好地判断股票的价格，通过连续调整买卖报价，使得股价向合理水平靠拢，企业内在价值被公平体现。特别是在多元做市商的制度下，不合理报价的做市商的交易量就会受到影响，甚至会被迫退出市场。在该种机制下，多家做市商为某种股票提供报价，就会使得价格趋于真实价格，有效反映企业价值。

做市制度带来企业价值的回归，不仅仅对于新兴技术企业如此，对于传统行业，只要企业是优质标的，在做市的机制下，企业内在的价值也会渐渐被挖掘出来，价值逐渐回归到合理水平。现在就让我们来了解一家日常消费类的企业。

二、万绿生物：芦荟龙头企业，主板、新三板稀缺标的[13]

云南万绿生物股份有限公司（简称：万绿生物）成立于1999年，多年来一致专注于芦荟种植及芦荟制品开发销售业务。截至2015年6月30日，共有安信证券、兴业证券、华融证券、中原证券、海通证券、中信证券、世纪证券、天风证券8家做市商为其做市。

万绿生物从2014年12月8日起实施做市转让，交易活跃，股价持续上涨。公司做市交易首日每股开盘价为7.6元，自此股价一路上扬，截至2015年4月30日，以每股15.1元收盘，其间最高价达到18.2元，均价为11.77元（如图2-1-8所示）。

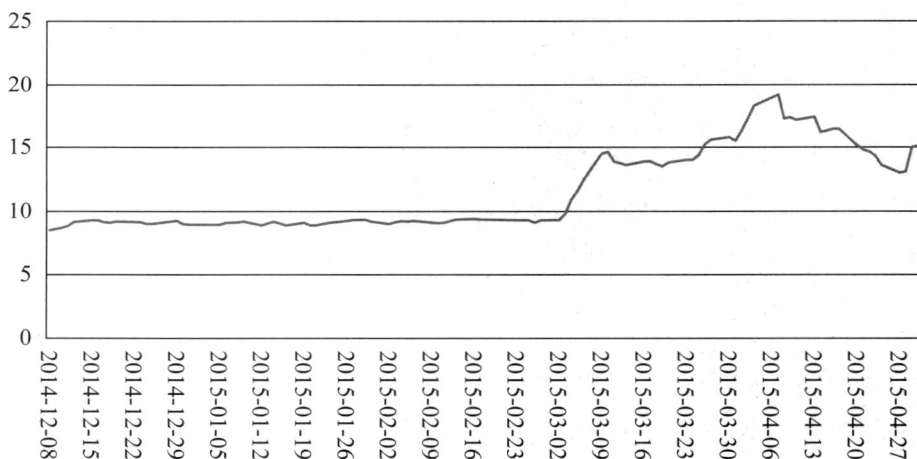

图2-1-8　股价趋势图

资料来源：大智慧，中孚和泰新三板研究院

作为日常消费行业的企业，万绿生物又是以怎样独特的业务和经营表现获得了市场和投资者的认可？是怎样的价值得到了发现？

1. 芦荟产业化成熟，消费理念升级，市场容量大

从20世纪70年代开始，芦荟产业兴起于美国，全球的芦荟进入深度开发和产业化。经过多年的发展，芦荟产业在美国、日本、韩国、德国等国家已经

发展相对成熟，形成了一个全球性的产业。其中日本芦荟产业中所需要的凝胶丁等主要从泰国、中国等地进口。

在我国，芦荟业的发展始于20世纪80年代末90年代初，首先是基于社会对芦荟的认知深入，加之政府的引导，芦荟种植业得到了快速的发展。芦荟的药用研究从20世纪90年代开始，最初仅限于芦荟相关成分的物理萃取方面，随着近年来医学认知的发展，芦荟在药学方面的功效得到开拓，越来越多地应用到药用产品上。

芦荟的开发应用的领域很广，包括新资源食品、功能食品、日化产品、医药品、饲料和生物原料等方面。终端产品已经初步实现规范化、产业化、高品质化，也渐渐在全球市场上有自己的一席之地，像各类芦荟化妆品、芦荟保健品、洗涤用品等的产量占到了全球产量的十分之一左右，这个比例还在不断增长。在芦荟相关应用领域中，日化产品是最先应用、也是最重要的领域，形成了几十种主要产品，包括芦荟化妆品、香皂、洗发护发、沐浴液、保湿霜、清洁剂、芦荟凝胶汁、芦荟浓缩液等。

随着社会的发展和居民消费意识的提升及对健康的注重，芦荟由于其自身的生物特性，能够在保健和药用方面发挥很大的功效。"药食同源"，芦荟食品作为健康养生食品广泛被人们接受；"自然、健康"，芦荟日化用品在养生美容方面有着自身独特的优势；技术的进步使芦荟在药用等方面的价值进一步被挖掘。

据有关数据报道，2010年我国芦荟的种植面积达到了5万亩，芦荟相关的产品市场容量接近100亿元，食品类占据了一半，保健品、日化产品类的产值为50亿元。中国民营科技促进会芦荟产业专业委员会发布的《芦荟产业"十二五"科技创新指导规划》中指出，"十二五"末，芦荟产业的总产值将会达到500亿元，一般普通的芦荟食品产值为300亿元，其他日化类、保健类的高端产品产值为100亿元。"十三五"期间将深入研究芦荟的药用价值以及在禽畜养殖业的应用，大力发展芦荟健康产业。

相比较发达国家，我国的芦荟产业还是处于发展期，与整个产业的成熟阶段还有一定的距离，市场容量远没有达到饱和，还有很大的增长空间。

2. 国家大力支持生物技术产业，鼓励芦荟的产业化

随着社会的发展，健康越来越受到社会和国家的重视，芦荟行业作为健

康产业的代表，国家出台了一系列的相关法规来支撑芦荟产业的发展（如表2-1-4所示）。

表2-1-4 国家政策情况

时间	文件	内容
2002年	《卫生部关于进一步规范保健食品原料管理的通知》	芦荟被归入了"可用于保健食品的物品名单"
2005年	《保健食品注册管理办法》	对芦荟作为保健食品的注册登记进行了规定
2006年	《国家中长期科学和技术发展规划纲要（2006-2020）》	明确了生物技术作为科技发展的五个战略重点之一
2008年	卫生部发布《公告》	批准库拉索芦荟凝胶作为新资源食品及食品原料，可以添加食品中
2010年	《关于加快培育和发展战略性新兴产业的决定》	将生物产业列入战略性新兴产业
2011年	《"十二五"生物技术发展规划》	明确了生物技术的发展将成为我国未来重点发展的产业之一，并提出了详细的发展规划

3. 行业进入有一定的壁垒

芦荟作为一种生性向阳的植物，对生长环境有着一定的要求，目前我国的芦荟种植业主要分布在云南、广东、海南和福建等地，当地具有人力资本优势。要进入芦荟相关行业，拥有相应的芦荟种植基地是一个最基本的门槛。

如何在芦荟相关成分提取过程中，保持其活性成分的稳定性以便更好地进入提炼，都需要一定的研发技术水平来支撑。没有相匹配的研发能力是无法从事芦荟加工行业的。

芦荟终端产品的生产，一般在确定终端产品时就与原料供应商开展合作，让原料供应商在研发初期就参与。若研发成功，则继续与原料供应商合作，形成良性、稳定的合作关系。新进入行业者难以在短时间内撼动其他品牌。

原料供应商在终端产品的研发初期就与生产商建立合作关系，关键的竞争优势就在于能够获得客户稳定的订单，这是长期以来在技术、产品、资金等方面投入建立起来的营销网络。

原料生产地主要在适宜芦荟生产的云南等地，大规模的种植面积是最基本的企业优势，通过规模化经营来实现企业的做强做大，这就需要长期稳定的资金实力来保证。

4. 定位大客户，坚持自有品牌的销售模式

在产品对国内外销售时，公司的产品全部用自主品牌，树立品牌地位。在客户定位上，公司一直遵循以品牌优质客户为主，以中小型客户为辅的销售策略，不断开拓新的客户。经过多年的销售网络建设，公司产品出口欧美等多个国家和地区。在国内，与各个芦荟应用领域的大品牌厂商合作，包括可口可乐、光明、伊利、蒙牛、完美、青春宝药业等公司，保持着长期稳定的战略合作关系。

在客户开发、维护方面，公司在研发初期就积极与客户合作，协助开发芦荟新产品。通过与大型客户的合作，能够通过它们更好地打入市场，提高市场占有率；凭借着与大型客户的合作，能够有效地与其他中小型企业合作。为扩大宣传作用、打开新市场、提高影响力，公司积极运用各种宣传渠道，包括国内外行业杂志，参加各行业的展会、博览会。同时，公司利用电子商务渠道，在Google、百度、阿里巴巴等大型网络平台展示自己，获得相应的商机。

5. 具有大面积的芦荟自主种植面积

作为芦荟原料提供商，芦荟是企业最大、最关键的资源。万绿生物位于适宜芦荟生长的云南，拥有着9000亩的芦荟种植基地，其中自有种植面积达6289亩。该数字让万绿生物在2011年成为中国芦荟产业专业委员。不仅拥有种植面积优势，公司的种植品种为库拉索芦荟，该品种效成分含量高、单位面积产量高、适应性强，能够获得最佳的经济效益。

为更好地提高产量和质量，公司的《芦荟生产管理操作规程》对芦荟栽培的各个过程进行规范。《原料验收标准》对芦荟的种植、加工进行量化和标准化，为企业提供了竞争力强的原料源头。

6. 强大的研发能力

为加强公司的研发能力，公司在2002年设立了技术研发中心，研发出了5大类40多个品种的芦荟工业原料产品，此外，还与各高校和科研机构（包括厦门大学、北京工商大学及德国光谱实验室等）建立了长期、稳定的合作关系。

此外，公司承担的各个项目获得了国家级的奖项，研发能力得到了社会各界的认可（如表2-1-5所示）。

表2-1-5　公司获得的资质情况

年份	奖项
2000年	公司承担的"元江芦荟产业综合开发项目"被云南省计委批准为省生物资源开发的重点项目，同时被纳入国家科技部的"火炬计划"
2004年	"芦荟产业化综合加工项目"又被国家发改委列为农产品深加工国债专项项目
2007年	公司被中华人民共和国发改委认定为"国家农产品深加工专项工程示范项目"
2009年	公司通过环境管理体系、质量管理体系、食品安全管理体系"三合一"体系认证
2012年	公司被认定为农业产业化经营省级重点龙头企业
2011年	公司获得美国和欧盟有机认证证书

7. 知名品牌赢得客户信任

目前使用"万绿"牌芦荟工业原料的化妆品、保健食品、乳制品、饮料、食品、药品等行业的企业覆盖全国，在相关领域广泛应用。可口可乐、伊利、蒙牛、完美等知名企业已成为万绿公司的稳定用户。同时，公司的芦荟产品出口欧美等多个国家和地区，与多家国际知名企业建立了长期稳定的合作关系。

随着消费水平的逐步提高，近年来健康食品和高端护肤品的需求增长迅猛。芦荟以其杀菌抗炎、解毒抗癌、保湿镇静等特点，成为食疗行业和护肤行业的新宠，相关行业前景看好。万绿生物目前是国内规模最大的芦荟种植及工业原料生产商，种植基地位于国内最适宜芦荟生长的地区，行业龙头的地位不可撼动。

2014年通过市场开拓、客户服务和品质控制，企业营业收入达到1.4亿元，同期增长10.47%，毛利率高达44.78%。同时2014年净利润也达到1854万元（如表2-1-6所示）。

表2-1-6　企业财务状况

	2014年	2013年
营业收入（元）	139149871.20	125961517.24
毛利率（%）	44.78	44.61
归属于挂牌公司股东的净利润（元）	18535119.69	24551151.58
基本每股收益（元/股）	0.37	0.49

作为芦荟行业的龙头企业，万绿生物立志成为全国乃至全球知名的生物资

源综合开发企业，做市让其内在价值得到回归，股价从7.1元上涨到15.1元，价值发现仅仅是做市带给企业的一个方面的红利，做市还能给企业带来什么呢？

第二节
企业做市能够更加有效融资

　　做市商制度的推出，给市场带来了流动性，让企业的股票价格得到了修正，内在价值得到了体现。但是对于企业来说，特别是中小型的创业企业来说，解决现金流的问题才是重中之重。

　　在我国，中小企业的"融资难、融资贵"一直是社会关注的热点和难点。一般的企业融资主要通过两个途径：资本市场直接融资和银行等传统融资渠道。但这两个渠道在对中小企业提供融资的方面都存在一定的难度。

　　从我国各类企业的负债数据中，可以看到很大部分是国有银行贷款，而且银行发放的对象也主要是国有大中型企业，中小企业很难从国有银行得到有效资金。所以在中小企业的负债构成中，像"影子银行系统"的信托，甚至民间借贷（如高利率借贷）占大多数，这些资金的成本往往比银行贷款高出很多，高利率贷款通常可高达30%左右，信托融资的利率也在10%以上。

　　国有银行系统出于风险考虑不愿意对中小企业放贷，这也是中小企业的发展阶段所面临的难题。中小企业的资金主要用于企业创新和新产品开发，和成熟企业相比较来说，未来发展的不确定性比较高，国有银行的贷款制度决定了融资的大门对它们是关闭的。根据有关调查，企业规模越小，贷款申请被拒绝的概率越大。根据某调查机构对国内7个城市的商业银行的抽样调查，规模500人以上的贷款申请的拒绝率为24%，500人以下的概率上升到72%。而国内一般初创的企业规模很到达到500人这个要求。

　　融资难、融资贵是中小企业在传统融资渠道遇到的问题，那么通过资本市场直接融资呢？之前，一般主板、中小企业板块和创业板是企业直接融资的主要场所，但是要登陆这三个板块对企业有着严格的要求。主板市场一般是针对大型企业，这个融资途径对中小企业来说可能性很小。那么其他两个板块呢？根据其上市规定，这两个板块上市也偏严，"中小企业"强调企业规模，"创业板"则对成长性和持续盈利能力有着严格的要求。这些要求和指标使得民营中小企业只能望而却步。一方面是指标要求高，另一方面即使是符合上市条件，治理水平高的中小企业，要想登陆资本市场，也会因为各种原因望洋兴叹：费用高、周期长。

在"场内市场"上市过程中，需要哪些费用呢？上市筹备是一个系统的工程，不仅需要各职能部门自我改造，而且要成立一支专门的团队来进行上市工作的组织协调，这仅仅是内部成本（包括加强管理引进人才的人力成本、公司治理、制度规范等的培训费等），此外，还要为各中介机构支付相当的费用，包括承销与保荐费、审计及验资费、法律费、资产评估费、信息披露费、发行手续费和印花税等。处于发展阶段的中小型和创业企业很难担负如此庞大的费用，有些甚至为了上市花光了支持企业持续发展的资金。

除了筹备费用，在IPO的过程中等候成本和成功率低也是一道高门槛。根据中国证监会2015年11月12日披露的数据，在首发申请已经受理且预先披露了的证监会受理首发企业达682家，其中，已过会47家，未过会企业达到635家。在未过会企业中，除正常待审企业614家外，还有21家已经因为不合规等问题中止审查。上市成功率低于10%，等待的周期2～3年不止。而在等待的过程中，也要支付相当的等待费用，包括年度审计和中期审计，费用在30万元左右。

"场内市场"的格局和功能定位已经成型，如何为中小企业的困境打开突破口？新三板的出现就是鼓励创新型的中小企业，为它们的发展提供帮助，其中一项就是解决融资问题。中小企业困境在新三板做市推出后得到了极大的改善，让我们来看下受惠于做市制度解决融资问题的企业。

一、点点客：移动互联网第一概念股，定增获热捧[14]

2015年2月16日，上海点客信息技术股份有限公司（简称：点点客）发行股票融资，发行股价为14元，融资额达2.2亿元。这次定增的对象也是豪华团队：华夏资本管理有限公司、国内首家PE系公募基金红土创新基金管理有限公司、深圳创新投资集团有限公司等知名创投公司。本次定增相比较做市之前

的定增无论从股价上还是总融资额上都有大幅的提高，做市给点点客带来了更强的融资能力。

作为国内领先的企业级互联网服务厂商，点点客大力借助资本运作来"跑马圈地"，此次融资将部分资金用于收购杭州微巴信息技术有限公司（下称：微巴信息）100%股权。微巴信息是国内首批微信第三方应用开发商，已经服务于全国范围内的10万多家商户，并且产品进驻马来西亚、新西兰等多个海外市场。一方面，将之招至麾下，点点客能有效利用微巴信息的平台紧跟和引导行业发展潮流，提升综合竞争力；另一方面，微巴信息借助点点客的平台实现业务扩张，这对于点点客整体的业务规模和盈利能力都是一剂强心剂。

此次融资的资金将用于支付上述交易中的现金对价，剩余部分将用于补充流动资金、市场开拓、研发支出等方面。剩余的配套融资资金高达1.63亿元，超过此次收购价的2倍。停牌前的收盘价为25.6元，此次定增价为14元，复权价为35.14元（如表2-2-1所示）。

其规模之大、吸引的投资对象的背景之雄厚用"热捧"两个字来形容都不为过。这就是做市给企业带来的最大利处—快速提升企业的融资量价。

表2-2-1　定增情况

代码	430177.OC
名称	点点客
做市前定向增发（一）	
预案公告日	2014-07-10
方案进度	实施
发行价格（元/股）	10.0
增发数量（万股）	250.00
实际募集资金（万元）	2500.00
认购方式	现金
定向发行目的说明	①企业移动社交营销在线平台研发及市场推广②企业短信流动资金
发行对象	机构投资者
做市前定向增发（二）	
预案公告日	2014-09-01
方案进度	实施

（续表2-2-1）

名称	点点客
发行价格（元/股）	10.00
增发数量（万股）	150.00
实际募集资金（万元）	1500.00
认购方式	现金
定向发行目的说明	企业移动社交营销在线平台研发及市场推广，短信流动资金
发行对象	机构投资者
做市后定向增发（三）	
预案公告日	2015-01-30
方案进度	股东大会通过
发行价格（元/股）	14.00
增发数量（万股）	1582.20
预计募集资金（万元）	22150.8000
认购方式	现金
定向发行目的说明	①发挥协同效应，提升公司的综合竞争力；②拓宽融资渠道，依托资本市场实现跨越式发展
发行对象	大股东，公司股东，机构投资者，境内自然人

资料来源：全国中小企业股份转让系统

微信是继微博之后移动互联网服务商争夺的另一块领域，在竞争激烈的大环境下，作为微信公众号开发商的点点客有着怎样的独特竞争力和实力获得了资本的追捧呢？

1. 政策大力扶持

信息化产业作为国家的重点发展对象，多次在国家级的政策文件中被提及。《2006—2020年国家信息化发展战略》中提出我国信息化发展的战略重点是：推进国民经济信息化，利用信息技术改造和提升传统产业，促进信息技术在能源、交通运输、冶金、机械和化工等行业的普及应用；推行电子政务，逐步建立以公民和企业为对象、以互联网为基础、中央与地方相配合、多种技术手段相结合的电子政务公共服务体系协同共建，完善社会预警和应对突发事件的网络运行机制，增强对各种突发性事件的监控、决策和应急处置能力；推进社会信息化，发展多层次、交互式网络教育培训体系，加快医疗卫生信息化建设；完善综合信息基础设施，推动网络融合，从业务、网络和终端等层面推进"三网融合"，发展多种形式的宽带接入，大力推动互联网的应用普及。从

2000年开始，国家层面、工信部等层面都出台各政策法规来鼓励支持该行业的发展（如表2-2-2所示）。

表2-2-2　国家政策支持情况

时间	文件	内容
2006年	《信息产业科技发展"十一五"规划和2020年中长期规划纲要》	网络和通信技术、信息技术应用被列为要在未来5～15年发展的重点
2009年	《电子信息产业调整和振兴规划》	在通信设备、信息服务、信息技术应用等领域培育新的增长点，加速信息基础设施建设，大力推动业务创新和服务模式创新，强化信息技术在社会经济领域的运用，积极采用信息技术改造传统产业，以新应用带动新增长，建立内容、终端、传输、运营企业相互促进、共赢发展的新体系。规划还指出要加强信息技术的融合应用，以研发设计、流程控制、企业管理、市场营销等关键环节为突破口，推进信息技术与传统工业结合，提高工业自动化、智能化和管理现代化水平，加速行业解决方案的开发和推广，组织开展行业应用试点示范工程，支持信息技术企业与传统工业企业开展多层次的合作，进一步促进信息化与工业化融合
2011年	《中华人民共和国国民经济和社会发展第十二个五年规划纲要》	"新一代信息技术"被列为"战略型新兴产业"，并指出新一代信息技术产业将重点发展新一代移动通信、下一代互联网、三网融合、物联网、云计算、集成电路、新型显示、高端软件、高端服务器和信息服务
	《国务院办公厅关于加快发展高技术服务业的指导意见》	将"信息技术服务"列入重点推进高技术服务加快发展的八个领域之一："充分发挥现有信息网络基础设施的作用，依托宽带光纤、新一代移动通信网、下一代互联网、数字电视网等信息基础设施建设，大力发展网络信息服务和三网融合业务，着力推进网络技术和业务创新，培育基于移动互联网、云计算、物联网等新技术、新模式、新业态的信息服务。加强软件工具开发和知识库建设，提高信息系统咨询设计、集成实施、运营维护、测试评估和信息安全服务水平，面向行业应用提供系统解决方案。推动电子信息产品制造企业由单纯提供产品向提供综合解决方案和信息服务转变，完善电子信息产品售后服务。进一步增强承接软件和信息服务外包能力，着力培育有国际影响力的服务外包品牌。"

（续表2-2-2）

时间	文件	内容
2012年	《通信业"十二五"发展规划》	将"全面深化信息服务应用"列为发展重点："推动传统产业升级。积极推动信息通信技术与传统工业技术、生产制造、经营管理流程和企业组织模式深度融合，发展生产型信息服务。面向工、农业生产和商贸流通等重点行业和企业，以及工业园区、产业集群的发展需要，打造网络化公共信息服务平台，发展集成化、行业信息化解决方案，支持和培育互联网数据中心、呼叫中心等业务发展。面向广大中小企业，大力发展经济实用、安全免维护的'一站式'企业信息化解决方案等服务。发展民生型信息服务"

资料来源：全国中小企业股份转让系统

2. 移动信息服务市场规模稳步增长

移动信息行业主要的服务对象是移动电话用户。随着科技的发展，全球的移动电话用户在2010年达到53.7亿，发展中国家的使用人数在急速扩张，占到了全球移动电话用户总数的74%。以我国为例，我国的移动电话用户在2014年达到12.86亿，但与发达国家手机普及率超过80%相比还有一定的差距，未来有很大的扩展空间。

移动电话用户数量的增加是推动国内移动信息服务行业发展的原动力，使得我国移动信息服务市场的规模在不断扩大，2010年已经达到2175亿元，年均增长率保持在10%以上，为信息服务商提供了一个良好的发展环境（如图2-2-1所示）。

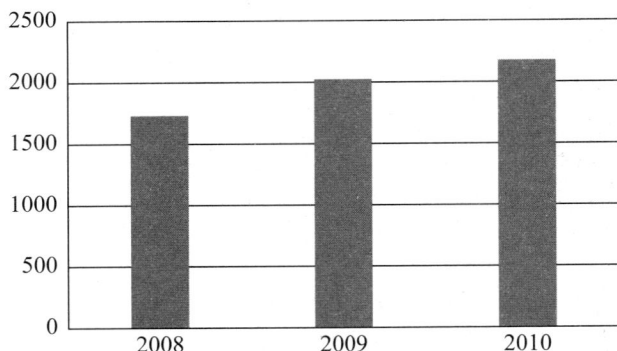

图2-2-1　移动信息服务市场规模

资料来源：全国中小企业股份转让系统

根据iResearch Consulting Group等各大知名机构的研究，中国移动互联网的发展态势迅猛。2014年的移动网络使用率保持两位数的增长率，中国网民每周花费在互联网上的时间超过21小时的占40%左右。移动互联网已经成为居民生活很重要的一部分。

随着全球4G牌照的发放，尤其是我国已步入4G时代，将为信息服务行业提供更为广阔的网络支撑，应用领域将得到进一步的拓展，信息服务的需求进一步被激发，市场容量快速扩大，移动信息行业将迎来一个更为广阔的时代。

3. 定位企业客户，与运营商建立合作伙伴关系

公司的主要业务是针对各个企业的需求，自主研发各类短信应用软件，包括短彩信为主的移动应用服务和移动信息解决方案。移动信息产品按照客户群体分，可以分为个人和行业的移动信息产品。由于个人客户的个体规模较小，公司将产品定位于针对行业的移动信息需求，面对的客户也是集团企业级的。相对于个人来说，企业客户的需求量大、支付能力强，在与之合作过程中也能对公司的服务产生正向的促进作用。此外，企业客户对于供应商的质量、稳定性方面要求高，一旦形成合作关系，订单的稳定性就得到了保证。在具体合作模式上，根据企业客户的短信移动信息使用量直接收取相应的费用。在与移动运营商合作模式上，一方面借用移动运营商的通道，依据已经约定的短信、彩信价格和已实现的发送量向移动运营商支付通道使用费用，另一方面公司与移动运营商建立业务合作，统计每个月的公司短信、彩信的成功发送量作为移动运营商创造的收入，对照之前签订的协议约定的佣金分成比例，以移动信息佣金的形式支付给公司。

由于产品的客户群体定位，企业积攒的优质客户越来越多。在2014年成为腾讯云微信服务市场的最大规模的接入商，其他行业的知名客户企业包括绿地集团、学而思、宝马汽车、海通证券、南京漫咖啡等。

4. 销售模式向直接销售模式倾斜，营销实力强劲

公司目前销售模式分为直接销售和间接销售模式两种。在直接销售模式下，以上海总部为首，以分区域为导向，在北京、武汉、西安、哈尔滨等地建立分公司，打造了一支具有高素质的营销队伍。在直销模式下，直接面对的

是终端消费用户，能够更直接和深入地了解客户需求，针对性地制定营销方案，大大提高了效率。此外，通过全国性的销售平台，积累了大量客户的相关数据，建立了相应的已有客户档案以便更好地进行后续服务，通过这个营销网络也能够更好地挖掘潜在客户，开拓市场。在代理模式下，主要通过向下级经销商销售相关服务的使用权，经销商再销售给最终用户的形式进行。随着直接销售渠道的拓宽和加深，公司渐渐更多地向直接销售模式倾斜。

如何来扩大用户群体？点点客采取了免费工具培养的模式，用户可以无偿使用"点点客海报"和"点点客排版"的功能，这样能够很快积累用户群，有着先发优势。目前公司已经布局金融、餐饮、微电商、房产、教育、汽车等二十余个行业。

5. 进入行业有一定的壁垒

移动信息服务行业的核心是通信技术和信息技术，特别是在为企业提供相关信息服务时，更需要在数据处理能力、系统研发、维持系统稳定、项目总体把握方面具有一定的实力。在技术更新加速的时代，对客户的需求都要有快速的响应能力，技术含量一般的企业无法在该行业存活。特别是服务的客户属于金融行业时，更需要公司的技术人员具备跨学科的知识背景或者从事行业时间较长，对于行业特定的业务内容和流程有着很清晰的了解。加之都是项目制且周期长，一般的新从业者很难在中间阶段进入。

公司所提供的服务是行业移动信息服务，不是单一的需求，面对各行业的情况，企业需要对行业和客户有着深刻的理解，没有一个长期的积累和沉淀的过程就无法有效地为企业提供相关服务。

从事的行业要与大型运营商进行合作，对于企业的规模等都有相应的要求，公司需要取得《增值电信业务经营许可证》，同时要满足《电信业务经营许可管理办法》对注册资本、公司规模等的硬性指标的要求。

6. 产品对接客户需求，紧跟时代步伐

为更好地对接客户需求，企业的产品研发团队人员在各个行业（包括餐饮、酒店、地产等）进行长达数月的实地调研，了解、分析各行业消费的特点，为服务的客户推出高效的产品，为客户量身定制，并推出有效的产品。

随着互联网的快速普及，微信、支付宝等新生事物的出现，公司的产品也紧跟时代步伐，推出新的业务模式，实现有效增长点，对产品进行升级换代，不断提高竞争优势，如2014年公司对"点点客在线平台"进行了升级，这一平台能够实现与微信、微博、易信、支付宝等多个社交平台的无缝对接。

7. 技术实力强，产品替代性低

公司的产品经过多年的研发投入，需要电信网络、数据库处理等多个领域的专业技术，其"一个平台、多个模块"的MVC架构的构建理念在行业内实属少数，是公司多年核心技术的积累，具有很强的竞争性，产品可替代性低。除了在现有的技术上继续研发外，公司还不断追踪最新信息技术的发展，对产品进行及时的更新迭代，始终保持先进的技术能力。

点点客近几年处于急速上升期，2012年、2013年、2014年中期的净利润分别为443.6万元、912万元、661.18万元，同比增长率分别达到221.44%、105.59%和89.29%。加之依托于快速增长的行业背景，在做市商制度下，必定成为各资本追逐的对象。

由于点点客良好的市场表现，媒体的曝光度也有所上升，特别是受到很多一线媒体的报道，让更多人认识了企业，为企业进行了免费宣传，品牌知名度得到了极大提升，在行业内确立了移动互联网的知名地位，这些是做市前所没有的。

虽然在新三板挂牌的企业在理论上属于上市公司，公布经营状况，形式上和上市公司一样，但是并没有IPO功能，即不能向公众募集资金，只能通过定向增发的形式融资。2012年9月28日颁布的《非上市公众公司监督管理办法》提出允许挂牌企业在挂牌时，可以同时进行定向发行，缩小了创业板、主板融资功能的差距。

让我们看一下截至2012年的新三板市场募集资金的情况。新三板市场共有41家公司，累计完成定向增资50次，总融资规模和金额分别达到4.44亿股和22.42亿元。2007—2010年4年间仅有15起再融资。其中中海阳以超过20倍的市盈率募集2.12亿元，成为做市商推出前实施定向增发挂牌企业单笔融资金额比较大的公司（如表2-2-3、图2-2-2所示）。

表2-2-3　新三板历年定增情况

年份	发行次数	发行金额（万元）	发行股数（万股）
2007年	3	11874.92	4542.00
2008年	5	24564.55	5620.00
2009年	2	5639.28	956.00
2010年	8	35835.91	6867.00
2011年	10	64818.45	8007.00
2012年	24	85886.00	19292.00
2013年	60	100236.43	29193.87
2014年	327	1299877.76	264298.28
合计	439	1628733.3	338776.15

资料来源：全国中小企业股份转让系统

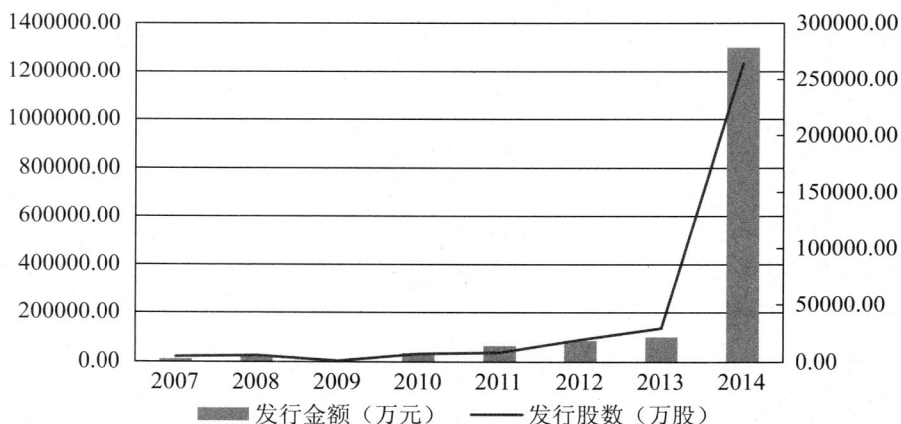

图2-2-2　历年定向增发情况

资料来源：全国中小企业股份转让系统

　　这一局面在新三板推出做市以后就发生了很大的变化。仅发行次数，2014年全年就达到将近2007—2013年总和的3倍，而这一趋势在2015年更是得到了加强。

　　这就是做市商制度的魅力所在，也是吸引众多优质企业做市的关键因素。做市就像放大镜，总能把优质企业给寻找出来。通过上述的案例可能会认为只有高新技术企业才能获得融资，其实不然。这也是新三板做市的魅力所在。只要是优质企业，通过做市后得到市场的认知，融资能力一样能被迅速打开，如材料行业的艾录股份。

二、艾录股份：高端一体化纸包装整体方案提供商，做市以来共5次定向增发[15]

2014年9月，上海艾录包装股份有限公司（简称：艾录股份）拟变更为做市转让方式，以4.07元/股的价格向国金证券和东莞证券定向发行180万股，募资732.6万元。从2014年11月25日转为做市以来，不到半年时间内进行了4次定向增发，定向增发价格也是一路上涨。2015年2月，上投摩根基金管理有限公司以8元/股的价格购买公司50万股的股票，资金额为400万元。仅一个月后，2015年3月，艾录股份以10.15元/股的价格向东方证券股份有限公司、上海鼎奎投资管理中心（有限合伙）、张桂明和李金桂合计发行310万股，募资3146.5万元。而4月份的定向增发资金额高达7581.6万元。短短几个月，不仅是定向增发价格一路上涨，融资量也是越来越大，尤其在开启做市以后（如表2-2-4所示）。

2015年3月31日，艾录股份披露定向增发方案，为开展高分子环保复合包装材料三期建设项目和流动资金的需要，公司拟以14.58元/股的价格发行不超过520万股，募资总额不超过7581.6万元。这一方案得到了13家机构的参与，有很多知名的机构也竞相参与定向增发，包括国海创新资本、深圳保腾创投、杭州恭榕投资、上海少薮派投资、上海景林资管、浙商证券资管、东方证券创新投、东方证券资管、立正投资、乾朗投资、典津资产、富诚海富通资产、上投摩根。

2015年8月27日，艾录股份披露定向增发方案，为补充公司运营资金，增强公司主营业务能力，扩大公司品牌影响力，公司拟以9.96元/股的价格发行不超过1486万股，募资总额不超过14800.56万元。这一方案得到了13家机构的参与，有很多知名机构也竞相参与定向增发，包括九泰基金、深圳保腾创投、中信建投基金、中信建投证券、兴证证券资产管理、财通证券资产管理、上海财通资产管理、易方达资产管理、九州证券。

表2-2-4 企业定向增发情况

代码	830970.OC
名称	艾录股份
定向增发（一）	
预案公告日	2014-09-11
方案进度	实施
发行价格（元/股）	4.07
增发数量（万股）	180.00
实际募集资金（万元）	732.60
认购方式	现金
定向发行目的说明	补充公司流动资金
发行对象	机构投资者
定向增发（二）	
预案公告日	2015-02-03
方案进度	实施
发行价格（元/股）	8.00
增发数量（万股）	50.00
实际募集资金（万元）	400.00
认购方式	现金
定向发行目的说明	补充流动资金
发行对象	公司股东
定向增发（三）	
预案公告日	2015-03-13
方案进度	股东大会通过
发行价格（元/股）	10.15
增发数量（万股）	310.00
预计募集资金（万元）	3146.50
认购方式	现金
定向发行目的说明	补充流动资金。
发行对象	机构投资者，境内自然人
定向增发（四）	
预案公告日	2015-03-31
方案进度	实施
发行价格（元/股）	14.58
增发数量（万股）	520.00
预计募集资金（万元）	7581.60
认购方式	现金

（续表2-2-4）

名称	艾录股份
定向发行目的说明	高分子环保复合包装材料三期建设项目，和补充公司流动资金。
发行对象	机构投资者，境内自然人
定向增发（五）	
预案公告日	2015-04-18
方案进度	实施
发行价格（元/股）	10.15
增发数量（万股）	317.73
预计募集资金（万元）	3224.9940
认购方式	资产
定向发行目的说明	购买锐派包装100%股权
发行对象	境内自然人
定向增发（六）	
预案公告日	2015-08-27
方案进度	实施
发行价格（元/股）	9.96
增发数量（万股）	1486
预计募集资金（万元）	14800.56
认购方式	现金
定向发行目的说明	补充公司流动资金
发行对象	境内合格投资者

资料来源：全国中小企业股份转让系统

　　是否只是市场追捧而已？多次有效融资必定有着企业良好的业绩和发展前景支撑。2014年，艾录股份2014年营业收入为2.5亿元，同比增长28.83%；净利润为3805万元，同比增长53.47%，基本每股收益达到0.63元。

　　作为一家主要从事高端纸包装产品的研发、设计、生产和销售的高新技术企业，艾录股份为什么能够获得众多资本青睐？

1. 包装行业增长空间大

　　放眼全球来看，根据全球最大的包装研究机构发布的数据，2011年包装市场总容量约为6950亿美元。根据我国包装联合会的统计显示，过去几年我国包装行业一直处于快速增长阶段，2005—2010年的年复合增长率达到了20%，2012年我国包装工业规模的总产值更是超过了1.5万亿元，成为全球第二大包装大国。据行业内的专家预测，未来10年仍然是中国包装行业发展的高峰期，年均增长率有望保持在20%左右，远超GDP增速（如图2-2-3所示）。

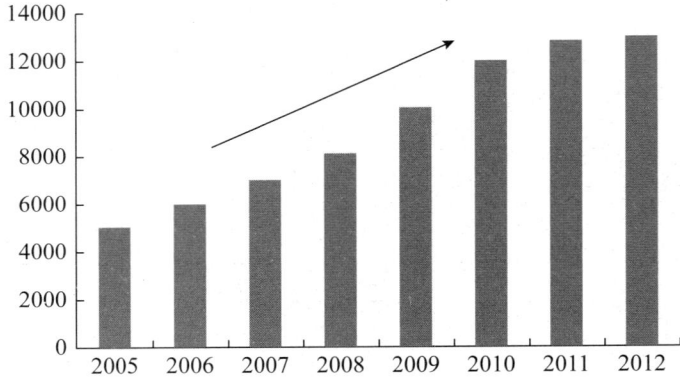

图2-2-3　2005—2012年我国包装行业规模

资料来源：全国中小企业股份转让系统

　　随着中国经济和人均消费水平的增长，我国包装行业还有很大的增长空间。与发达国家比较，我国包装人均消费还是处在一个比较低的水平，我国包装人均消费在12美元左右，而美国、日本、欧洲这一数据分别为311美元、460美元、385美元，我国不及发达国家的5%（如图2-2-4所示）。居民消费模式的升级也带动了厂商对包装的要求。包装不仅是对产品的保护，更多的则是承担

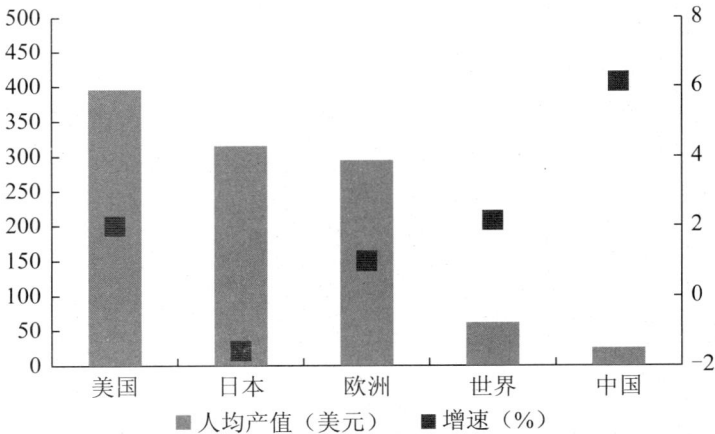

图2-2-4　世界主要国家人均包装产值及增速情况

资料来源：全国中小企业股份转让系统

着产品的推广、提高品牌宣传的作用。此外，消费者对材料的安全性、健康环保性的要求也让生产厂商在选择包装供应商时标准提升，这使得包装行业的附加值提升，市场容量加大。

软包装（塑料和纸包装）属于包装行业的细分领域，由于包装材料向轻薄化的方向发展而且适用范围广，符合消费趋势，这一细分领域的增长速度远高于其他类型的包装领域。在中国，软包装还处于发展阶段，增长后劲强，亚洲的软包装市场在2011—2016的年均复合增长率能够达到7%以上，其中我国和印度的增长最快。这些都为公司提供了很大的发展空间。

受到全球产业转移的影响，我国在与国外相应企业的竞争上也能够获得一席之位。随着国外企业的本土化趋势，它们对高端包装袋的需求也在加大，对产品的及时性和质量有着更高的要求。如果从国外进口，无法有效保障及时性，而且成本上也会更高。随着我国技术能力的提升，具有高端包装纸生产能力的企业就获得了这个市场份额，如艾录股份已经列入德高等多家知名外企的供应商目录，它凭借先发优势和自身能力获取了另一片市场天地。

2. 国家的产业政策支持

纸包装作为包装产业一个很重要的细分领域，对于食品、建材等行业节能环保方面起着重要的作用。为了大力鼓励和支持纸包装行业并促进国民经济的良性发展，国家层面出台了一系列的政策，其中在《中国包装行业"十一五"规划》重点指出：未来将关注包装行业环境保护和循环经济的应用，重点研究开发新型绿色包装材料、包装废弃物处理技术、包装物的综合利用技术、包装物综合利用设备生产等技术。除了国家层面的，地方政府也出台各种措施支持纸包装行业的发展（如表2-2-5所示）。

表2-2-5　国家政策支持情况

政策要点	政策内容
加快经济结构调整和经济增长方式转变	通过技术改造提升传统包装业，设立专项技改资金。避免低水平重复生产和建设，使优势企业在自主开发、规模化生产、系统集成和市场竞争力方面上一个新台阶
建立绿色包装体系	关注包装行业环境保护和循环经济的应用，重点研究开发新型绿色包装材料、包装废弃物处理技术、包装物的综合利用技术、包装物综合利用设备生产等技术

（续表2-2-5）

政策要点	政策内容
健全包装法规标准体系	尽快研究制定《商品包装法》等重要法律、法规，同时尽快建立包装质量安全技术法规体系，完善包装生产和产品的标准体系及许可证制度，建立强制性的包装产品认证制度，并通过强有力的政策干预和行政处罚手段，加大监控包装市场的力度
建立包装行业自主创新和科技服务体系	实施包装产业技术创新能力建设专项，加强国家包装工程中心和企业技术中心建设，建立一个国家级行业研究机构，同时依靠大企业分区建立若干个国家级企业技术中心；国家在税收、金融等方面对绿色包装产品、新型包装产品的生产企业给予政策扶持
建立健全包装行业的培训教育体系	加强包装行业高级技术人才的培养，大力发展职业技术教育，培养实用性包装专业技术人才，提高现有人员的专业水平
建立健全包装信息服务体系	完善包装行业信息统计制度，要加快包装行业信息网络建设，促进网上交易和成果转化
继续扩大对外开放，提高对外开放水平	支持有条件的包装企业"走出去"，按照国际通行规则到境外投资，扩大互利合作和共同开发

3. 整体解决方案的提供商，告别传统盈利模式

一般传统的包装供应商的经营模式是采购原材料后，根据客户简单的要求进行加工，再加价把成品卖给客户。这样的营销模式只是赚取加工费，要提高市场占有率只能通过降低成本，靠价格去竞争。在这种经营模式下的市场中，竞争者越来越多，仅仅靠价格来赢取市场占有率风险很大，产品附加值少，利润空间增资也是越来越小。

随着客户需求的升级和简单价格优势竞争的加剧，艾录股份走出了一条自己的特色道路——为客户提供包装解决方案。包装解决方案涉及包装全产业链，从源头的包装设计优化、物流配送、库存管理等，全环节打通，不仅降低成本、提升盈利空间，而且也为客户创造了更多的价值，达到了共赢的局面。

在纸质包装行业中走出一条整体解决方案提供商的特色道路，不仅为公司本身提升附加值，而且对整个行业产生了影响：扩大了包装的内涵，打破了一般人对于包装简单加工工业的认识，让包装业的附加值得到了提升。在传统的包装业中，利润主要来源于产品与原材料的价差，而在整体方案解决的经营模式下，包装业与下游产品制造业的关系也更加紧密，不仅仅单一依赖于上游的原材料，降低风险；通过对价值链的提升，公司产品的附加值上升，挖掘了新的增长空间，增加了利润。

引导客户需求，贴近市场，跳出传统包装行业的思维，艾录股份引领了
这个行业的新方向（如图2-2-5所示）。

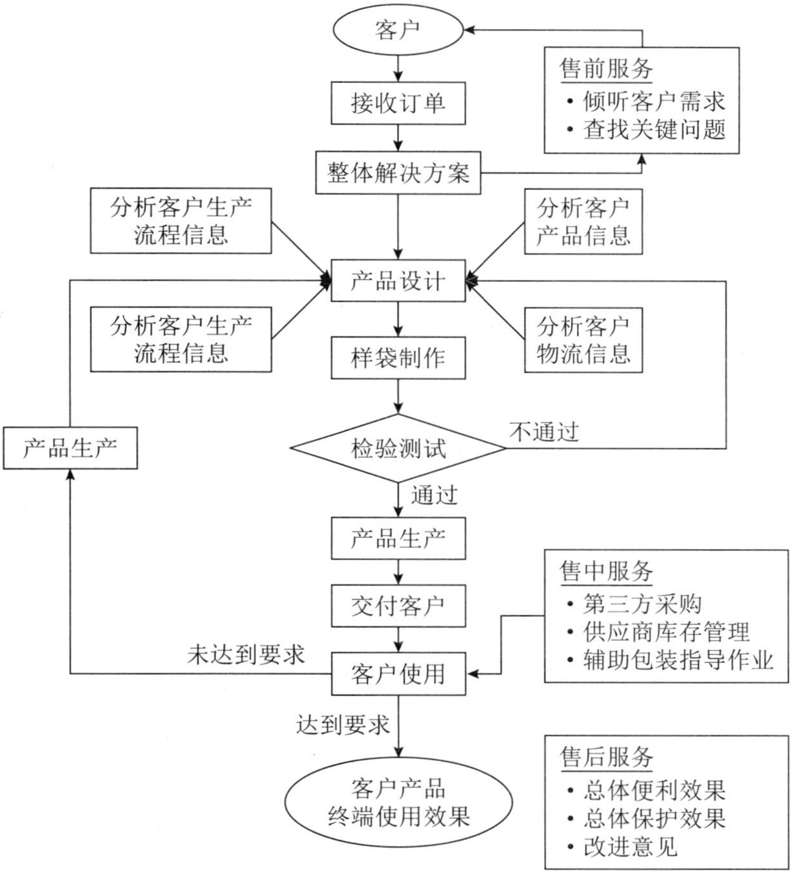

图2-2-5 整体解决方案的经营模式

4. 研发实力强劲

公司为客户提供纸袋整体解决方案，需要涉及纸袋制造的各个环节的技
术，包括袋型选择、材质优化、版面设计、性价比较、灌装系统、计量系统、
缝纫封口系统、整型系统等。在拥有一支实力强劲的研发团队基础上，公司拥
有35项发明专利、43项实用新型专利，此外还获得9项外观设计专利。为更好
地提高细分领域的专有技术，公司在纳米粉体复合包装袋及生产线技术方面与
国家超细粉末工程研究中心合作。除了在软件方面提升研发实力，公司在硬件

方面也加大投入，公司引进的成套全自动化生产线是由世界柔性包装机械制造业的领军企业德国温德默乐与霍尔舍公司生产的。有了全面的研发技术和先进的生产设备，公司能够根据客户的不同需求进行定制开发，涉及纸袋制造、包装全产业链，提供方案式的一站式服务，增加了客户的黏性。

此外由于纸袋产品的下游客户的需求多样化、小批量，如何对不同的需求给出对应的方案，这就需要企业具备强劲的研发能力、工艺调试能力；高端的客户对于质量的稳定性则有着更高的要求。正是企业过硬的技术能力能够快速响应客户需求，为客户提供附加值，使得企业获得客户的信任。

5. 面向客户行业广泛，定位优质客户

公司产品面对的客户行业众多，包括医药中间体、食品及食品添加剂、饲料添加剂、干混砂浆、化工和高端塑料等，这些行业的快速发展能够有效拉动公司的发展动力。在各行业中，公司定位高端优质客户，经过多年的行业经验，积累了一批优质客户，与其保持着长期稳定的关系，使企业进入良性循环（如表2-2-6所示）。

表2-2-6　公司优质客户表

行业	客户
食品	美国嘉吉、雀巢、杜邦、丹尼斯克、美国ADM等
食品添加剂	梅花、英轩、佳禾等
饲料添加剂	希杰等
高级建材	巴斯夫、道康宁、东方雨虹、德高、伟伯、立邦等
化工	卡博特、拜尔、巴斯夫、罗地亚、美孚石油、帝斯曼等
塑料	住友等
医药中间体	罗氏制药、华康药业等

第三节
企业做市能够增强股票流动性

做市商就像市场的一剂润滑剂，能够使得市场流动性得到急速提升，资产得到有效流动。由于做市商不断连续报价，投资者可以根据做市商的报价和

数量及时进行交易。加之做市商自身拥有大量的库存股票，在大额买卖时，能够及时进行交易，交易不会出现中断，保证交易的连续性。市场流动性除了表现在交易额和交易量外，还可以用换手率指标来衡量。首先我们看下国外市场做市对于流动性的提升效果。

根据有关调研显示，以2014年下半年的数据为例，从NASDAQ 和 NYSE分别抽取相似股票进行比较，从具体衡量指标可以看到，每天成交笔数均值方面，NASDAQ是 NYSE的6.4倍；从价格变动频率来看，NASDAQ是 NYSE 的1.5倍，换手率是NYSE的6.7倍。这充分说明引入了做市商制度的NASDAQ市场的流动性要强于 NYSE 市场（如表2-3-1所示）。

表2-3-1　NASDAQ和NYSE交易情况比较

NASDAQ和NYSE交易情况比较		
	NASDAQ	NYSE
平均市值（百万美元）	2136	2161
平均股价（美元）	31.5	30.3
平均每笔交易规模	1544	1548
平均每日交易笔数	492.2	77
平均每日价格变动次数	208.6	136.5

资料来源：全国中小企业股份转让系统

那么新三板引入做市商制度后对市场的流动性是否也起到相同的效果？让我们来看下历年新三板市场流动性方面的情况（如表2-3-2、图2-3-1所示）。

表2-3-2　历年股票成交概况（2006—2014年）

年份	成交数量（万股）	成交金额（万元）	成交笔数	换手率（%）
2006年	1592.63	8340.71	251	—
2007年	4420.15	23156.63	521	—
2008年	5407.86	29527.82	484	—
2009年	10735.76	48342.53	878	—
2010年	6951.29	41872.24	644	—
2011年	9562.76	56169.56	832	5.57
2012年	11455.51	58431.81	638	4.47
2013年	20242.52	81396.19	989	4.47
2014年	228212.40	1303580.47	92654	19.67

资料来源：全国中小企业股份转让系统

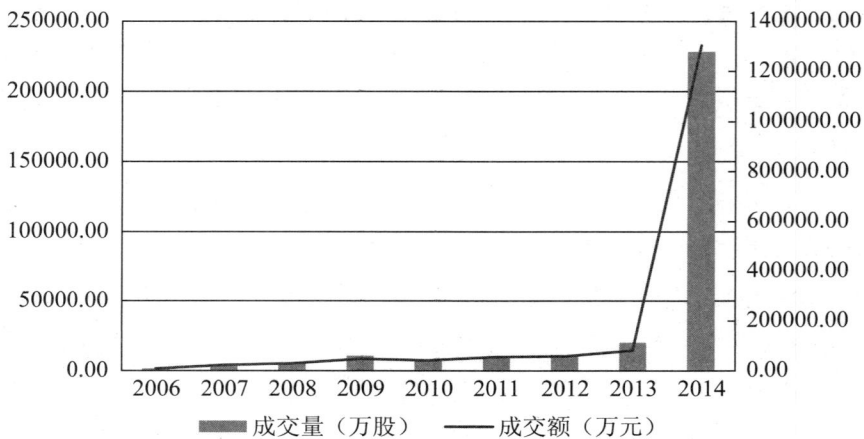

图2-3-1　历年股票成交情况

资料来源：全国中小企业股份转让系统

从成交量和成交额方面来看，我们不难发现，2014年8月引入做市商制度以后，2014年一年的成交量和成交额为2006—2013年历年成交量总额的3倍之多。

从成交笔数方面来看，更加能看到做市商制度引入后对市场流动的提携作用。2014年一年成交笔数为之前历年成交笔数总额的17倍之多（如图2-3-2所示）。

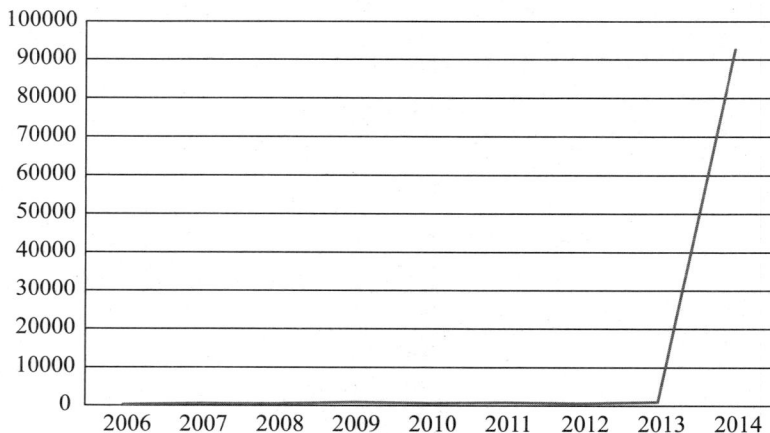

图2-3-2　历年成交笔数

资料来源：全国中小企业股份转让系统

从以上数据可以看出，做市让股票的流动性得到了极大的提升。新三板作为全国性证券交易场所，公司股票的公开转让能够提升公司资产的流动性。公司股票的流动性好，即资产的变现能力强，投资者就更愿意对该公司的股票进行投资，特别是机构投资者更愿意在定增时购买股票，这对企业的融资也能起到很好的附带作用。同时流动性好的股票，市场对其的定价也是不断在修正和调整，对于企业真实价值的体现也起到了很好的辅助作用。流动性高的企业，就是投资者对其企业的认可，愿意进行相关市场操作。那么在做市企业中，有哪些企业的股票流动性是比较显著的呢？它们又是怎样的优质企业？

一、沃捷传媒：成交额连续两日位居做市前茅，传媒行业受关注[16]

北京沃捷文化传媒股份有限公司（简称：沃捷传媒）是首批做市企业之一。公司主要从事广告文化户外的传播运营，作为传媒股，从做市起就受到市场的关注，在市场上的交投活跃，一度占据市场成交排行榜的前列。2014年12月15日，沃捷传媒以1011.21万元的成交金额位居新三板做市交易企业的首位；12月16日，沃捷传媒以674.95万元的成交金额位居首位。做市以来截至2015年4月30日，总成交量为220746万股，总成交额为653891827万元，日均成交量为1406万股，日均成交额为4164916万元（如图2-3-3所示）。

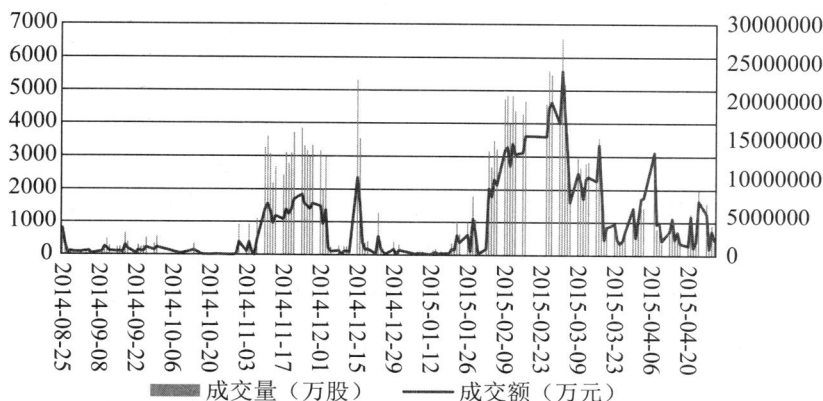

图2-3-3　沃捷传媒成交量价图

资料来源：全国中小企业股份转让系统

新三板的传媒行业，跟主板比较还有很大的估值提升空间，特别是优质的企业更容易受到市场的关注。截至2015年6月30日，沃捷传媒共有天风证券、齐鲁证券、东方证券、东吴证券、华鑫证券5家做市商，加之投资者积极主动参与，公司股票不仅交投活跃，股价也保持在一个较为平稳的上升态势（如图2-3-4所示）。

　　沃捷传媒在WIND行业分类中属于可选消费类行业，作为一家非信息技术行业的企业，它是怎样吸引到市场和投资者的关注的呢？

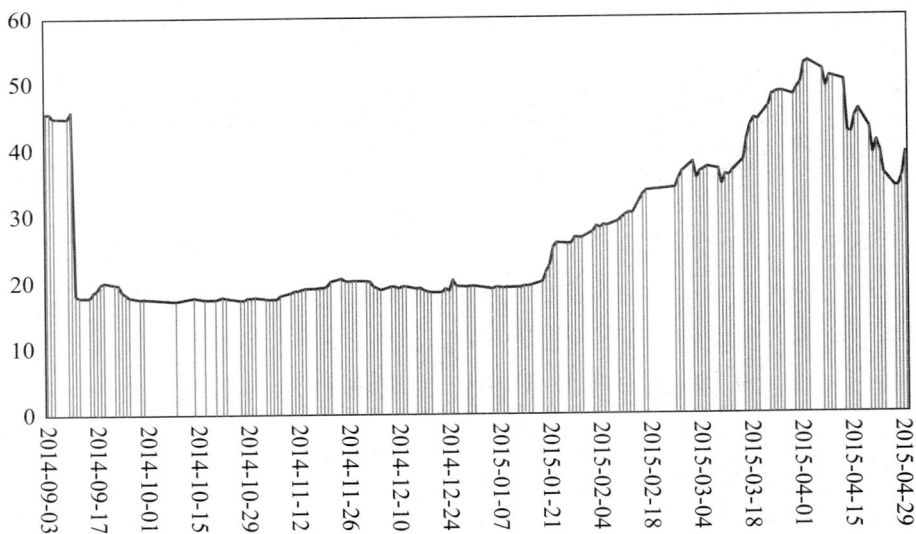

图2-3-4　沃捷传媒做市以来股价趋势图

资料来源：大智慧，中孚和泰新三板研究院

1. 市场增速可观

　　中国经济在近几年实现了快速发展，也带动了广告业的快速发展。根据实力传播的有关数据，中国广告的支出在2000—2005年的年均复合增长率为16%，2005—2009年的年均复合增长率为18%，到2009年总额达到了14亿元，后期将继续保持稳定快速增长。户外媒体作为继电视和报纸之后的第三大广告媒体，已经成为广告业的领导者，近几年保持着较高的增长率，主要依托于：

　　（1）国家交通网络的不断扩张，为户外媒体的发展空间提供了很好的硬件条件。中国工业化和城市化进程加快的推进，地铁、公路、铁路等交通网络的完善扩张，带来了客流量的急速扩张，广告客户越来越注重户外媒体带来的广告效应，获得出行旅客的注意。

后期国家将继续加大对交通网络的建设，根据《国家"十二五"规划纲要》，国家将"加快铁路客运专线、区际干线、煤运通道建设，发展高速铁路，形成快速客运网，强化重载货运网""完善以国际枢纽机场和干线机场为骨干、支线机场为补充的航空网络""以轨道交通和高速公路为骨干，以国省干线公路为补充，推进城市群内多层次城际快速交通网络建设，建成京津冀、长江三角洲、珠江三角洲三大城市群城际交通网络，推进重点开发区域城市群的城际干线建设""大力发展城市公共交通系统，有序推进轻轨、地铁、有轨电车等城市轨道交通网络建设"。国家交通网络的不断扩张为户外媒体的发展空间提供了很好的硬件条件。

（2）中国城市化进程的加快。城市化进程的加快也带动了一批二三线城市的发展，人口的增加、消费水平的提升，越来越成为各企业争夺的市场。户外媒体广告是一个空缺的市场，还有很大的潜力，将会成为一个新的增长点。

（3）户外媒体凭借自身优势越来越受到关注。相对于报纸等传统的广告媒体，户外媒体的宣传途径越来越受到广告客户的重视，它有着其他广告方式不能替代的优势。相较于平面媒体、电视媒体，户外媒体的受众对象没有限制，只要消费者在户外就可以感受到，这种带着强迫式的传播方式能够很好地达到宣传的效果。投放面积大、发布时段长，而且价格方面也相对合理，既减轻了成本的压力又保证了广告的效果，因而成为越来越多商家考虑的宣传途径。

（4）户外媒体行业从模式和设计上不断推陈出新。户外媒体行业发展到现今阶段，尤其伴随着新科技的发展，从模式和设计上不断在推陈出新，新型媒体不断进入市场，给户外媒体创造了很大的创新空间。数字化的普及更是让户外媒体的表现力、内容和服务形式不断完善，已经不仅仅局限于传统的广告牌的形式，出现了更多新型表现方式，如汽车车身、地铁站、电梯、霓虹灯等。随着信息技术的发展，形式还将更为丰富和完善。

2. 内资企业抢占市场

2008年全球金融危机的影响使得国内户外媒体的行业格局发生了有利于国内企业的变化，国外的企业和品牌在中国投放广告的力度大幅降低，这使得一直和国外企业保持合作的跨国广告公司的业务大量缩水。在中国宏观经济发展良好的背景下，国内企业对于户外媒体的需求急速上升，因为有着特定的广告需求和受众对象，跨国的广告公司不能够很好地满足国内企业的需求，而本土化的广告企业在这方面就有着先天的优势，经过多年的发展和积累，一下子就抢占了户外媒体广告市场。

3. 进入市场有一定的壁垒

户外媒体依托于交通网络，需要有健全的服务网点，要高效的运营系统、行业经验丰富、良好的口碑及响应快速的服务支持系统。运营商需要满足一定的条件，尤其作为机场媒体的运营商，服务的客户一般是世界500强公司和国内知名企业，它们对运营商的要求苛刻，需要有成功案例，所以一般会采取招投标的方式来选择合格的供应商，一般的广告公司很难达到上述条件，甚至连进入采购招标的机会都没有。

雄厚的资金实力也是户外媒体运营商的一个基本条件。随着户外媒体的需求增大，能否有足够的硬件条件去满足客户的需求，这是制约运营商发展的一大瓶颈。随着信息社会的到来，户外媒体发展的趋势越来越网络化，但这背后需要足够的资金来支撑高昂的运营成本。没有持续的资金支持很难在短时间内实现扩张和发展，甚至会面临资金链断裂的后果。

户外媒体运营商的核心竞争力在于人才，这是一个复杂的系统工程，需要个人能力和管理能力都兼备的专业人才。户外媒体在中国虽然已经发展到一定阶段，但是对行业有着深入了解和丰富经验的人才还是很稀缺的，一个运营商如果缺少相关方面的人才是很难提供很好的户外媒体服务的。人才是制约运营商发展的最重要因素之一，也是进入这一行的企业必备的条件。

4. 媒介资源丰富，客户优质

户外媒体服务依托的是媒介资源，也是相关企业竞争优势的关键所在，尤其是主要城市的机场、高速区域的媒体资源十分有限。在选择运营商过程中，客户就要求运营商需要有丰富的行业经验、实战案例和良好声誉，一般企业很难达到，沃捷传媒凭借着多年的行业沉淀，与各大城市机场的媒体供应商有着稳定长期的合作，采购渠道通畅，能够有效获得优质媒介资源。

5. 全方位一站式的服务

不同于其他户外媒体公司只是服务于为客户代理采购户外媒介，沃捷传媒根据客户的针对性需求提供一整套的解决方案，做到一站式服务。以客户为中心，站在客户的角度打通各个环节，实现客户广告投资价值的最大化，最大限度地满足客户需求，这种一揽子的服务模式对客户吸引力很强，为公司带来了独特的竞争优势

在国外企业在中国广告投入减少、国内企业渐渐占领市场的大背景下，沃捷传媒把握行业发展大趋势，主动出击，进行市场数据的收集、积累、分析，为每个客户量身定做，提供全套的解决方案，满足本土化企业的需求，发挥本土化的优势。

公司的新三板做市从2014年8月开始正式实施，从2014年的市场月交易情况可以明显看到8月以后市场的流动性了很大的提升，无论是成交总额还是换手率方面（如表2-3-3、图2-3-5、图2-3-6所示）。

表2-3-3 企业市场交易情况

月份	成交数量（万股）	成交金额（万元）	成交笔数	换手率（%）
2014.1	4279.12	23465.72	326	0.93
2014.2	1339.06	5252.83	135	0.15
2014.3	2687.51	12640.22	208	0.35
2014.4	3110.60	14253.03	197	0.4
2014.5	2245.73	98759.89	343	2.3
2014.6	2863.31	56273.48	786	1.22
2014.7	7545.39	54902.67	1420	1.05
2014.8	45378.09	199489.29	9821	3.2
2014.9	37376.18	171539.34	11909	2.48
2014.10	24512.04	145687.81	11212	1.92
2014.11	36431.39	210836.07	23358	2.42
2014.12	60443.98	310480.12	32939	3.25
合计	228212.40	1303580.47	92654	19.67

资料来源：全国中小企业股份转让系统

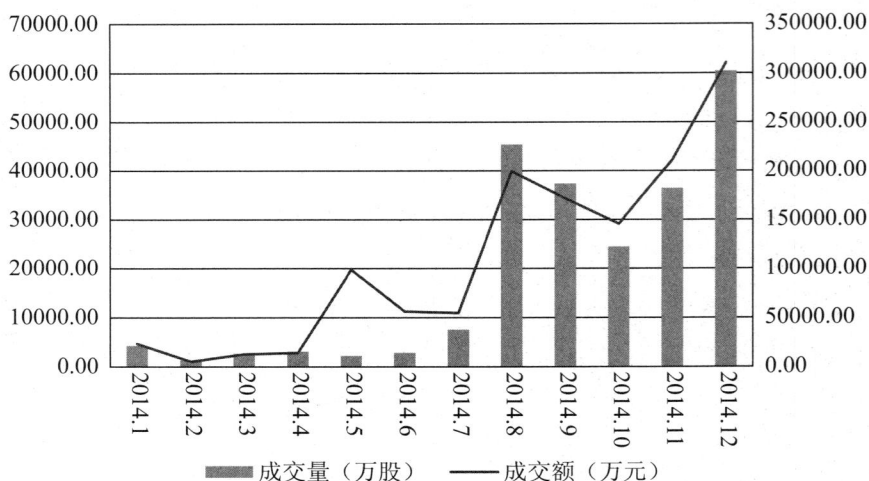

图2-3-5　市场成交情况

资料来源：全国中小企业股份转让系统，WIND数据

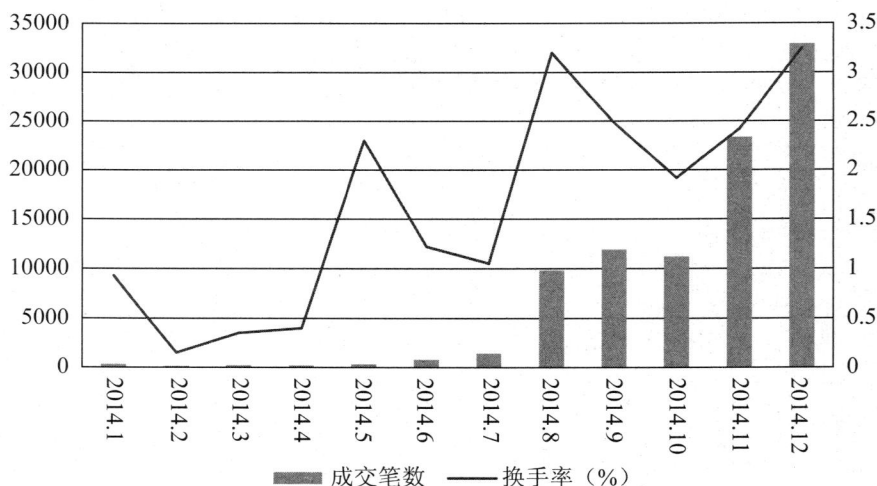

图2-3-6　市场交易笔数概况

资料来源：全国中小企业股份转让系统，WIND

作为非典型高新行业的沃捷传媒，在做市制度推出后，流动性得到了如此大的提升，那么对于信息技术类的企业来说，流动性的提升是不是更加显著了呢？下面让我们了解一个信息技术行业的企业的案例。

二、卡联科技：华新奖"最佳做市表现奖"，做市4月成交额为1.39亿元[17]

2014年12月12日，新三板峰会在北京举行，这是由第一财经主办的以"财富新大陆·助推中国纳斯达克崛起"为核心主题的峰会。会上，通过对新三板做市企业的盘点，卡联科技由于做市的活跃表现，获得了新三板华新奖"最佳做市表现奖"。

深圳市卡联科技有限公司（简称：卡联科技）位于国家级科技园区中关村内，是集科研、生产、经营为一体的高科技现代化节能环保型企业，主营业务为提供线下电子商务服务。公司于2014年8月25日转为做市，是首批做市企业之一。做市当日由海通证券、国泰君安证券为其做市。截至2015年6月30日，共有海通证券、国泰君安证券、华福证券、东吴证券4家券商为其做市。作为信息技术行业的企业，公司做市的活跃表现一直吸引着市场的关注。做市以来，以高达1.39亿元的成交额名列当时做市交易额排行榜的第3名。总体来看，做市以来截至2015年4月30日，总成交量为204091万股，总成交额为496185480万元，日均成交量为1236万股，日均成交额为3007184万元（如图2-3-7所示）。

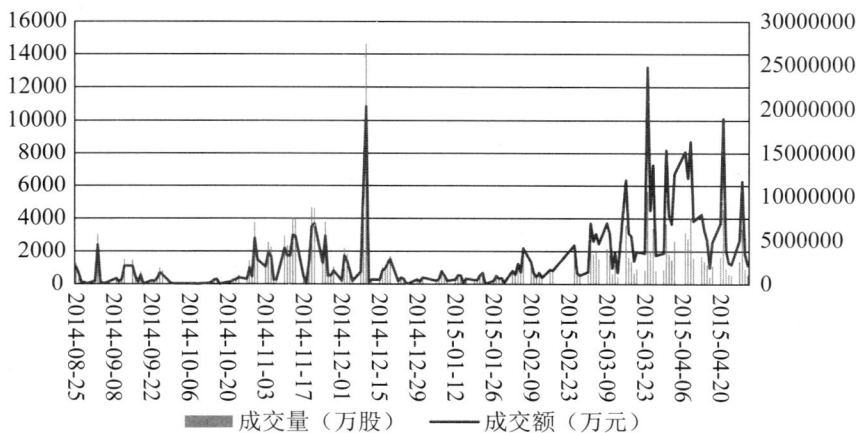

图2-3-7 卡联科技成交量价图

资料来源：全国中小企业股份转让系统，WIND

交易活跃说明企业的股票受到市场的追捧，股价也是随之平稳上升。公司做市首日以每股18元为开盘价，自此股价一路上扬，截至2015年4月30日，以每股39.07元收盘，其间最高价达到51.33元，均价为21元（如图2-3-8所示）。

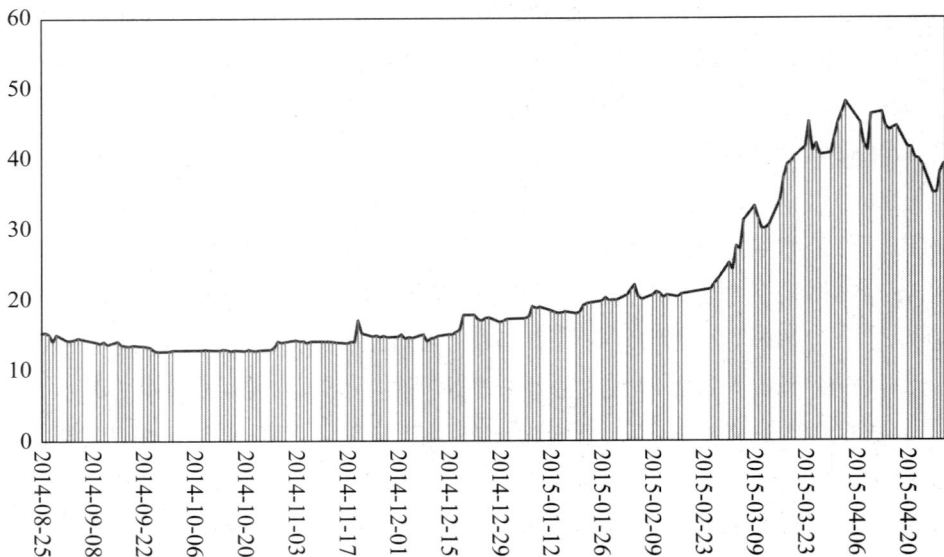

图2-3-8　卡联科技股价趋势图

资料来源：全国中小企业股份转让系统，WIND

信息技术行业的企业由于其广阔的增值空间，一直受到投资者的追捧，卡联科技又有哪些值得关注的点呢？

1. 电子商务市场广阔

截至2011年，我国电子商务的市场容量为2.95万亿元，其中B2B的电子商务交易额达到2.6万亿元，增长快速。电子商务迅速发展，但是零售业没有及时跟上，还是以线下销售为主。这种情况在发达国家也是普遍现象，网络购物在零售消费中的占比不超过十分之一，而在我国这一比例更小，该细分领域有广阔的发展空间。我国线下的零售还是以实体店为主，如购物中心、便利店、大型超市等。在竞争激烈的线下零售业下，为提高竞争力，提高消费者体验，社区商业开始出现。由于社区商业的对象相对固定，针对这一领域的新兴商业模式逐渐兴起，提高了公司的市场空间。

2. 进入行业有一定的壁垒

本行业属于服务业，面对的消费者对体验要求较高，公司的产品不仅是建立在技术层面上，还需要结合对客户需求的分析、调研、总结，这样做出来的产品才不会脱离市场。作为一个平台化的产品，没有一定的行业经验和技术支持是难以进入本行业的。

公司提供的服务是体系化的产品，产品系列全面，不仅涉及一个领域，这些也就决定了公司的盈利来自多个产品，要形成一定规模的业务量后才能达到盈利状态。进入门槛高，一般的企业没有相当的规模很难达到盈利状态。

公司的产品注重消费者体验度，一旦消费者认可公司产品，就会生产高度的依赖性，新进入的企业很难在短时间内改变原有局势。

3. 政府支持

随着信息技术和互联网时代的到来，电子商务兴起且发展迅猛，是社会的整个变革的驱动力。国家也在各个层面推出相关政策来引导其发展，2016年作为"十三五"规划的开局之年，对我国电子商务进一步创新发展和商务系统信息化建设提质增效具有非凡的意义。从2016年起，国家对于电子商务和信息化工作的总体要求是："按照中央经济会议和全国商务工作会议部署，贯彻落实《国务院办公厅关于推进线上线下互动加快商贸流通创新发展转型升级的意见》（国办发〔2015〕72号），深入推进'互联网+流通'行动计划，加快构建资源融合、协同共享的电子商务产业链和电子政务应用体系，创新政策举措，提升公共服务，为商务事业改革发展做出新的贡献。"

4. 产品系列丰富，涵盖多个行业

公司立志于提供线上线下相融合的商业服务平台，通过无线智能POS终端，将线下的社区网点整合，在为消费者提供产品和更加便捷服务的同时，也为供应商提供精准的营销和售后支持。

公司的主要产品围绕线下电子商务平台展开。易淘客是公司自主研发运营的智能综合管理商务平台，建立在B2B的商业模式之上，其核心是无线智能POS终端，为上游产品供应商搭建线下电子商务平台。该商务平台集合了众多的社区商业网点，通过银联支付等手段完成产品结算，从而使消费者能够享受到一站式的便捷服务。

该电子商务平台能为消费者提供多样的数字化产品及服务，涵盖了居民日常生活所需要的方方面面，包括公用事业缴费、转账还款（包括信用卡还款、银行卡转账汇款）、数字点卡（包括腾讯Q币、网校课程卡、游戏点卡、餐饮及影院娱乐优惠券等）、账户充值（包括速通卡（ETC）、加油卡、网校课程卡以及预付卡等消费类充值卡）、订单支付（包括支付宝、财付通凭单号码付款）、电子票务（包括火车票、演出票务等）、全民付（支持信用卡还款、银行卡转账、公用事业缴费等多类别业务），功能强大，渗透力强。

5. 上游供应商和社区商业网点相结合的拓展模式实现业务快速扩张

在上游供应商拓展方面，公司首先根据前期的市场调研分析，由产品创新部门和技术研发部门得出需求较为旺盛的产品技术方案后，与相应的运营商开展合作洽谈。

在社区商业网点铺设工作中，直营形式和代理形式相结合。在直营形式下，公司直接寻找社区商业网点，将易淘客智能POS终端提供给对方，或者直接与区域合作商合作，提供软件系统端口；在代理形式下，委托代理公司将易淘客智能POS终端提供给社区商业网点，该种模式不增加公司的人力成本，而且能够快速实现社区商业网点的扩张。

6. 合作的运营、盈利模式实现共赢

公司的市场定位是作为第三方的B2B，在供应商、社区商业网点、消费者三者之间发挥桥梁的作用。以易淘客智能 POS 终端为载体，为供应商提供销售平台，为社区商业网点增加用户，为消费者提供便捷式服务，将线上线下相结合，实现四方共赢。对于供应商来说，降低运营成本，有一个平台将众多的小型零售网点的需求集中起来。对于社区商业网点来说，一方面丰富了产品的种类，并且不用自行寻找供货商；另一方面利用平台实现货物和支付的本地化和社区化，营业收入有效增加。对公司来说，利用平台能够收集大量的数据进行分析，针对客户反馈完善产品，后期还可以提供增值服务。

公司的收入主要来自于两个方面：一方面是使用公司易淘客线下电子商务平台的运营商和从社区商业网点收取的费用；另一方面是使用电子商务平台

的区域合作商向公司交纳的相关费用。

对于使用公司营销平台的产品运营商，从通过这个平台销售的产品金额中抽取一定比例交纳给公司；对于商业社区网点，公司向其收取一次性加盟费用后，从次年开始每月收取一定的POS机管理费，后续会根据电子商务平台提供的其他服务和活动再收取相应的费用。

在系统研发业务方面，区域合作商或每月缴纳固定的服务费用，或根据月交易量来按照一定的比例交纳服务费用。

从上面分析可以看出，收费的方式是建立在互惠互赢的基础上，让合作方参与进来，结合其交易量进行相关费用收取，既帮助合作方更好地开展业务，也能够更好地提高合作方的积极性。这样的方式更利于双方合作的稳定和持续性。

7. 公司产品的替代性低

公司经过大量客户的体验与反馈，积累起来大量的数据与经验，建立平台式产品体系，从基础软件到具体应用模块不断进行完善，形成体系化的产品。目前行业内类似的企业一般只专注于几类产品或服务，没有形成系统化，大多采用的B2C模式。经过多年行业积累，公司的产品替代性低，在行业内具有很强竞争力和独一性。

8. 专业的管理团队

公司团队的核心人员都是具有多年的行业经验，来自于营销管理、互联网、电子商务及消费品各领域，对电子商务的各方面都有深刻的理解，在国内领先的相关企业有了相当的经验积累。

卡联科技2014年营业收入为9897.11万元，净利润为3155.05万元，增长率分别达到33.14%和30.71%。良好的企业基本面加之巨大的发展前景，受到越来越多的投资者的追捧，在融资等方面都得到有效提升，形成了一个良性循环。

股价提升、价值得到体现、流动性加强、融资渠道打开，这些都是做市给企业带来的实实在在的好处。除了这些，做市带来的一些隐性的福利对于企业来说也是价值不菲，虽然不能直接体现，但是它对企业的发展起到了重要的作用，例如做市给企业带来的广告效应。

第四节
企业做市能够起到良好的广告效应

在新三板挂牌的一个前提条件是企业必须是股份公司的组织形式。在挂牌前，大部分企业都会有个改制的过程。经过改制挂牌后，企业建立并完善现代化企业管理制度。从挂牌的这一条件来看，新三板做市要求企业治理机制健全，合法规范经营。这些都为企业的发展壮大做了良好的铺垫。而做市标的，更是从这些挂牌企业中筛选出来的优质企业，做市本身就是对企业的认可。

公开的市场定价，透明度高，做市企业在社会信用体系中得到增信，这无形中给企业带来了广告效应，扭转了被动局面。中小企业向银行贷款难，就是因为银行认为中小企业的风险大，但是做市企业则不同，能够更为容易地得到银行的授信。

不仅在融资方面，而且在业务开展方面，做市也让企业获得更好的业务开展机会，特别是与知名客户的合作。那么做市给企业带来的广告效应到底如何？让我们来看一个案例。

四维传媒：借力新三板做市，获优质客户[18]

上海四维文化传媒股份有限公司（简称：四维传媒）是以提供数字传媒技术应用服务为主的高新技术企业。四维传媒于2014年8月25日开始做市，是首批做市企业之一。在做市第一周的市场交易里，成交量和成交额都排在前五，从一开始做市，四维传媒就吸引了市场的眼球，登上了各大报道的头版，企业负责人也受到了诸如《财经界》等知名杂志的采访，知名度迅速得到了极大的提升（如图2-4-1所示）。

在四维传媒的发展过程中，也经历了民营企业的很多困境，如开发客户难、融资难、吸引人才难等，但这些局面在公司转为做市后都得到了有效的改善。

目前四维的客户都是国内前20家大型商业机构，包括华润万家、卜蜂莲花、红孩儿、母婴之家、中福会、吉德宝等一些知名企业。公司于2014年取得沃尔玛全部三项认证：SCS（Social Compliant Standard）、ES（Ethical Standard）与 FCCA（Factory Capability & Capacity Audit），这又获得了下一步为大型机构生产产品的资格。做市带来的明星效应，让企业有了更好的主动权，可以在价格上和客户选择上有更多的话语权。

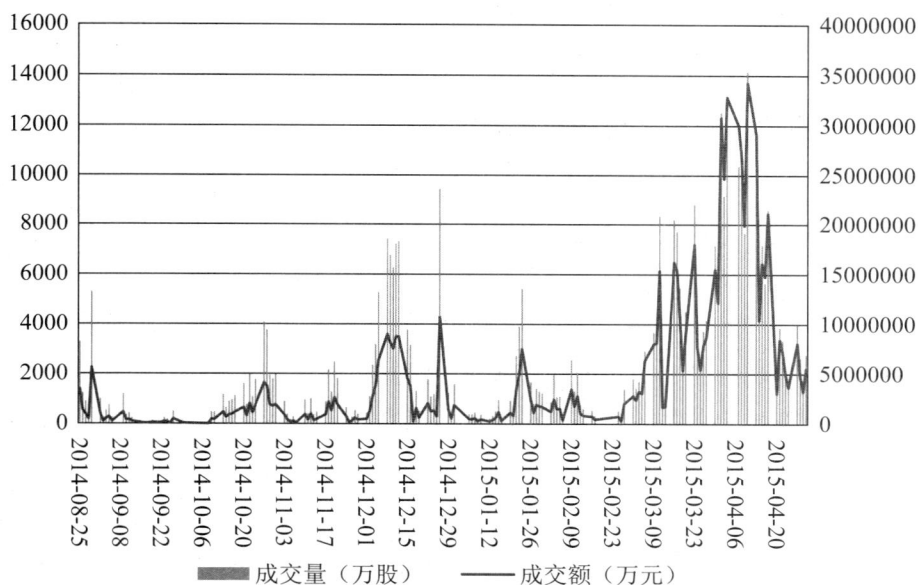

图2-4-1　做市成交量价图

资料来源：全国中小企业股份转让系统

做市企业的广告效应不仅仅有利于业务的开拓，对于打开融资渠道也是一个很好的帮助。"求荐无门的状态"在做市以后得到了反转，很多知名的专业投资机构纷纷主动与企业合作，在专业上提供帮助。在四维传媒2014年度报告披露的前十大股东名单中可以看到，有上海怡天投资管理有限公司、天津达晨创世股权投资基金合伙企业（有限合伙）、天津达晨盛世股权投资基金合伙企业（有限合伙）、深圳市达晨创泰股权投资企业（有限合伙）等知名专业投资机构，它们给企业带来的不仅仅是资金，更重要的是专业的理念和资源，这些为企业提供了更多的机遇和合作的可能性。截至2015年6月30日，共有海通证券、天风证券、东方证券、齐鲁证券、东吴证券、中信证券、国泰君安证券

7家知名券商为其做市，企业又多了一支出谋划策的"军师"队伍，这些都是宝贵的财富。

招人难、留人难一直是中小企业头痛的事情，但是做市给企业带来的广告效应让企业不再为此烦恼。首先，现有的队伍得到了巩固，员工对企业的认同感加强、凝聚力加强；其次，也更能够吸引到优秀人才。

做市给企业带来的利益看似隐形，但对企业来说却是一个免费又具有重要作用的广告宣传。正所谓"巧妇难为无米之炊"，广告效应的背后需要企业的实力作为支撑。四维传媒是怎样的一家企业呢？

1. 拥有完整的数字出版技术系统平台

公司的数字出版技术系统平台在行业内是比较完整的，内容和板块丰富，包括在线创意系统、中央图库系统、色彩管理系统、远程编校系统、远程打样系统、数字化绿色印刷系统和数字资产管理系统等，这些使得公司能够提供体系化的数字服务（如图2-4-2所示）。在该平台上，集成了多项系统功能模块，这些模块都是公司通过市场调研、深入了解客户需求、针对性地设计而成，与客户需求十分贴合，是公司的核心竞争力。

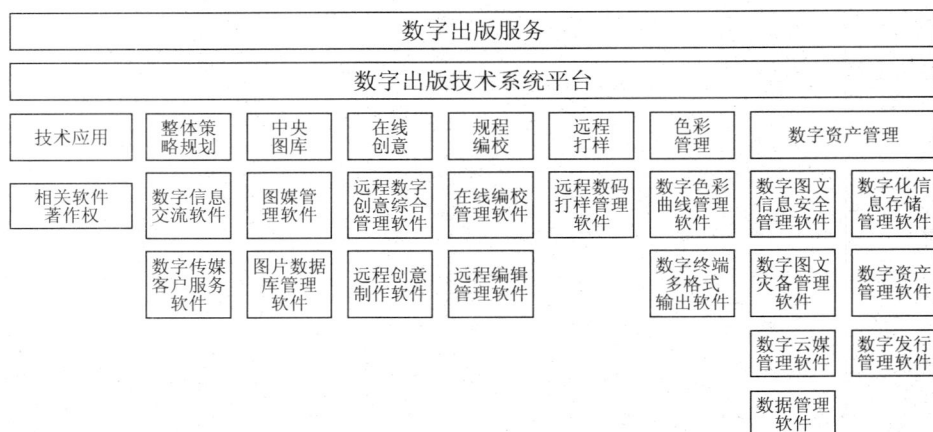

图2-4-2 数字出版技术系统平台

2. 拥有一支实力超强的研发团队

为加强公司研发能力，在行业中持续保持较高的竞争力，公司专门设立研发中心，由总经理牵头。自公司成立以来，公司一直重视研发能力的建设，

2011年、2012年公司的研发投入分别占到主营业务收入的8%、5%，现有研发人员在总人数的占比已经超过10%。研发团队的人员都是复合型人才，既掌握软件工程方面的知识又精通行业的业务，知识领域涵盖应用软件开发、系统集成与服务等，这样的一只研发队伍能够根据客户的需求进行针对性的产品开发，能够有效满足客户需求（如图2-4-3所示）。

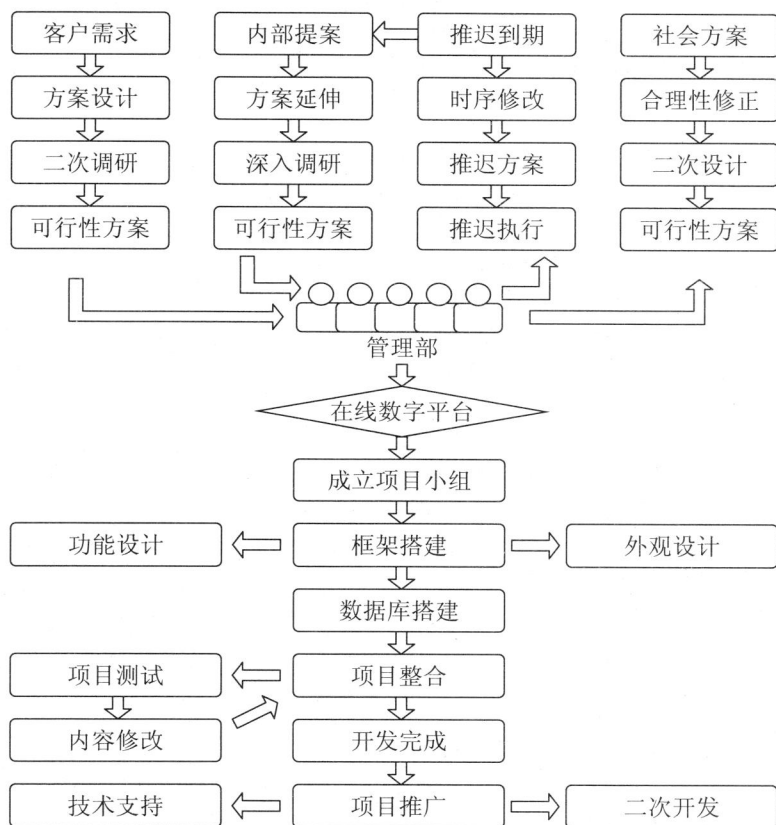

图2-4-3　研发体系

资料来源：全国中小企业股份转让系统

公司研发的数字出版服务模式有着很大的竞争优势：业务的标准化通过数字色彩曲线管理系统、数字资产管理系统以及远程校稿系统得到了实现；中央图库系统、在线创意系统、远程校稿系统颠覆了传统制作模式，避免了重复劳动且为客户节省了设计制作时间，实现了中央图库、在线创意、在线编校、远程打样等数字平台服务模式替代重复摄影和人工检索、传统创意设计、现场编校、现场打样等模块，节约了人员成本和制作费用。

3. 整体解决方案的销售模式

在销售模式上，公司采取的是直接面对客户，来有效了解客户需求。在产品上，不是销售单个的产品，而是提供一套解决方案，采取"团队营销+在线服务"的模式进行整体营销，为客户量身定做，营销团队聚集了客服、创意、设计等各方面的人才。

在地域分布上，以上海、北京、广州为中心，建立了长三角、环渤海、珠三角等区域网点，逐渐布局全中国。

除了注重对内部的培养，公司还注重与外界的合作，例如与ADOBE、富士施乐等优秀技术服务公司进行研发上的合作，与上海理工大学等高校进行合作，与上海齐民信息科技有限公司、上海慧之通数字科技有限公司等专业机构进行合作，不断丰富自己的内外结合研发体系，形成软件著作权。在此过程中，也有意识地保护知识产权，所委托的开发成果都归公司所有。

4. 作为新兴产业，数字出版市场广阔

随着数字技术应用的推广，传统印刷业因此进行了升级，在生产技术、业务模式、管理流程上都进行了变革，数字出版作为新兴行业产生了。数字出版技术不仅仅应用在传统出版领域，还使得商业资讯制作、景观设计等领域发生了相应的升级，创造了一个新老模式相融合的新市场空间。

在数字出版业务方面，根据新闻出版总署的数据显示，在"十一五"期间，数字出版产业的收入在2006—2010年期间，实现了从213亿元到1051亿元的增长，短短5年之间复合增长率达到50%。在整个新闻出版业产值中，新闻出版产业的占比也在历年提高。

在商业资讯方面，随着国家经济的发展和居民消费水平的提升，商家为了更好地实现信息的传递，需要借助于商业资讯这一快速传播的渠道。国内商业资讯应用领域广，除了商业零售，电子商务、电视购物、教育医疗、金融保险、餐饮娱乐、旅游休闲等行业也将随着社会的发展需求日益增加。数字出版服务也将改变商业资讯的制作模式，不再局限于传统模式。

5. 国家大力支持

作为国家的新兴产业，受到了国家的支持。目前已有13家国家级的数字出版基地，国家也从政策上给予行业支持和引导。

表2-4-1　国家政策支持情况

政策名称	时间	主要内容
《国家"十一五"时期文化发展规划纲要》	2006年	"促进数字和网络技术在公共文化服务领域的应用""积极发展以数字化生产、网络化传播为主要特征的数字内容产业""发展高新技术印刷、特色印刷……建成若干各具特色、技术先进的印刷复制基地，使我国成为重要的国际印刷复制中心。"
《文化产业振兴规划》	2009年	"发展重点文化产业。以文化创意……出版发行、印刷复制、广告、文化会展、数字内容等产业为重点，加大扶持力度，完善产业政策体系。"
企业发展若干税收政策问题的通知	2009年	"在文化产业支撑技术等领域内，依据《关于印发〈高新技术企业认定管理办法〉的通知》（国科发火〔2008〕172号）和《关于印发〈高新技术企业认定管理工作指引〉的通知》（国科发火〔2008〕362号）的规定认定的高新技术企业，减按15%的税率征收企业所得税。"
《关于加快我国数字出版产业发展的若干意见》	2010年	"加快书报刊出版单位采用新技术和现代生产方式改造传统出版流程；高度重视出版资源数字化工作，加快存量资源整理，按统一标准进行分类、存储""加快推动传统印刷复制企业数字化改造。推动传统印刷复制企业积极采用数字和网络技术，改造印刷生产流程和设备，大力发展数字化绿色印刷，提高对消费者多样化、个性化需求的服务供给能力。"
《深化文化体制改革推动社会主义文化大发展大繁荣若干重大问题的决定》	2011年	"深化文化体制改革""加快转变经济发展方式""加快发展文化产业""推动文化产业成为国民经济支柱性产业。"
《国民经济和社会发展第十二个五年规划纲要》	2011年	"推进文化产业结构调整""大力发展文化创意……出版发行、印刷复制……数字内容等重点文化产业……推进文化产业转型升级，推进文化科技创新，研发制定文化产业技术标准，提高技术装备水平，改造提升传统产业，培育发展新兴文化产业。"

（续表2-4-1）

政策名称	时间	主要内容
《当前优先发展的高技术产业重点产业指南（2011年度）》	2011年	数字内容服务领域："基于三网融合的数字内容播控平台与集成分发服务体系，移动数字内容服务，数字影像、数字动漫、数字文学、数字学习及数字版权保护关键技术及应用服务体系……高技术产业相关领域数字内容资源开发和多媒体互动应用服务。"
《产业结构调整指导目录（2011）》	2011年	鼓励"行业（企业）管理和信息化解决方案开发、基于网络的软件服务平台""……手机媒体、网络出版等数字内容服务""数字化技术等新兴文化科技支撑技术建设及服务""信息技术外包、业务流程外包、知识流程外包等技术先进型服务""文化创意设计服务"
《新闻出版业"十二五"时期发展规划》	2011年	大力发展"以业态创新和服务创新为重点，加快新技术应用，大力发展数字出版等战略性新兴出版产业……以技术升级和绿色环保为重点，加快数字化技术推广，坚持发展印刷复制产业""鼓励和支持新闻出版企业开发拥有自主知识产权的关键技术，发展以内容生产数字化、管理过程数字化、产品形态数字化、传播渠道网络化为主要特征，以网络出版、手机出版为主要代表的数字出版等新兴业态……加强新闻出版公共服务项目的数字化建设，加快国家数字出版重大工程建设和国家数字出版基地建设""大力推动绿色印刷发展，以数字化绿色印刷、数字化工作流程、CTP和数字化管理系统为重点，在全行业推广数字化技术""加快印刷技术、工艺、管理的创新和产业化步伐，实现喷墨数字印刷技术自主开发和应用，逐步建立和完善绿色印刷环保质量体系，发挥绿色印刷和数字技术对整个印刷产业实施创新驱动、内生增长的引导作用，带动产业转型和升级。"
《国家"十二五"时期文化改革发展规划纲要》	2012年	"推进文化产业结构调整，发展壮大出版发行、影视制作、印刷、广告、演艺、娱乐、会展等传统文化产业，加快发展文化创意、数字出版、移动多媒体、动漫游戏等新兴文化产业。"

资料来源：全国中小企业股份转让系统

6. 积累了优质客户

公司的客户定位为优质大型客户，经过多年的行业积累，已经服务于特易购、卜蜂莲花、易买得、华润万家、乐天玛特等大型企业。由于大型客户的要求高，公司颠覆传统的服务模式为客户增加了众多附加值，如数字化流程、系统工具等，使得客户有较高的黏度。在给客户提供服务的同时，公司也积累了丰富的行业经验，形成了自己的数据库，这种专业经验是行业内其他竞争对手无法比拟的。

　　信息化是社会的发展趋势，特别是智慧城市的建设。上海市政府也提出要全面推进智慧城市的建设，公司也趁势跟进潮流。在2015年拟与其他公司设立上海东方网联智慧信息技术有限公司开展智慧社区的建设，基于互联网平台的应用等合作。作为一家数字传媒技术应用服务的高新技术企业，特别是4G时代的来临，更为公司的发展带来了巨大的发展机会，也让投资者看到了其发展潜力。

第三章
做市的价值和意义

第一节
对整个资本市场的价值

通过上述章节可以看到，新三板做市的发展如火如荼，企业借助做市获得了质的飞跃。企业只是整个资本市场的一个角色，做市制度的引入促进了整个资本市场的建设和发展。概括地来说，做市对于整个资本市场的价值体现在"坐市""造市""监市"三大方面。

"坐市"，就是维持市场的稳定性。市场的不稳定主要缘于供求的不平衡，买卖双方的力量过于悬殊时，就会导致资产价格的波动。但做市商通过其证券存量的改变，使得其市场价格得到维稳。在做市商制度的市场里，有投资者和做市商两层结构，形成了一种竞价市场交易结构，这种结构能够抵消非系统性风险。不同于庄家，做市商制度是受到监管层的监管，有着一定的交易规则、报价制度，价格的波动频率幅度不会太大。对于报价，各市场对于做市商都有波动幅度的限定，如美国市场就有5%的波动幅度限定，股票价格的波动就可以限定在5%以内。当市场上出现过度投机时，做市商通过与投资者的反向操作，维持股价的稳定，使市场泡沫降低。做市商制度的结构使其能够对市场的稳定性起到有效的作用。

"造市"，是做市商制度给市场带来最明显的好处。正如上述章节所述，做市商制度的引入，市场的流动性立马就被拉动起来。当市场处于相对沉寂的状态时，做市商通过自己库存股票，人为地买进卖出股票，带动人气、活跃市场，使得股票得到流动，回归其投资价值。

"监市"，做市商有做市的权利，但是它们也要履行一定的义务，通过做市业务的活动来对市场进行监控，发现异常并及时纠正。这样政府与市场也能保持一定的合理距离，一定程度上也能抵消政府行为对市场的影响。

通过"做市""造市""监市"，让资本市场健康发展，能够有效反映市场价值。

从历年的新三板市盈率来看，2014年以前平均市盈率在20倍左右，这个数据相对创业板来说有50%的估值折价，这就说明了企业的价值是被低估的。而自从做市商制度推出后，企业的市盈率上升，估值得到了一定程度的修正，特别是做市企业。截至2015年4月1日，做市公司估值水平高于新三板总体，新三板挂牌公司、做市公司、协议公司平均市盈率（PE）分别为38、49以及35倍，平均市净率（PB）分别为6.08、9.48及5.07倍。可见做市企业估值修正的概率要比非做市企业大（如表3-1-1、图3-1-1所示）。

表3-1-1 历年平均市盈率

年份	平均市盈率（倍）
2006年	12.68
2007年	24.37
2008年	14.69
2009年	10.38
2010年	18.66
2011年	21.84
2012年	20.74
2013年	21.44
2014年	35.27

资料来源：全国中小企业股份转让系统，年度报表

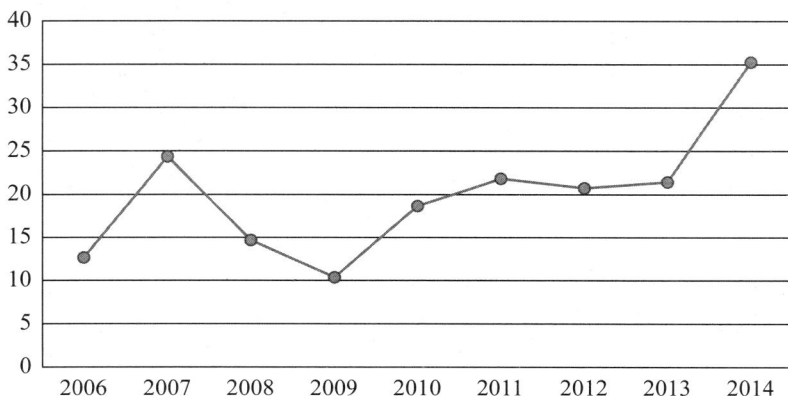

图3-1-1 历年平均市盈率

资料来源：全国中小企业股份转让系统

在企业层面上，流动性的功能体现得最为淋漓尽致。下面我们就看一看

流动性在做市后得到加强的企业。

易销科技：首日总成交额达712万元[19]

　　上海易销科技股份有限公司（简称：易销科技）是上海市一家高新技术企业，主营业务为提供O2O（Online To Offline）服务，是国内通信运营商电子化渠道运营的技术服务型企业。易销科技于2015年2月25日转为做市交易，做市首日当天的成交额高达712万元，占当天做市交易总成交额的5.3%。截至2015年6月30日，共有中信建投证券、中信证券、华融证券、东方证券、华泰证券5家做市商。做市期间，交投活跃。截至2015年4月30日，总成交量为35450万股，总成交额为162131470万元，日均成交量为1363万股，日均成交额为6235826万元（如图3-1-2所示）。

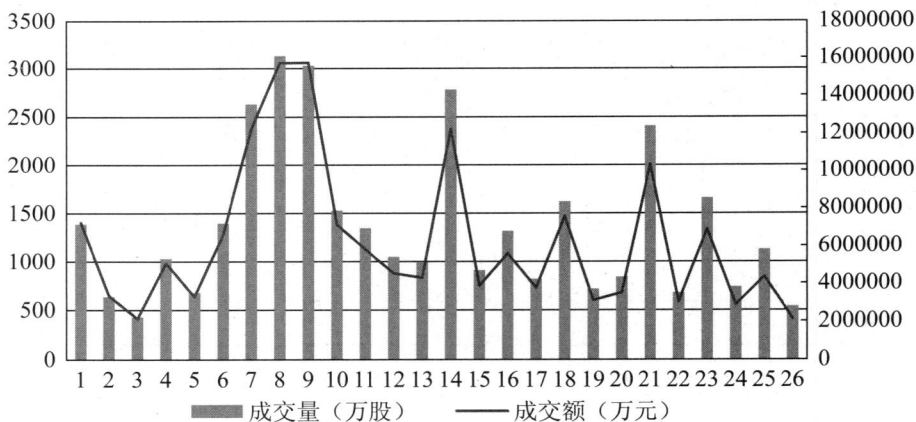

图3-1-2　做市以来成交量价图

说明：横坐标表示做市第1日至第26日。

　　易销科技是一家拥有30余项专利的上海市高新技术企业，专注于移动通信增值服务领域。那么易销科技是怎样的一家"高大上"企业，怎样吸引了市场的注意？

1. 行业概况

　　（1）行业隶属。

　　根据《国民经济行业分类和代码表》（GB/T4754-2011），公司所属行业为"I63 电信、广播电视和卫星传输服务"大类下的"I6312 移动电信服务"小类;根据中国证监会《上市公司行业分类指引》(2012修订),公司所属行业为"I 信息传输、软件和信息技术服务业"中的"I63 电信、广播电视和卫星传输服务"子行业。

(2)行业基本情况。

① 电信行业。电信行业的产业链包括电信设备制造商、电信运营商、渠道商和终端用户。其中,电信设备制造商主要为电信运营商提供网络设备,用于组装电信网;电信运营商主要建设、管理、维护电信网络,向用户提供基础电信服务;渠道商主要为运营商提供渠道服务、是衔接客户与运营商之间的门户。具体如图3-1-3所示。

图3-1-3 电信行业情况

② 运营商渠道服务业 。目前,我国电信运营商渠道主要分为两大类:运营商自有渠道和社会渠道,其中社会渠道又包括传统实体店和电子渠道。传统电子渠道服务商主要采用 "网上营业厅"的模式为客户提供合约机销售、充值等服务。在该模式下,用户在家使用网络即可办理业务,但是覆盖的用户范围较为单一,只适用于习惯网购的用户,且无法解决实名制登记的难题。公司在"网上营业厅"模式的基础上,开创性地以自主研发的IBT终端为平台,将运营商营业厅系统通过公司后台服务系统接入各种传统实体零售店,从而将其转化为电子渠道,实现了线上渠道与线下渠道的有效结合,形成了不同于传统电子渠道服务商的商业模式。该模式有效地解决了传统实体零售店身份验证、全天候服务、跨行支付等难题,实现传统实体营业厅的全部主要功能。同时,该模式覆盖的用户范围大大拓宽,将服务接入了更为广阔的零售端,使更大范围的城乡消费者享受到便捷、高效的移动通信服务。

(3)行业市场规模。

2013年,我国电信业务收入实现11689.1亿元,同比增长8.7%;电信业务总量实现13954亿元,同比增长7.5%,连续3年高于同期 GDP 增速。行业收入保持持续增长,但增长率较往年有所下降,主要在于电信业逐步优化市场结构，着力建设网络基础设施，加快普及3G 业务、创新应用等，保持较为健康平稳的发展。我国电信业2009—2013年业务收入情况如图3-1-4所示。

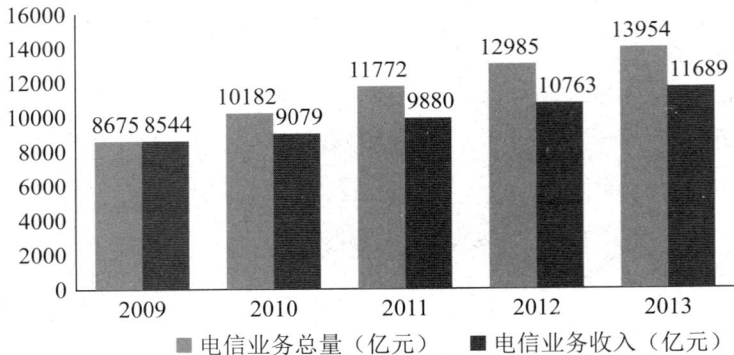

图3-1-4　电信业2009—2013年业务收入情况

资料来源：全国中小企业股份转让系统

2013年，全国电话用户净增10579万户，总数达到14.96亿户，增长7.6%，电话普及率达110部/百人。其中，移动电话用户净增11695.8万户，总数达12.29亿户，移动电话用户普及率达90.8部/百人，比上年提高8.3部/百人。

自2013年工信部发放4G牌照以来，我国三大运营商开始大力推动 4G业务。2014年，4G移动电话用户发展迅猛，用户增速超过3G。截至2015年底，新增4G网络用户数量达到2.89亿，总用户数量达到3.86亿。

（4）行业发展前景及趋势 。

① 行业发展前景。

电信业是构建国家信息基础设施，提供网络和信息服务，支撑经济社会发展的战略性、基础性和先导性行业，具有广阔的发展前景。全国工业和信息化工作会议，明确"十三五"时期信息通信业的工作思路和重点，我国电信行业的发展前景如下：

a. 行业发展稳步增长，增速将会有所放缓。2015年电信业务收入约为1.1万元，与2014年收入情况几乎持平。按可比口径来看增长情况，2015年仍然处于增长，但增幅较2014年的下降了1.6%。预计在"十三五"期间，电信业仍将保持其增长势头，增长速度趋于平稳缓慢。

b. 用户结构调整，网络服务成为新主导力量。包括微信等互联网类型服务的使用比例连续五年逐步增加，2010年初该服务收入占行业的比重仅为20%，4年内增长了33%。传统非互联网业务的使用比例大大下降，例如彩信等服务收入自2010年占比为80%，到2014年缩减至47%。"十三五"期间互联网业务有望继续扩大，非互联网业务则将会继续下滑。

c. 用户结构发生重大变化，移动宽带和物联网成为新的增长力量。截至2015年年底，3G和4G用户即移动宽带用户呈爆发式增长，全国用户总数不低于9亿人。流量消费极大地推动了互联网相关服务与应用的开发和探索，促进互联网商业的发展与成熟。未来更是5G物联网所引导的时代，预计"十三五"期间，物联网的使用也可能会呈现爆发式增长。

d. 新旧增长力的转变，移动数据业务成为拉动行业增长的关键驱动力。2015年移动数据及互联网业务收入成为对基础电信业收入的增长起到拉动力量。相对而言，传统的移动语音业务以及语音增值服务业务对行业的收入不再发挥积极作用。行业增长力量的转变从根本上导致了电信行业收入增速的大幅放缓。"十三五"期间，移动数据业务也将继续发挥其对行业增长的驱动作用，而传统话音业务如短信的衰退将加速。

e. 消费取向快速转变，移动互联网成为主流消费方向。随着智能手机的快速渗透，业务消费类型正从传统话音消费向数据流向消费迁徙。2015年手机网民规模已达到6.2亿之多，占到网民比例的90.1%。移动互联网接入量高达41万G，较去年同期经历了一个103%的大幅增长。"十三五"期间互联网消费将持续长期直入的态势，成为通信消费的绝对主流。

② 行业发展趋势。

a. 运营商电子渠道服务业将保持快速增长

从2008年我国电信行业重组以来，三大运营商开始大力发展电子渠道。以中国联通为例，其近三年来电子渠道营业收入和用户逐年增长，2011年中国联通电子渠道完成交易额231亿元，较2010年的124亿元增长86%；2012年中国联通电子渠道实现了358亿元的营业额，较2011年增长了55%，具体如图3-1-5所示。

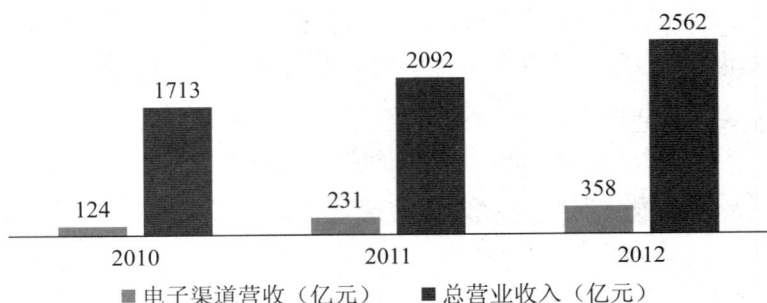

图3-1-5 2010—2012年中国联通电子渠道收入情况

资料来源：全国中小企业股份转让系统

　　易销科技作为电信运营商电子渠道服务商，创新性地采用IBT终端平台，可迅速将传统线下社会实体渠道转化为电子渠道，与运营商大力发展电子渠道的思路相吻合，预计未来公司业务将形成快速增长趋势。

　　b. 实名制认证

　　2013年7月16日，工业和信息化部颁布了《电话用户真实身份信息登记规定》，明确规定自2013年9月1日起，电信业务经营者为用户办理固定电话、移动电话（含无线上网卡）等入网手续，在与用户签订协议或者确认提供服务时，如实登记用户提供的真实身份信息。

　　易销科技通过IBT终端平台，将传统线下实体店转化为电子渠道的同时，能够实现实名制登记，并完成实名制开卡，有效解决了传统社会渠道实名制登记和开卡难题。

　　c. 移动运营商转售试点在即

　　2013年5月17日，工业和信息化部发布了《工业和信息化部关于开展移动通信转售业务试点工作的通知》，决定开展移动通信转售业务试点工作，即开展电信虚拟运营商业务。

　　根据 OVUM 的数据及预测显示，从2009年到2015年，全球电信虚拟运营商的用户数将从5200万提高到8500万，收入将从82亿美元提高到95亿美元，预计我国电信虚拟运营商转售市场空间约在200亿元～300亿元之间。易销科技是运营商电子渠道领域的领先企业，随着移动通信转售业务的逐步放开，公司在虚拟运营商渠道服务领域拥有先天优势，具有广阔的市场前景。

　　③ 行业主要壁垒。

a. 技术壁垒

电信运营商电子渠道服务商需要掌握电信运营商的网络系统，熟悉各类通信设备，并在服务过程中采用最有效的技术方法、技术手段，才能达成任务目标。通常，与电信运营商长期合作的服务提供商会积累一套基于具体客户的、行之有效的流程和技术方法。此外，电信行业发展和更新速度较快，随着行业内竞争日趋激烈，对电子渠道服务提供商提出了更高的要求，服务商需要具备对新技术的持续跟踪和研发能力，不断更新、优化其技术，才能满足市场发展的需求。

b. 渠道壁垒

电信运营商电子渠道服务行业需要按照运营商的规定来进行，获得运营商的接入许可才能取得进入市场的资格。由于运营商网络接入资源有限，对于服务商后台系统的可靠性和稳定性等均有较高的要求。因此，电子渠道服务提供商一旦被运营商选定入围，往往容易形成相对稳定的长期合作伙伴关系。这种客户关系的长期稳定有利于服务提供商维护现有的客户关系和业务来源，也有利于向老客户提供新的服务品种，而新进入者则很难在短时间内获得运营商的信任。

c. 人才壁垒

电信运营商电子渠道服务需要具备通信技术理论知识、最新的4G技术知识、丰富的从业经验等多方面知识的综合性人才。目前，行业内高素质的技术人才和管理人才相对有限，拥有稳定、完善的研发和管理团队是企业发展壮大的重要因素。而这些人才大部分集中于少数长期从事运营商电子渠道服务的领先企业，新进入者则难以在短期内配备有竞争力的人才团队。

2. 商业模式

（1）盈利模式。

公司的盈利主要来源于电信运营商电子渠道服务的利润。公司主营业务的收入分为两大类。首先，公司为电信运营商提供办理手机合约套餐、无线上网套餐等业务的电子渠道服务收入，客户包括中国联通上海分公司、中国电信上海分公司、中国联通江苏分公司、中国电信苏州分公司、中国联通浙江分公司等，公司向其收取合约套餐的佣金、分成、奖励等收入，这是公司盈利的主要来源。其次，公司还销售非合约手机等移动设备，主要是面向电信运营商以外的单位客户和个人，通过销售的差价获取利润。

（2）采购模式。

公司设有采购部负责具体的采购工作，主要采购产品包括IBT终端设备、合约手机、非合约手机、无线上网卡、手机卡等移动通信设备。IBT终端设备，是由易销科技自行研发、设计，并委托第三方厂商进行代加工生产的核心设备。采购部根据公司战略规划和营销计划，确定IBT终端设备的年度采购计划，在采购完成后由渠道管理部门铺设进入各种传统实体零售商。合约手机、手机卡、无线上网卡等移动通信设备，主要是向电信运营商进行采购和结算。公司根据与运营商签订的框架合作协议，一方面，对于成本较低的手机卡、上网卡等设备和市场需求量较大的部分合约手机，公司预先进行少量采购，纳入公司存货进行管理；另一方面，对于市场需求量较小的合约手机，根据终端客户的订单需求，随时向供应商进行采购。

非合约手机等移动通信设备，主要是采取订单驱动的采购模式。根据销售部门与客户签订的销售合同，采购部直接向供应商进行采购。公司与供应商之间保持着良好的长期合作伙伴关系，一般供货周期较短。

（3）研发模式。

公司研发模式主要包括IBT终端核心技术和后台服务系统的研发，以及IBT终端硬件设备的研发。其中，IBT终端核心技术和后台服务系统是公司的核心技术资源，采用自主研发的模式，包括IC卡远程操作系统、身份证读取和验证系统、远程运营商数据交互系统等；IBT终端硬件设备的研发主要采用外协的方式。

① 公司自主研发模式

a. 分析、调查阶段：公司研发部门根据市场需求，结合公司战略规划，针对拟研发的项目进行分析与市场调查。

b. 立项阶段：研发部门发起项目评估报告，并通过公司管理层审核后立项。

c. 研发阶段：研发部门通过项目设计、项目分解、项目实施等流程，确定详尽的项目进度实施方案，确保项目实施时间，并落实到所有项目成员，公司同时抽调管理层干部对项目进度进行监督。

d. 实施阶段：项目阶段性完成后，研发部门协同其他部门落实具体测试、上线、服务等项目上线流程。

e. 项目总结：对按照进度完成的项目出具完工测试报告；对未能按进度完成的项目，则出具项目评估报告，并提出修正建议，为管理层做出改进或中止项目的决定提供依据。

② 公司外协研发模式

公司IBT终端硬件设备主要采用外协的方式。外协厂商根据公司的技术标准、采购要求进行硬件设备的研发及模具设计，在研发完成并验收合格后，公司向外协厂商支付设备研发费用，并向其采购IBT终端硬件设备。根据IBT终端研发合同，公司拥有IBT终端研发及模具开发的知识产权。

（4）销售模式。

公司主要通过IBT终端平台，将传统实体零售店转化为电子渠道，为基础电信运营商提供电子渠道服务。公司通过和中国联通、中国电信省级公司签订框架合作协议，取得运营商的平台接入许可，将公司后台服务系统接入运营商营业厅系统，为其提供电子渠道运营服务。同时，公司及各分公司下设渠道管理部负责渠道拓展工作，与合作区域内的传统实体零售商进行洽谈，签订合作协议，将IBT终端平台铺设进入该零售商，并为其提供后期维护等服务。

公司以上海为总部，分别在江苏、浙江设立了分公司，负责与各地电信运营商、零售渠道商的业务洽谈、日常维护等。通过多年的运营公司积累了良好的声誉，分别与中国联通上海分公司、中国电信上海分公司、中国联通江苏分公司、中国电信苏州分公司、中国联通浙江分公司等建立了紧密的合作关系。同时，公司成立了专门的客户服务中心，为公司的零售渠道商和终端客户提供咨询服务。

3. 未来展望

（1）发展背景。

近年来，我国加快了电信业向民营资本开放的步伐，至2014年初工信部已累计发放三批共计31家移动转售业务牌照（虚拟运营商牌照），此举将大幅提升公司未来作为国内最大的电子化渠道连锁运营平台的商业价值，易销科技有机会成为全国首家专业级的电信运营商业务中小渠道接入服务商；同时，公司亦有计划在未来合适时机通过自主申请或兼并方式，获取移动转售业务牌照，借助公司在二三线城乡村镇级渠道网点布局成为这一庞大用户市场的主要电信虚拟运营商之一。

随着我国"手机实名制登记"政策的深入推行，易销Mini终端除了为电信运营商、虚拟运营商提供海量标准化、规范化的城乡村镇二三线市场中小渠道的业务接入模式，同时还将有效协助国家工信部彻底解决社会中小渠道内"手机实名制登记"这一历史难题。公司于2014年12月，凭借"关于全国城乡村镇市场普及实名制认证"项目，荣获"上海市院士专家工作站"授牌，并拟特聘中科院院士、上海市科协副主席、计算机软件专家何积丰教授为公司特聘院士专家，并与市科协旗下上海科益达股权投资基金缔结为战略合作伙伴，全力推动公司实名制认证项目，成为行业标准乃至国家标准。

（2）未来发展。

2015年将成为易销科技全国布局及渠道扩张的重要阶段，预计日渐庞大的渠道数和不断新增的业务流量将带来可观的现金流。公司基于布局在城乡村镇级的海量渠道网络，将有机会造一整套更高级的闭环商业链，即易销Mini终端+e销宝模式（类似淘宝+支付宝的"实业+金融"模式），并将逐步介入互联网金融创新行业领域。在不影响主营业务的前提下，公司拟以发起人身份于近期投资设立一家互联网金融服务公司，以创新的O2O互联网金融服务模式，推出自有金融产品反哺进入公司所接入的海量城乡村镇级用户市场，彻底改变这一市场以农村信用社存款、民间小额借贷的落后金融生态，最终奠定易销科技未来三年内实现"一套渠道、两套牌照（虚拟运营商+金融支付牌照）"的战略规划。

未来，公司将以华东市场为基础，不断拓展和开发新的市场，并积极与中国移动进行接触，力争使IBT终端平台成为三大运营商统一的电子渠道平台。

从上述分析来看，易销科技符合"高大上"的标准，受到做市商的青睐也是情理之中。

做市商制度在国外已经是一个成熟的产物，而在国内，其对于证券市场的建设有着里程碑式的意义。

新三板引入的是传统竞争性的做市商制度，这种制度引入了竞争机制，对于市场效率的提高、交易成本的降低都有着显著的作用，同时也保证了券商做市的积极性。目前新三板做市交易的运转模式是，主办券商和做市商的报价申报被接受，按照价格优先、时间优先的成交原则，投资者和做市商的订单进行连续自动的搜索，最后成交价以申报价格为准。较之前的协议转让，资源能够得到更有效的配置，信息的对称也降低了交易成本。

此外，对于整个新三板市场体系的重构、各机制的构筑都产生了推动作用。在做市商制度推出以前，主办券商都是以挂牌企业的数量作为竞争的指标。做市商制度推出以后，对于券商的估值能力、投研能力、资金实力方面都提出了更大的挑战，这样它们会反过来更加注重对企业的辅导和筛选，对于企业来说是有利的。对于企业来说，做市商就像企业与投资者的桥梁。未做市前，一般机构投资者不愿意成为第一个尝试者，但是做市商的介入可以打破这个僵局，机构投资者会更有兴趣介入，对公司的股权结构的优化也起到很好的作用。

有了做市商制度的引入，整个资本市场会向更好、更健康的方向发展。

第二节
对做市商的价值

做市商制度，顾名思义，其核心是"做市商"。所以做市商制度成效如何很大一部分取决于做市商的综合实力，包括资本实力、经营水平、风险管理、行为规范等多方面，对上市公司要有很好的了解和判断，对市场走势要能够精准预测，挖掘好的企业，积极主动促进交易。所以并非所有的券商都能够充当做市商。所以各国都制定了一定的筛选标准来选拔合格的做市商以及一套完善的准入退出机制。当做市商不能够很好地为企业做市、达到做市商制度的效果时，就会有退出机制来保持做市商制度的良好性。那么新三板的做市商制度是怎样的呢？

新三板做市商的准入：股转系统相关管理制度规定证券公司在全国股份

转让系统开展做市业务前，应当向全国股份转让系统公司申请备案；其他机构在全国股份转让系统开展做市业务的具体规定，由全国股份转让系统公司另行制定。做市商可以是"证券公司或其他机构"，这为非券商参与做市提供了更大的空间。但要注意的是非券商不得做主办券商；因为从人员、资金、系统、信息等方面看，目前券商最具备做市实力，初期做市任务由券商承担。

具体的做市商还同时必须满足以下的条件：

①具备证券自营业务资格；②设立做市业务专门部门，配备开展做市业务必要人员；③建立做市业务管理制度；④具备做市业务专用技术系统；⑤全国股份转让系统公司规定的其他条件。

对于做市商内部架构、做市业务细则，比如人员配备数量、经验要求等，没有规定量化的硬性条件，给了券商很大探索与创新的自主权。

新三板做市商的终止：

做市商主动终止从事做市业务的，应当向全国股份转让系统公司提出申请。全国股份转让系统公司同意其终止从事做市业务的，自受理之日起10个转让日内书面通知该做市商并公告。做市商因违反规定或其他全国股份转让系统相关规定被终止从事做市业务的，全国股份转让系统公司书面通知该做市商并公告。对做市商准入终止的把控是做市商制度运行的基础。

在整个机制运行过程中，做市商与企业到底有着怎样的联系呢？我们看下股转系统的相关规定就能略知一二了。

股转系统规定挂牌股票采取做市转让方式的，须有两家以上从事做市业务的主办券商（以下简称"做市商"）为其提供做市报价服务。做市商应当在全国股份转让系统持续发布买卖双向报价，并在报价价位和数量范围内履行与投资者的成交义务。在做市转让方式下，投资者之间不能成交。全国股份转让系统公司另有规定的除外。

同时，做市商需要取得做市企业一定数量的股票，分两种情况。

1. 股票挂牌时拟采取做市转让方式应具备以下条件

（1）应当有两家以上做市商为其提供做市报价服务。

申请挂牌公司股票拟采取做市转让方式的，其中一家做市商应为推荐其股票挂牌的主办券商或该主办券商的母（子）公司。

（2）做市商合计取得不低于申请挂牌公司总股本5%或100万股（以孰低

为准），且每家做市商不低于10万股的做市库存股票。

（3）股转系统规定的其他条件。

2. 协议转让方式申请为做市

（1）两家以上做市商同意为该企业提供做市报价服务，并且每家已取得不少于10万股的做市库存股票。

（2）股转系统规定的其他条件。

从以上可以看到，做市商的利益与公司股票的取得结合紧密。截至2015年6月30日，新三板共510家做市企业，共有73家券商为其做市，其中齐鲁证券为新三板企业做市转让的股票个数为128家，位居做市券商首位，紧随其后的是国信证券和广州证券（如表3-2-1所示）。

表3-2-1 券商做市情况

序号	券商列表	做市转让股票个数	序号	券商列表	做市转让股票个数
1	齐鲁证券	128	39	华泰证券	17
2	国信证券	80	40	财达证券	17
3	广州证券	76	41	华鑫证券	15
4	天风证券	73	42	东兴证券	14
5	上海证券	73	43	恒泰证券	14
6	兴业证券	65	43	浙商证券	13
7	国泰君安证券	65	45	首创证券	12
8	申万宏源证券	65	46	九州证券	12
9	光大证券	58	47	长城证券	11
10	东吴证券	56	48	西南证券	11
11	长江证券	55	49	中国银河证券	10
12	中信证券	53	50	国金证券	10
13	世纪证券	52	51	平安证券	10
14	东莞证券	49	52	国元证券	9
15	中山证券	46	53	江海证券	8
16	东方证券	45	54	国海证券	8
17	万联证券	44	55	中国国际金融	7
18	安信证券	43	56	财通证券	7

（续表3-2-1）

序号	券商列表	做市转让股票个数	序号	券商列表	做市转让股票个数
19	广发证券	41	57	国盛证券	7
20	中原证券	41	58	华创证券	6
21	山西证券	41	59	联讯证券	6
22	海通证券	40	60	国联证券	6
23	华安证券	39	61	红塔证券	6
24	华福证券	35	62	信达证券	5
25	华融证券	35	63	新时代证券	4
26	招商证券	31	64	民生证券	3
27	太平洋证券	31	65	日信证券	3
28	金元证券	27	66	爱建证券	3
29	财富证券	26	67	德邦证券	3
30	中国中投证券	25	68	华龙证券	3
31	中信建投证券	23	69	英大证券	3
32	西部证券	23	70	中航证券	3
33	南京证券	20	71	湘财证券	2
34	中银国际证券	20	72	大通证券	2
35	国都证券	19	73	渤海证券	1
36	东北证券	19	74	中国民族证券	1
37	东海证券	18	75	川财证券	1
38	方正证券	18	—	—	—

资料来源：WIND，中孚和泰新三板研究院

券商做市越来越多，那么做市对于它们来说是有着怎样的吸引力呢？有着怎样的价值呢？

做市商制度的引入会使得券商业务模式发生巨大变革，将全面提升券商的资本中介服务职能，做市业务将成为券商一项重要的收入来源。各券商为争做做市商，会不断提高报价和撮合效率、重视人才引进、充分运用专业研究优势对挂牌公司的股份进行合理定价，也会不断提高库存管理能力和融资能力等。券商行业的整体素质日益提升。证券公司场外交易业务流程如图3-2-1所示。

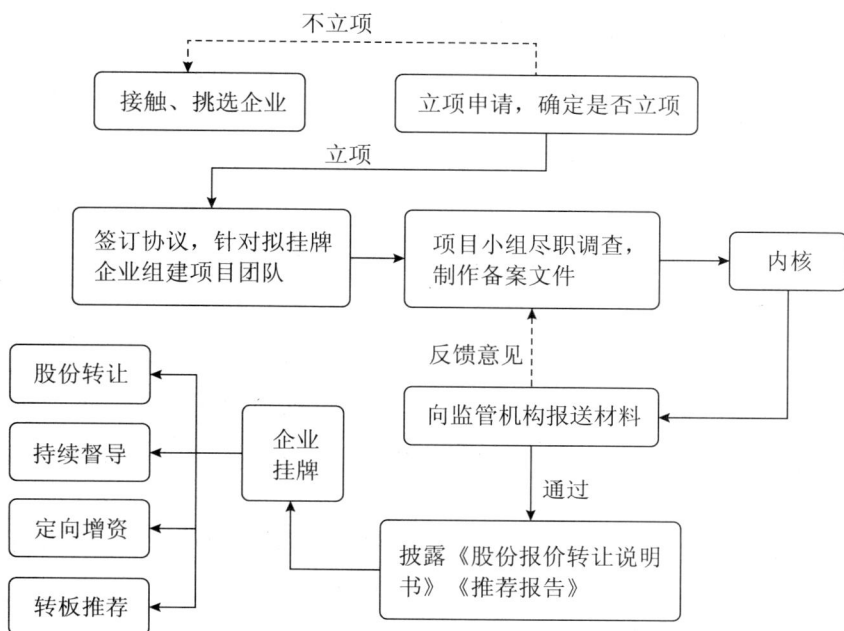

图3-2-1　证券公司场外交易业务流程

券商可以从立项挂牌、股份转让、持续督导、定向增资、转板推荐，还有做市业务中获得收入。从短期来看，做市券商不太容易实现自身的盈利，但是从中长期角度来看，盈利水平还是可观的。根据招商证券的预测，未来新三板成熟状态挂牌公司或达到1万家，假定每家公司市值约1亿元，年换手率以50%计算，佣金率和做市差价分别设定为0.08%和2%，那么预计可实现收入约在110亿元，与2014年券商行业总收入相比，占比为7%左右。除此之外，伴随着做市商制度的日益成熟，市场流动性的提高，以及挂牌公司估值和换手率逐步增加，券商收入预计还有较大幅度的提升，可提升20%左右。

短期内做市业务对券商收入增长有限，未来5年做市商的做市业务将占券商收入大部分，将成为券商利润增长点。

做市商制度的推出将改变券商在新三板不盈利的局面。

做市商推出之前，券商新三板业务利润微薄。甚至有人质疑，是否在赔本赚吆喝？以申银万国为例，从2006年开始投入新三板，其挂牌业务在券商中处于遥遥领先地位，虽然规模不菲，但收益却并不成正比。新三板挂牌企业达1000家，在新三板挂牌服务上申银万国才刚刚实现盈利。做新三板仅仅依靠推荐费和承销费是没有前途的，最重要的赚钱逻辑是分享企业的成长性。券商应该改变自己的"主板思维"，着力在全产业链上赚钱。所谓全产业链，就是在企业成长初期进行投融资，之后通过做市、并购等方式赚取利润。

之前为企业服务的模式已经过去，需要从全业务链条进行综合考虑。做市商制度的引入，就是实现全产业链的重要一环。据国外大型投行2013年的数据显示，做市交易收入已占其总体收入近三成，其中高盛的做市交易收入贡献了39%。另外据华泰证券统计分析，参照美国等经验数据，假定做市商股票买卖价差为5%，新三板交易量为上交所交易量的2%，而做市交易又占新三板总交易额的90%。这样，做市商业务每年可为券商带来205亿元的收入。这部分利润基本上是无风险的。投资者从做市商手里按照高报价买入，而卖给做市商的总是低报价，做市商基本上是稳赚差价。要说做市风险，一是在于双方报价价差的探索，一方面需要保持做市商的积极性，另一方面又不能让做市商形成暴利，阻碍流动性；二是在于做市商人才的储备，新三板做市商需要有专业知识和专业素养，做市商制度规范需要细化。

除了利润点的增长，做市功能也完善了券商投行销售和交易的职能。新三板券商的瓶颈不是为多少企业挂牌，而是为挂牌的企业提供多少服务，这主要取决于券商的服务和业务能力。

未来，券商本身资本的参与度、对客户的销售能力和做市能力将决定其在新三板的规模和效益。

要想更好地从做市业务中获得利润，首先手上要有一副好牌，也就是要有好的做市标的。

一、先临三维：做市交易后股价翻番，坐拥10家做市商[20]

2014年9月23日，杭州先临三维科技股份有限公司（简称：先临三维）发布公告，将于2014年9月25日起采取做市转让方式。首批参与做市的券商为国信证券、中信证券、恒泰证券。2015年3月10日，国泰君安加入先临三维的做市商；2015年4月29日，东方证券加入先临三维的做市商；2015年6月16日海通证券加入先临三维的做市商。截至2015年6月30日，共有国泰君安证券、上海证券、国信证券、中信证券、恒泰证券、齐鲁证券、东方证券、海通证券、天风证券、长江证券10家证券公司为先临三维做市。根据股转系统的规定,做市商合计取得不低于申请挂牌公司总股本5%或100万股(以孰低为准),且每家做市商不低于10万股的做市库存股票。

做市商的股票一般从哪里获得呢?主要有三种途径:一是老股协议转让,二是定向增发新股,三是从二级市场买入。对于优质、股价上涨的股票,越早入手对于做市商来说获利空间越大。对于首批做市商,在开展做市前一般会与企业有个协议价,一般来说价格会相对比较低;后期做市活跃的股票,券商再入手,股价就"水涨船高"。所以对于优质做市企业,做市商都是争先抢着购买低价原始股。

公司在转变为做市转让方式之后,其成交量日渐增长,在某30个交易日成交额达到5.54亿元,换手率达到70%以上。而且随着交投的活跃,股价也一直在抬升。交易首日以每股12.06元收盘,截至2015年4月30日的收盘价为44.06元(如图3-2-2所示)。

从交易量来看,从做市以来截至2015年4月30日,总成交量为487625万股,总成交额为1406371176万元,日均成交量为3585万股,日均成交额为10340964万元(如图3-2-3所示)。

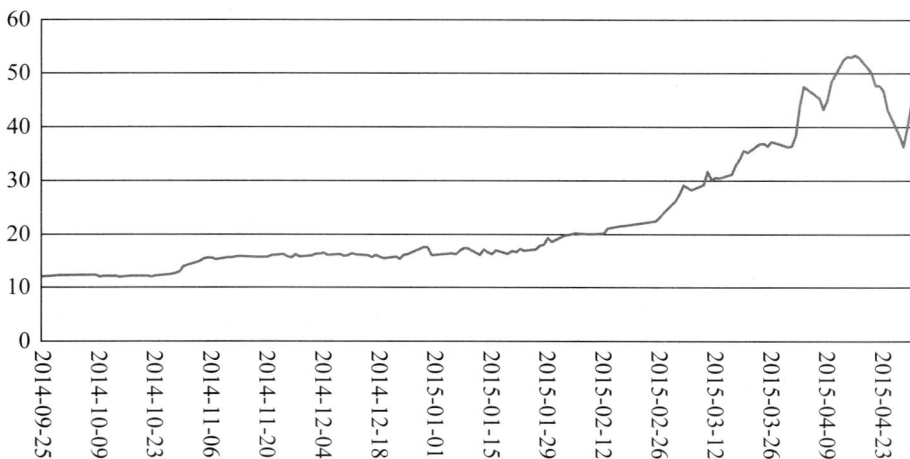

图3-2-2 股价趋势图

资料来源:大智慧,中孚和泰新三板研究院

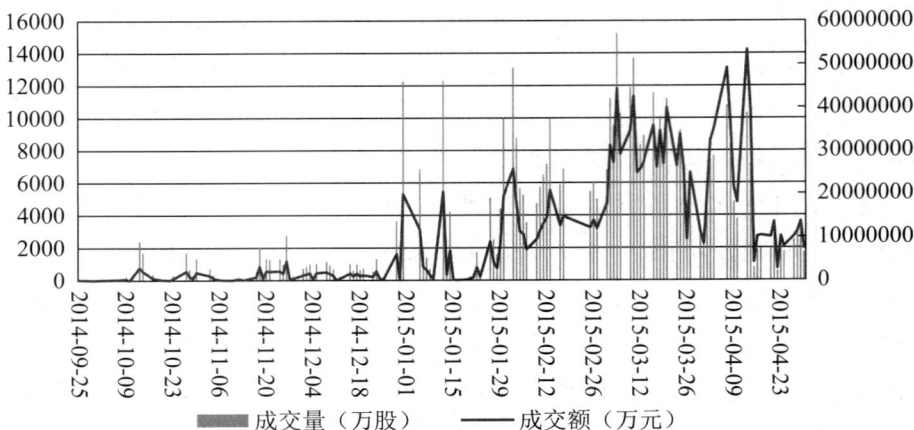

图3-2-3　成交量价图

资料来源：大智慧，中孚和泰新三板研究院

短短几个月，公司的股价翻了几番，一开始就做市的券商，其库存股票的涨幅也很大。根据公司2014年的年报，东方证券持有公司1994000股股票，持股比例为3.50%；中信证券持有公司1457075股股票，持股比例为2.56%。所以对于优质企业，做市商越是有动力为其做市，能够得到的获利空间也越大。当然这需要是优质的企业，也需要做市商有火眼金睛，能够筛选出优质企业。那么先临三维是怎样的一家企业呢？

1. 行业内标杆企业，引导起草行业标准

公司是目前行业内的标杆企业，为中国3D打印技术产业联盟副理事长单位、浙江省3D打印产业联盟理事长单位。国家光学三维测量系统行业标准的制定由公司牵头起草。

经过多年在三维光学测量检测、3D打印控制、激光加工技术等领域的研究，公司获得多项发明，培养了一批集管理、技术为一体的优秀人才。2013年底，公司所拥有的研发技术人员已经有99名，涵盖了软件、光学、机械、电子、计算机图形、数控等多个领域。

在管理方面，公司严格按照ISO9001全面质量管理体系和ISO14000环境质量管理体系展开工作，多项产品有CE或FCC资质认证，产品的稳定性和质量性得到了保障，赢得客户的信任。

2. 市场潜在需求大

三维数字化和3D打印技术应用领域十分广阔，是目前的新兴技术之一，将颠覆制造业等多个行业的发展模式。在我国，该项技术已经作为战略发展产业，特别是我国制造业领域（如表3-2-2所示）。

表3-2-2　国家政策

国家部门	政策
工信部	《高档数控机床与基础制造装备科技重大专项2014年度课题申报指南》
科技部	3D 打印关键技术、装备研制"首次入选《国家高技术研究发展计划（863计划）》、《国家科技支撑计划制造领域2014年度备选项目征集指南》

在地方层面，浙江、江苏、福建、北京等也出台地方性的鼓励发展意见，支持3D产业化发展。

在技术发展和国家的共同支持下，三维数字化和3D打印市场前景广阔。美国 M&M 的报告指出，全球三维数字化扫描市场的销量2013年已经达到20.6亿美元，这一数据将在2018年达到40.8亿美元，年均复合增长率超过14%。

传统的投资拉动经济增长的方式产生了很多不好的后果，如产能过剩、破坏生态环境、能源消耗大。如何进行经济转型升级，3D打印技术的出现把制造业向数字智能、绿色化发展，不仅可以节约材料、缩短制造时间，同时可以满足个性化定制。

根据《Wohlers Report 2013》的报告，全球3D打印市场创造的所有产品和服务的市场价值为22亿美元，同比增长28.6%，这一数据在2011年仅为17亿美元。过去的25年，3D打印市场的年均增长率为25%，2010—2012年3年间更是达到了27%，未来将继续保持两位数的增长模式。3D技术应用广泛，远远不止传统行业，还包括文化创意类等行业，麦肯锡在2013年出具的报告中指出，3D技术到2025年时给全球潜在的经济影响将达到2300亿美元。

各个国家在3D打印市场的占比中，美国占60%左右，德国、日本、中国占到10%左右。随着中国经济的发展和技术的应用，这一市场的增长潜力巨大。

3. 服务企业广泛

公司服务的客户众多，已经超过两千多家，涉及工业制造、生物医疗、文化创意及教育科研等多个行业，服务的客户中不乏大型优质客户，包括南京市3D打印产业应用创新中心、温州市3D打印快速成型中心、龙泉青瓷宝剑科技服务中心、清华大学、浙江大学、中钢集团洛阳耐火材料研究院、万向集团、成飞集团、奇瑞汽车、大众汽车、长城汽车、松下家电、博世电动、洛阳文物考古研究院、本山传媒、西安世园集团等。

4. 公司掌握的核心技术应用广泛

公司的核心技术是三维数字化技术和3D打印技术。三维数字化是一项应用前景广泛的新兴技术，而目前发达国家在制造业中推行数字化的3D打印技术正是基于三维数字化技术之上，简单的体力劳动被更为先进的机器制造技术替代。3D技术的高度自动化和智能化的特点，能够大大提高产品设计开发和制造的效率，是制造高精尖创新产品的不可或缺的手段，越来越受到制造业的重视，应用极为广泛（如表3-2-3所示）。

表3-2-3　企业技术情况

3D技术应用领域	具体应用
工业制造领域	在设计、验证环节，对样品模型进行三维扫描，得到物体表面的三维坐标数据，设计师利用CAD软件对三维数字模型进行完善修改，这样可以大大缩短产品的开发时间；在制造环节中，经过设计验证，使用3D打印技术进行小批量的原型件制作，用于客户沟通确认，能够降低生产风险，缩短上市时间
医疗领域	由于生物医疗领域的服务对象是患者，服务对象的特殊性对于个性定制化的需求更为迫切，数字智能化的应用能够使得诊疗手段更为先进。目前该项技术已经很好地应用在整形、顾客、组织工程支架等各个方面
文化创意	文物保护及衍生品开发、考古、创意建材、3D照相馆等文化创意方面的市场均采用了3D打印技术，油画、雕塑、陶瓷、紫砂、竹木牙角、玉石翡翠、琉璃、青瓷等传统的领域也在逐步得到该项技术带来的革新性效果
其他领域	政府部门将借助该项技术进行产业升级，教育科研部门搭建科研创新、学生创新平台时应用到该项技术，在日常消费领域，该项技术能够为大众创新、个人消费者消费提供相关的个性化定制，应用前景广阔

资料来源：全国中小企业股份转让系统

5. 产品系列丰富

凭借着超强的研发能力，公司的产品系列丰富，能够应用到多个领域，包括制造业、生物医疗等（如表3-2-4所示）。

表3-2-4　企业产品情况

产品类型	产品
三维数字化装备	双目（四目）三维扫描仪
	蓝光高端三维扫描仪
	大幅面三维扫描仪
	全自动三维扫描仪
	手持式三维扫描仪
	三维摄影测量系统
	三维相机
3D 打印装备	透明介质激光3D打印机
	大幅面透明介质激光3D 打印
	桌面式3D 打印机
	工业级3D 打印机
	生物细胞3D 打印机
三维数字技术服务	三维扫描及数据处理服务
	3D 打印与快速成型制造服务

资料来源：全国中小企业股份转让系统

下面让我们从另外一个角度来看做市商的情况。截至2015年6月30日，共有510家做市企业，股转系统要求企业的做市商至少要两家，但是很多企业做市商远远不止两家。例如联讯证券有多达19家做市商；兰亭科技坐拥11家做市商。

二、金天地：7家做市商，老牌影视文化传媒企业[21]

北京金天地影视文化股份有限公司（简称：金天地）成立于1996年，是一家老牌的影视文化传媒企业，主要业务为制作、发行、投资电视剧及其衍生业务。公司于2014年12月26日转为做市。初始做市时，共有首创证券、华泰证券、华融证券、万联证券、世纪证券和江海证券6家券商为其做市。根据股转系统的要求，做市商必须取得一定数量的公司股票作为库存股票。故在2014年11月份，做市商以4.5元/股的认购价购买金天地的股票作为库存股票。在正式做市交易日当天，公司股票以6.2元为收盘价，当天涨幅高达501.94%，为其做市的6家券商的账面收益达38%。

自此，公司的股价一路上扬（如图3-2-4所示），截至2015年4月30日，公司的股价达到16.25元，参与做市的券商能够获得企业股价带来的收益是显而易见的。截至2015年6月30日，有7家券商为其做市。

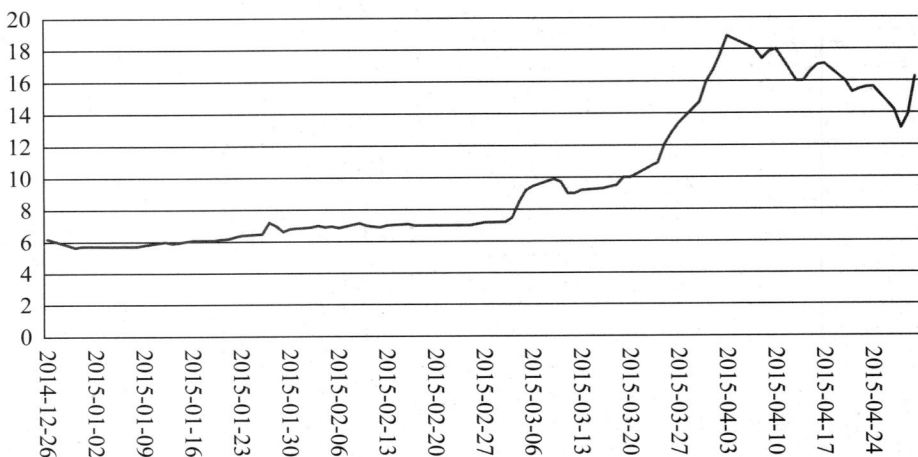

图3-2-4　做市以来股价趋势图

资料来源：全国中小企业股份转让系统

　　能否选取合适的做市企业并对其进行有效的估值判断决定了券商在做市方面的收入多少。它们通过专业的研究，筛选出优质做市标的，提出合理价格波动区间，进行相应的买卖互动，为维持市场流动性，让投资者进行参与，同时也为公司的发展提供支持。一般对于一个企业，判断是否为其做市，要从各方面进行考量，企业经营范围、所处行业现状及前景、企业核心竞争优势、团队情况、企业成长性及估值情况等都是考察指标。那么金天地是怎样的一家优质做市企业呢？

1. 电视剧行业迎来黄金增长期

　　一方面，文化产业作为支柱行业被国家所重视，使得社会对电视剧制作的投资量增加，提高了盈利预期，国家政策的支持为电视剧行业的发展提供了良好的环境；另一方面，人民生活水平提高、广告量的增加，智能电视、智能手机、平板电脑终端的普及，使得社会对文化产业的需求增加。

　　本土电视台一直是电视剧行业的主要客户，而电视剧则是电视台的主打节目，其播出比重和收视比重一直居于各类节目的首位。2012年，我国国产电视剧交易额已高达100亿元，增长幅度也在明显增加。从数量上看，省级卫视年度独家首播剧目在2011年为12部，2012年为33部，增长率高达175%（如图3-2-5所示）。

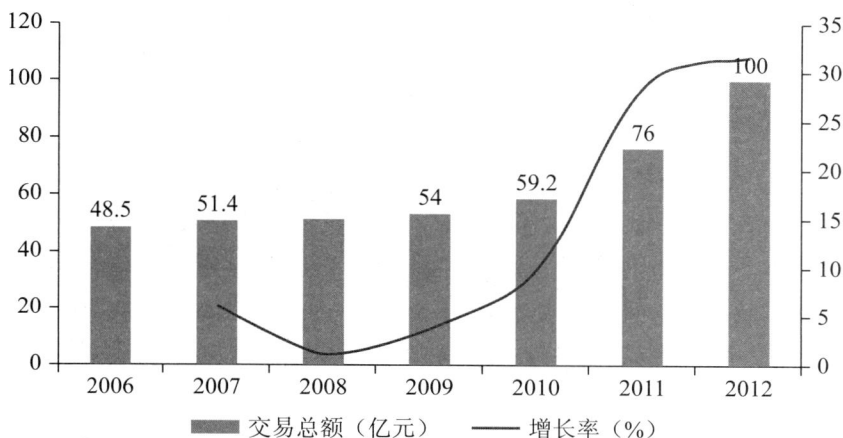

图3-2-5　2006—2012年国产电视剧电视频道年度交易总额及增长率

资料来源：全国中小企业股份转让系统

广电总局在2011年颁布《关于进一步加强电视上星综合频道节目管理的意见》，即所谓的"限娱令"。这一文件限制了电视台的播放内容，却让电视剧的作用进一步凸显。限娱令后，电视剧在省级卫视的播出比重从42%提升至47%，电视剧对省级卫视的收视贡献上升至46%，综艺节目无论在播出比重上还是收视贡献上均大幅下降，这一趋势将进一步得到强化。

新媒体的出现，也带动了影视行业的发展。网络视频、移动网络视频让用户在碎片化的时间内也能够去观看影视节目，而不论时间和空间，这是传统的电视频道媒体所无法比拟的。它们的出现，提高了用户的体验效果，增加了用户的观影时间，也带动了电视剧播出的市场，播出时间大大增加。目前中国网民规模已经达到6.68亿人，网络视频用户也越来越多，市场空间巨大（如图3-2-6所示）。

国家对于影视行业的调整进一步释放了电视台对优质电视剧的需求，同时视频网站、IPTV、手机电视、移动电视等新媒体播放平台也增加了对电视剧的需求，市场增长潜力大。如广电总局在2015年开始实施的对卫视综合频道黄金时段电视剧播出方式的调整，由原来的"4+X"政策变为"一剧两星"，此次调整优化了频道资源，激发了对电视剧的需求。

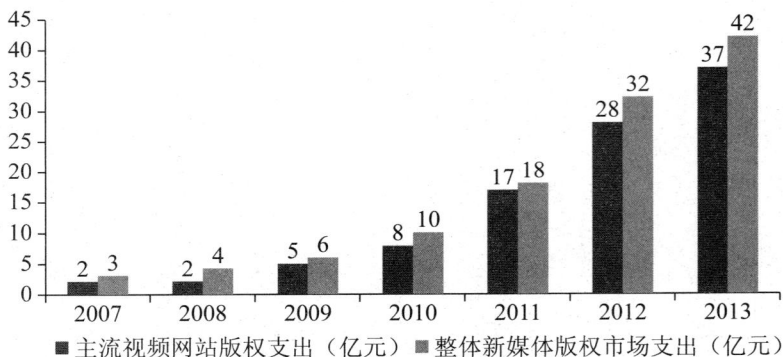

图3-2-6　2007—2013年新媒体版权支出规模

资料来源：全国中小企业股份转让系统

2. 系统运营机制保证利润来源

公司的产品定位为"高性价比"的商业电视剧。为了能够在拍摄成本日趋上升的大背景下争取高性价比，公司采用了剧情紧凑的剧本和市场反响度上升的演员，增加公司的竞争优势。公司从剧本创作、市场需求、后期推广都形成了一套自有的体系，保持了一定的盈利空间。

在剧本开发阶段，不同于其他电视剧制作公司主要依靠外部的编剧进行剧本创作，公司培养了一支自己的策划编剧团队。该团队以收视率为核心，在主流价值观的基础上侧重电视剧的娱乐观赏性，推出符合公司标准的剧本。前期策划阶段，公司进行大量的调研，包括对收视率统计数据、市场需求的分析，确定符合市场和国家政策的剧本题材；在中期创作中，一个剧本由2～3个编剧进行分工协作，保证进度的把控；为保证质量，设立多个内控点，过程控制，结果考核，确保作品的质量。

这种有别于行业内其他公司的剧本创作模式，能够保证电视剧推出的时效性，这样能够及时抢占市场先机，确保剧本这一关键"原材料"的有效到位，单纯依靠外部编剧的话，在时间上难以确保。在该种模式下，公司内部的创作人员有效地为公司提供了诸多优秀的剧本，如《爱就爱了》《重庆谍战》《敌特在行动》《尖刀》《烈火》《尖刀队》《武林猛虎》《铁血尖刀》等。

除了良好的创作团队，公司稳定专业的核心团队也是保证公司良好运作的关键因素。自2003年公司成立以来这个核心团队成员就没有变化过，他们都在这个行业有着丰富的经验，包括张香永、胡伟跃、袁圣新、宋凌云等多名资深人士。他们都有着数十年的影视行业从业经验，积累了丰富的影视运营的经验，有着很多成功的案例。如张香永，曾在八一电影制片厂就职，参与摄制的电影有《敦煌》《巍巍昆仑》《大决战》等，从创作、拍摄到发行，各个流程都参与组织过，涉猎18部520集电视剧，已是行业内著名的制片人，还担任首都广播电视节目制作业协会常务副秘书长。曾担任《幸运52》总导演的胡伟跃先生也是核心团队成员之一，在电视栏目编导、影视剧制作方面是位资深专家，监制的剧本包括《浮华背后》《白银谷》《我的泪珠儿》《爱就爱了》《重庆谍战》《敌特在行动》《尖刀》《烈火》《尖刀队》《武林猛虎》《铁血尖刀》等，都是观众耳熟能详的电视剧。

基于该行业的高风险投资的属性，如何控制影视行业的投资风险？公司的经营策略偏稳健型，从立项、投拍数量等各方面来降低运营风险，从各个环节进行把关。在前期策划方面，进行集体决策。创意形成后，让公司的发行部门、客户等多方参与来进行探讨，通过公司内部立项审核后才进入下一轮创作环节。创作过程中注重与客户的沟通交流，分集大纲完成后随即与客户进行下一步的探讨，确保剧本的质量性。前期充分调研、中期严格把控、及时与客户沟通反馈，严格的质量控制体系使得公司的投资项目均实现了很好的收益。

在最后的发行环节，公司也是运用多年来的渠道建设，建立了良好的发行网络。公司的业务伙伴包括行业内31个省市自治区的省级地面电视台、省级卫星电视台、省会城市电视台，强大的发行销售网络保证了客户的数量和类型，得以有效开展营销活动。在销售形式上，公司采取的预计销售计划取得了良好的成效，如《敌特在行动》《尖刀》《烈火》《尖刀队》的预售比例超过60%，《重庆谍战》《战火四千金》的预售比例超过70%。

3. 市场口碑良好

公司无论拍摄的电视剧还是公司本身，在影视行业都有着不俗的表现，各电视剧获得了行业内的奖项和观众的喜爱（如表3-2-5、表3-2-6所示）。

公司还被任命为中国电视剧制作产业协会常务理事单位，在2014年还被中关村科技园区管理委员会评为中关村高新技术企业。

表3-2-5 公司拍摄电视剧情况

时间	电视剧	获得奖项
2004年	《浮华背后》	2004年观众最喜爱的电视剧奖
2005年	《我的泪珠儿》	2005年度新闻综合频道黄金档第5名
2008年	《重庆谍战》	2008年度新闻综合频道电视剧收视排行第2名、江苏观众最喜爱的十佳电视剧第1名
2009年	《敌特在行动》	东方电视台2008—2009年年度收视优秀奖
2010年	《尖刀》	2010中国电视剧上海排行榜收视榜新闻综合频道第1名
2012年	《烈火》	2011—2012年年度收视第2名

表3-2-6 公司获得荣誉情况

时间	所获荣誉
2009年	2008—2009年年度收视优秀奖
2010年	2010南方盛典影视颁奖礼"年度优秀电视剧出品公司"奖
2011年	2011南方盛典影视颁奖礼"金南方2011优秀电视剧出品公司"奖
2012年	上海仓城影视文化产业园区2012年度标兵企业
2012年	中国电视剧制作产业协会常务理事单位

4. 行业进入有一定的门槛

根据国家的相关规定，要进入电视剧行业需要各种资质，包括电视剧经营许可、电视剧备案公示、摄制行政许可、电视剧内容审查许可和电视剧播出审查等。并非每个企业都可以进入电视剧行业，首先要取得《广播电视节目制作经营许可证》。在运行过程中，也必须接受周期性的检验。电视剧制作许可证分为《电视剧制作许可证（乙种）》和《电视剧制作许可证（甲种）》两种。在每部电视剧的拍摄之前都要取得所拍摄电视剧的"乙证"。电视剧制作机构已经以"乙证"的形式在连续两年内制作完成6部以上单本剧或3部以上连续剧（每部3集以上）的，可向国家广电总局申请"甲证"。"甲证"有效期限为两年，隔年要接受国家广电总局的检验。对于每部电视剧的拍摄都要另外进行备案审核。

拿到了拍摄许可证，并不意味着可以随意开拍，电视剧的内容要经过审查，获得发行许可。电视剧拍摄完成后，在播出前要进行审查。

由于影视行业是个特殊的行业，需要获得一定的资质后才可从事，并非每个企业都可以进入该行业。

第三节
对投资者的价值

做市商制度的核心是做市商，整个制度的有效运转还需要投资者的参
与，市场才能够真正活跃起来。新三板的投资者主要包括机构投资者和个人投
资者，随着新三板做市制度的推出，投资者参与热情也是与日俱增。根据相关
数据统计，在2014年年底时已经有超过3万名个人投资者在新三板开户。在各
做市企业定增中都不难发现有机构投资者的身影，其中不乏知名的专业机构投
资者。总体来看，目前投资者还是以机构投资者为主，尤其是PE/VC此类的专
业机构投资者，它们积极参与企业的挂牌前后的定向增发过程，成为其战略合
作伙伴（如表3-3-1所示）。

表3-3-1 VC/PE投资企业挂牌新三板情况

| VC/PE投资企业挂牌新三板情况（数据截至2014年年底） ||
投资机构	新三板挂牌公司数
九鼎投资	31
启迪创投	25
达景创投	21
中科招商	19
深圳创新投	15
东方富海	13
朗玛峰创投	12
高达资本	10
华睿投资	9
天创资本	9
总计	164

资料来源：投资界

那么机构投资者投资新三板挂牌企业，主要的盈利模式有哪几方面呢？

一是挂牌前的介入。挂牌前购买企业的原始股，越早介入机构拿到的价
格越低，到时退出的回报率也越高。挂牌前企业可能还是处于成长期，甚至
有些是初创期，局面不是特别明朗。但是一旦在新三板历练几年，商业模式成

熟、财务状况得到改善，企业便会爆发出很高的成长性。

二是认购定向增资股份。机构投资者通过认购定向增资，获得新三板公司的股份，到在新三板上退出或者IPO上市退出。据有关数据统计，在2014年上半年的16次定向增发中，有53家机构参与了定向增发，其中PE、VC占到了88.68%以上的权重。

三是在二级市场上购买股票。一般机构投资者在新三板上的二级市场短期持有较少，一般中长线持有，到时再退出。

从以下统计数据可以看出，投资新三板的回报还是可观的，而且不难发现，这些经典案例中绝大多数是做市企业，也就是说，做市企业能够给机构投资者带来的回报更大（如表3-3-2所示）。

表3-3-2 VC/PE机构"Pre-新三板"投资回报

投资机构	企业	当前市值（亿元）	投资金额（百万元）	回报倍数	年化收益（%）
红杉	新产业	74.2	1095	15.5	107
达景创投	凯立德	57.4	11	13.2	71
达景创投	四维传媒	14.1	85.17	3.98	151
中科招商	云南路桥	25	4.5	10.3	61
九鼎投资	威门药业	16.9	47.05	10.9	86
九鼎投资	方林科技	13.4	3.53	21.1	210
深圳创新投	久日化学	12.7	15.01	8.35	66
同创伟业	兰亭科技	9.6	10	4	32

资料来源：投资界

注：按照2015年3月27日截止交易数据计算

从以上机构投资者的盈利模式可以看出，其最终的目的都是以退出为主，而新三板做市的引入就是为机构投资者提供了很好的退出渠道。

做市企业前期已经通过做市商的筛选，做市标的大都是优质企业，随着转板机制、并购重组等市场行为，机构投资者的退出渠道就更为畅通。做市商就像开渠者，有了退出通道，机构投资者获得丰厚利益，就更有动力去参与新三板。下面我们就来看一个机构投资者参与的典型案例。

一、凯立德：车联网第一股，吸引众多重量级战略投资者[22]

深圳市凯立德科技股份有限公司（简称：凯立德）是国内导航软件龙头公司。凯立德由于在电子地图资源、车联网、汽车智能硬件及移动互联网业务等多个新兴领域的广阔发展前景，受到了资本市场的热捧，很多知名投资机构或企业欲与其进行战略合作。

2014年10月9日，凯立德首次公开定增，小米科技旗下的两家投资公司以每股12元的价格认购了此次全部的8400万元股票。这两家公司分别为小米科技的全资子公司天津金星投资有限公司和天津金星全资子公司天津顺米投资有限公司。凯立德和小米未来将在移动互联网领域进行深度的合作。即使是为了今后业务层面的合作，小米该次投资行为也是结合投资回报，选择基本面比较好的标的。

紧接着，同年11月份，企业以11.5元的价格募集资金14850万元。12月份，又开展第4轮定增，以15元的价格募集资金7500万元。通过四轮的定向增资，总共募集资金3.08亿元，引进了小米、华融证券、中国平安、海通开元投资、国科创投5家重量级战略投资者，"凯立德+小米""凯立德+中国平安"的知名企业的联手，使凯立德的品牌影响力和发展前景得到急速扩大和提升。而定增的价格也是节节攀升，最后一次定增达到每股15元（如表3-3-3所示）。

表3-3-3　企业定向增发情况

代码	430618.OC
名称	凯立德
定向增发（一）	
预案公告日	2014-10-10
方案进度	实施
发行价格（元/股）	12.00
增发数量（万股）	700.00
实际募集资金（万元）	8400.00
认购方式	现金
定向发行目的的说明	为公司全面推进车联网业务、以及未来大规模拓展移动互联网业务做好资金方面准备，用于与公司主营业务相关的用途

（续表3-3-3）

名称	凯立德
发行对象	机构投资者
定向增发（二）	
预案公告日	2014-11-11
方案进度	实施
发行价格（元/股）	13.50
增发数量（万股）	400.00
实际募集资金（万元）	5400.00
认购方式	现金
定向发行目的说明	为公司全面推进车联网、汽车智能硬件、移动互联网业务做好资金方面准备，用于与公司主营业务相关的用途
发行对象	机构投资者
定向增发（三）	
预案公告日	2014-11-27
方案进度	实施
发行价格（元/股）	13.50
增发数量（万股）	700.00
实际募集资金（万元）	9450.00
认购方式	现金
定向发行目的说明	为公司全面推进车联网业务、以及未来大规模拓展保险车联网业务做好资金方面准备，用于与公司主营业务相关的用途
发行对象	机构投资者
定向增发（四）	
预案公告日	2014-12-03
方案进度	实施
发行价格（元/股）	15.00
增发数量（万股）	500.00
实际募集资金（万元）	7500.00
认购方式	现金
定向发行目的说明	为公司全面推进车联网、汽车智能硬件、移动互联网业务做好资金方面准备，用于与公司主营业务相关的用途
发行对象	机构投资者

即使定增的价格节节攀升，凯立德做市后的市场表现带给机构投资者的回报也是很丰厚的。若是在二级市场上抛售推出，做市的确是个很好的推出

渠道。

　　凯立德于2014年12月31日变更为做市转让方式，做市商有华融证券、中信证券、海通证券、光大证券、天风证券5家券商，做市首日以30.1元的价格收盘，相较于小米首轮定增入股的12元已溢价154%，即使是15元的定增价格，收益达到了100.6%。自此股价一路上扬，截至2015年4月30日，以每股53.3元收盘，期间最高价达到66.1元，均价为40元（如图3-3-1所示）。

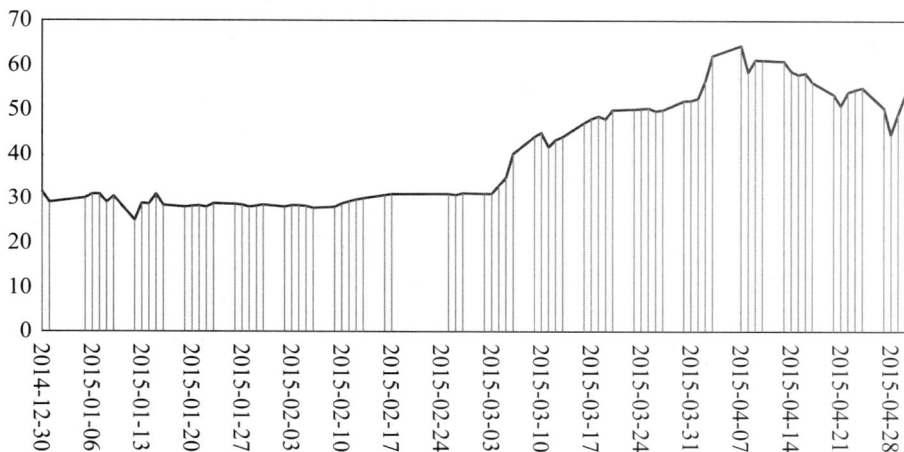

图3-3-1　股价趋势图

资料来源：大智慧，中孚和泰新三板研究院

　　加之交易活跃，做市以来截至2015年4月30日，总成交量为131230万股，总成交额为619622480万元，日均成交量为1640万股，日均成交额为7745281万元，为机构投资者选择在二级市场上退出提供了优质的退出通道（如图3-3-2所示）。

　　介入企业越早拿到的股份价格就越低，获取的利润也更高。可以看到做市前介入的机构投资者能够很好地享受到做市以后带来的财富溢价，而这需要对企业有个良好的判断。那么凯立德是哪些方面吸引了投资者呢？

1.汽车电子消费市场快速发展

　　消费电子行业产品的种类和功能在不断完善丰富，逐渐进入消费者的日常生活中。随着居民生活水平的提高，汽车的普及率上升，相关的汽车消费电子作为消费电子的一个分支，不断壮大。产品的种类实现了量的变化，目前有车载CD机、音箱、车载嵌入式导航设备、便携式导航设备（PND）、行车记录仪、预警仪、汽车雷达、汽车空气净化器、车载移动电视、车载冰箱等。现在的车载相关电子产品已经平台化，是移动互联网的综合信息窗口。近年来年轻车主和女性车主的增加，也促使汽车电子产品朝着个性化、创新化的方向不断发展。

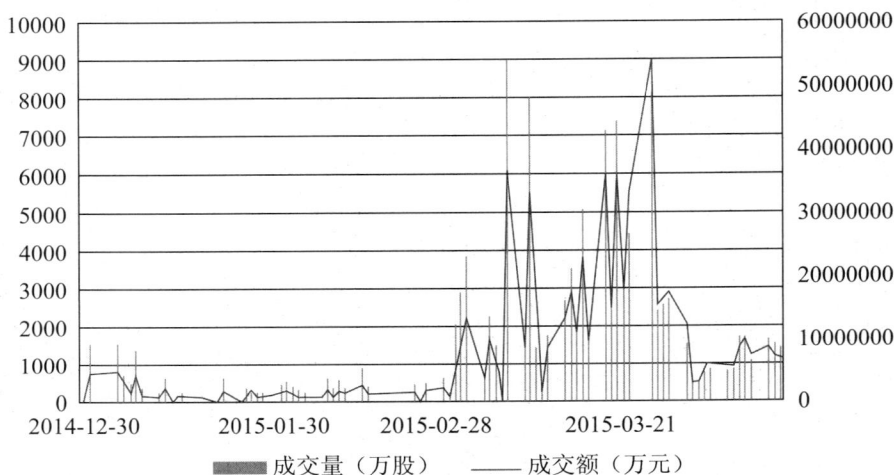

图3-3-2　成交量价图

资料来源：大智慧、中孚和泰新三板研究院

　　汽车电子消费产品依托的是汽车消费市场，汽车行业的规模近几年一直在扩大，为汽车电子消费产品提供了很大的市场空间（如图3-3-3所示）。

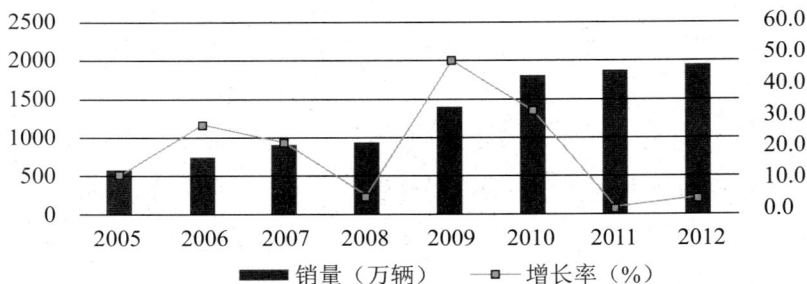

图3-3-3　2005—2012年我国汽车销量及增速

资料来源：全国中小企业股份转让系统

　　汽车消费电子包括驾驶类产品、娱乐产品和其他服务性产品。随着智能手机的普及，GPS在手机中的普及度也是越来越高，PDN产品就是近几年快速发展起来的导航类消费电子产品。

此外，汽车电子消费行业作为我国的一个重要行业，国家从2007年开始就出台各种政策来鼓励和支持其发展（如表3-3-4所示）。

表3-3-4 国家政策情况

时间	政策	内容
2013年10月	《国家卫星导航产业中长期发展规划》	到2020年，我国卫星导航产业创新发展格局基本形成，产业应用规模和国际化水平大幅提升，产业规模超过4000亿元，北斗卫星导航系统及其兼容产品在国民经济重要行业和关键领域得到广泛应用，在大众消费市场逐步推广普及，对国内卫星导航应用市场的贡献率达到60%，重要应用领域达到80%以上，在全球市场具有较强的国际竞争力
2013年8月	《关于促进信息消费扩大内需的若干意见》	加快推动北斗导航核心技术研发和产业化，推动北斗导航与移动通信、地理信息、卫星遥感、移动互联网等融合发展，支持位置信息服务（LBS）市场拓展；鼓励智能终端产品创新发展。面向移动互联网、云计算、大数据等热点，加快实施智能终端产业化工程
2013年2月	《关于推进物联网有序健康发展的指导意见》	加快传感器网络、智能终端、大数据处理、智能分析、服务集成等关键技术研发创新，推进物联网与新一代移动通信、云计算、下一代互联网、卫星通信等技术的融合发展
2012年12月	《加快推进"重点运输过程监控管理服务示范系统工程"实施工作的通知》	自2013年1月1日起，各示范省份在用的"两客一危"车辆需要更新车载终端的，应安装北斗兼容车载终端；所有新进入运输市场的重型载货汽车和半挂牵引车应加装北斗兼容车载终端
2012年9月	《导航与位置服务科技发展"十二五"专项规划》	面向培育导航与位置服务产业和构建国家定位导航授时体系的重大需求，与北斗卫星导航系统建设协同攻关，加强创新能力和技术支撑体系建设；研发自主的核心系统，突破制约产业发展的核心关键技术；加快科技成果转化，拓宽导航与位置服务应用领域；促进北斗导航系统应用与产业化，完善自主的导航与位置服务产业链；形成自主可控的导航与位置服务能力，全面提升我国导航与位置服务产业的核心竞争力

（续表3-3-4）

时间	政策	内容
2012年7月	《关于大力推进信息化发展和切实障信息安全的若干意见》	加强统筹规划，积极有序促进物联网、云计算的研发和应用。实施工业电子产品提升工程，推进信息技术与工业技术融合创新，提高汽车、船舶、机械等产品智能化水平
2012年7月	《"十二五"国家战略性新兴产业发展规划》	发展北斗兼容型导航终端以及数字化综合应用终端等产品；制定鼓励民营资本进入卫星及应用领域的政策
2011年6月	《测绘地理信息发展"十二五"总体规划纲要》	加强北斗导航定位系统测绘应用，完善配套政策，推进应用项目组织实施
2011年6月	《当前优先发展的高技术产业化重点领域指南（2011年度）》	将卫星导航应用服务系统列入当前我国优先发展的高技术产业
2011年4月	《关于加快推进信息化与工业化深度融合的若干意见》	积极推动云计算和物联网应用
2011年4月	《公路水路交通运输信息化"十二五"发展规划》	推进我国第二代卫星导航系统在交通安全、船舶航行、交通基础设施监测监控、公路运输和公众出行等领域的民用化应用建设
2007年1月	《当前优先发展的高技术产业化重点领域指南（2007年度）》	卫星导航应用服务系统列入了当前我国优先发展的高技术产业

资料来源：全国中小企业股份转让系统

2. 完善的研发流程确保产品的完美

公司提供的产品研发主要涉及软件、智能终端、地图制作、互联网运营等，产品系列丰富，严谨、系统的相应流程保证了产品的服务、质量和效率。

在完整的产品开发流程基础上，公司形成了多系列、多种类、跨平台的软件，有着自己一套严谨的软件开发流程。如导航软件的开发，整个流程包括产品设计、软件开发、系统组装、产品测试以及产品发布等步骤，每个步骤又细分为若干环节。

智能终端的软件由公司自主研发，硬件方面则采取代工的形式，但产品测试和销售环节在公司。如PND产品的成型，涵盖了研发和生产流程，包括产品设计、产品开发、生产组装、产品测试、产品销售等环节（如图3-3-4所示）。

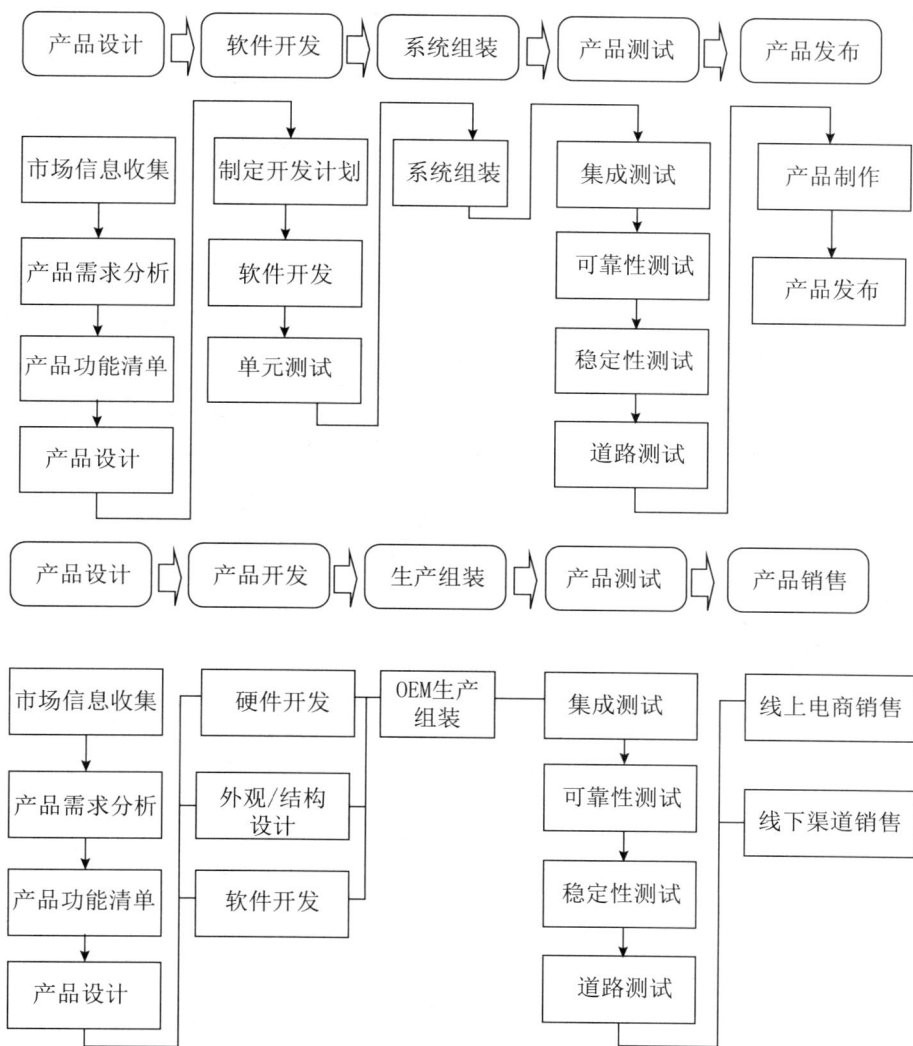

| 产品设计 | → | 软件开发 | → | 系统组装 | → | 产品测试 | → | 产品发布 |

| 市场信息收集 | 制定开发计划 | 系统组装 | 集成测试 | 产品制作 |

| 产品需求分析 | 软件开发 | | 可靠性测试 | 产品发布 |

| 产品功能清单 | 单元测试 | | 稳定性测试 | |

| 产品设计 | | | 道路测试 | |

| 产品设计 | → | 产品开发 | → | 生产组装 | → | 产品测试 | → | 产品销售 |

| 市场信息收集 | 硬件开发 | OEM生产组装 | 集成测试 | 线上电商销售 |

| 产品需求分析 | 外观/结构设计 | | 可靠性测试 | 线下渠道销售 |

| 产品功能清单 | 软件开发 | | 稳定性测试 | |

| 产品设计 | | | 道路测试 | |

图3-3-4 导航软件的开发流程图

导航电子地图是公司软件、智能终端产品的重要组成部分，借助信息收集分析、数据采集等一系列环节，形成了规模专业化的地图制作能力（如图3-3-5所示）。

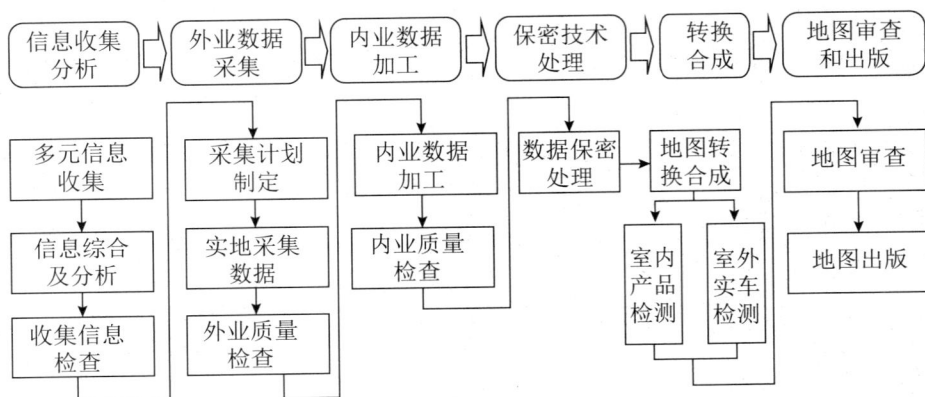

图3-3-5　地图制作环节

互联网服务主要是基于汽车消费电子软硬件，提供与之相关的互联网服务，如车联网、云服务等，覆盖面广。虽然各类产品应用领域不同，但是基本的运营流程类似，如实时交通信息服务（如图3-3-6所示）。

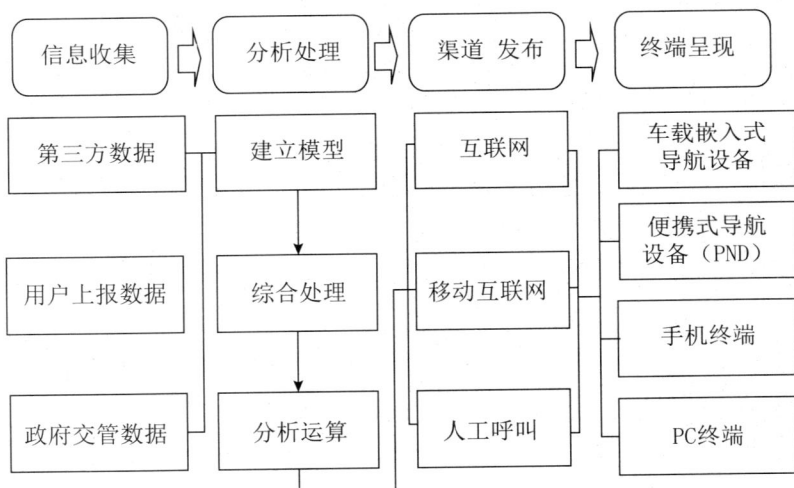

图3-3-6　交通信息服务

3. 具有竞争力的产业链垂直一体化模式

公司从1997年开始成立起，目前已经形成"地图+软件+硬件+服务"的具有竞争力的产业链垂直一体化模式。公司成立之初主要研发地理信息系统应用及软件技术；1999年公司开始涉猎导航软件和电子地图领域；2004年公司的发展重点渐渐向导航业务倾斜，开始进入嵌入式导航、便携式导航及手机导航市场，树立自己公司品牌的行业地位；在有了一定的品牌地位、客户资源和研发实力后，公司从2013年开始进军汽车消费电子硬件终端市场，在自主设计基础上采用代工的模式，完整地实现了"地图+软件+硬件+服务"产业链垂直一体化的商业模式。

在此模式下，公司的收入来源比较丰富：软件部分，通过对外授权的形式收取授权使用费；硬件部分，通过销售PND等硬件设备获得销售收入。

4. 线上线下多种销售模式相结合

随着电子商务的兴起，公司也在各大B2C渠道销售自己的产品，除了借助天猫、京东等外部渠道，还建立了自己的凯立德网上商城。线上渠道销售的产品主要是行车记录仪、软件系统授权等。

除了线上渠道，由于针对的是车联网行业，公司也大力铺设线下实体销售渠道，与汽车4S店、汽车一站式服务店、汽车用品店、汽车影音专业店等合作，设立店中店或者专柜，具有"凯立德"的统一形象标识。通过大力的线下渠道铺设，公司已经建成了三千多个售后服务实体终端店，为用户提供软件授权和升级服务，覆盖全国大部分区域（如图3-3-7所示）。同时借助线下实体店，也进行PND等智能终端硬件产品的销售。

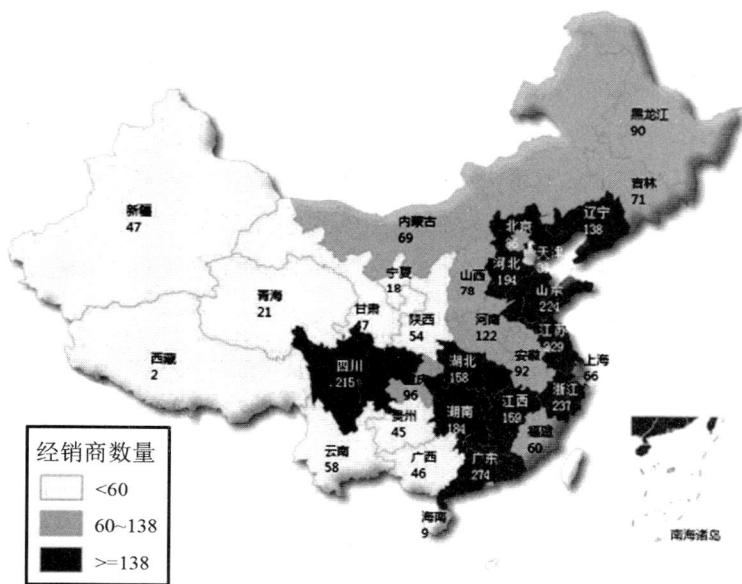

图3-3-7 企业经销商分布

对于互联网运营服务这块，公司主要根据服务内容向终端用户直接收取费用。行业应用开发和服务方面，公司能够为各行业的客户提供定制的产品开发服务，涵盖了政府机关、交通运输、物流、烟草、电力、旅游、零售、分销等多个行业。在定制化的导向下，公司根据客户需求进行相应的系统应用设计和开发整体解决方案，包括后期的安装、调试和售后服务，收费按照项目进度结算。

虽然新三板主要是机构投资者参与，但是企业的高管、自然人股东的投资热情依然不减，同时也对公司更加有信心，增强了企业的凝聚力。那么做市商制度的推出对于他们的意义在哪里呢？个人投资者由于先天条件，专业度和信息获取能力都不是很好，做市商相对专业的机构就给他们提供了一个很好的参考依据。对于机构投资者来说，虽然比较专业，但是在信息获取方面和券商还是有一定差异的，特别是作为做市券商之一的挂牌主办券商，对企业的了解更多，更能制定出合理的估价供市场参考。若是能够根据做市商的步伐，准确定位做市企业，那么投资获得的回报也是不菲的。

二、方林科技：知名创投入驻，投资回报丰厚[23]

苏州方林科技股份有限公司（简称：方林科技）是一家专业从事锂电池组件业务的制造商。早在2014年1月份，九鼎投资就入驻方林科技，共投资3.53万元，截止到2015年3月17日，所持有的股份市值达13.4亿元，投资回报率为21.1倍。这与华林科技做市后股价的持续上涨是密不可分的。如果说机构投资者有着得天独厚的优势可以尽早入驻企业，获得较低的价位，那么对于自然人投资者参与企业的定增，做市企业后期的做市表现仍然可以让投资者获得不错的回报（如表3-3-5所示）。

表3-3-5　企业定向增发情况

代码	430432
名称	方林科技
定向增发（一）	
预案公告日	2015-03-13
方案进度	已完成
发行价格（元/股）	12.00

（续表3-3-5）

名称	方林科技
增发数量（万股）	400.00
预计募集资金（万元）	4800.00
认购方式	现金
定向发行目的说明	公司新厂房的基础设施建设，新设备的购买，补充流动资金及公司董事会批准的其他用途
发行对象	大股东，公司股东，机构投资者，境内自然人

2015年3月13日，公司进行定向增发，发行价格为12元，发行的对象包括公司股东和境内自然人。之后公司的股价一直处于上涨态势，截至2015年4月30日，股价达到19.6元，收益率达63.33%（如图3-3-8和图3-3-9所示）。股票交易活跃，在二级市场上买卖流动性强。

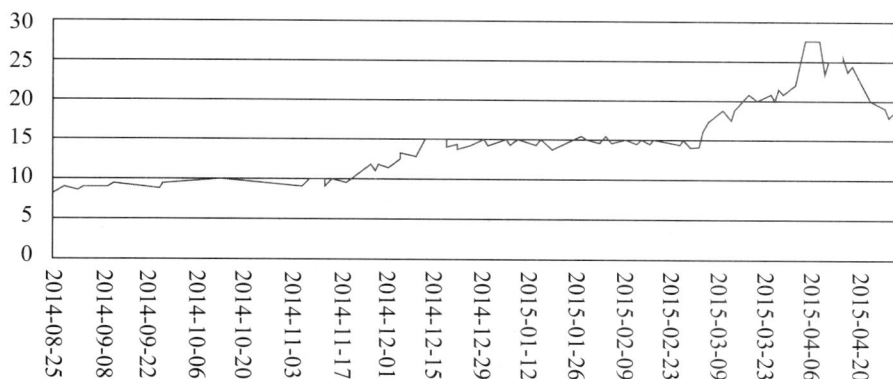

图3-3-8 股价趋势图

资料来源：全国中小企业股份转让系统，WIND

做市让机构投资者或者个人投资者都能获得不同程度的收益，但是前提是这是优质的做市企业。那么方林科技又是怎样的一家优秀做市企业呢？

1. 电子产业发展带来广阔市场空间

公司主要为笔记本电脑、智能手机等电子产品提供相关产品，电子消费产品行业的飞速发展，为公司提供了广阔的发展空间。在整个电子消费产业链中，公司提供的功能性器件和电池组件是设备生产过程中的基础性环节。随着公司从单纯加工向"设计—生产"的模式转变，公司在产业链中的地位更加提高了。

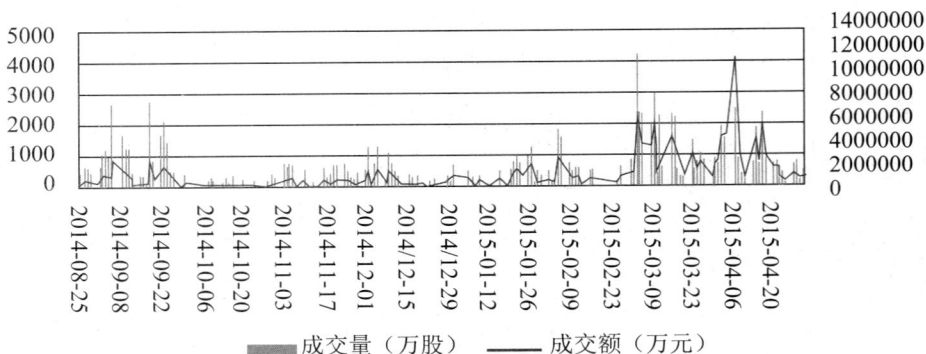

图3-3-9 成交量价图

资料来源：全国中小企业股份转让系统

随着4G网络时代的到来以及国家的引导，相关的技术、产品和软件研发和生产都得到急速扩张，PC和智能手机的普及率急速提升，2008—2012年笔记本电脑的复合增长率超过46%（如表3-3-6所示）。

表3-3-6 电子、微型计算机产量

时间	电子计算机产量		微型计算机产量	
	年度累计（万部）	同比增长率（%）	年度累计（万部）	同比增长率（%）
2012年	3397.80	8.50	35419.00	11.70
2011年	35016.90	40.70	32547.80	35.90
2010年	2480.50	25.60	24585.40	25.60
2009年	19407.39	28.10	18215.07	27.50
2008年	8266.50	35.00	14703.12	14.00

不仅是一二线城市，三四线城市也为电子产品提供了一个潜在的巨大市场。就笔记本电脑来说，2015年成交额超过3500亿元。从全球来看，随着资源的重新配置，电脑的组装越来越向中国迁移，为上游供应商提供了市场机会。

政策方面，国家也出台各种相关政策鼓励和支持电子信息化产业的发展。电子信息化是现今社会发展的大趋势，用信息化带动工业化，实现跨越式发展，这已上升为我国的基本战略。国务院、国家发改委、工信部、国家知识产权局等各个有关层级的部委和部门出台产业政策，推动计算机及通信设备行业的发展。2011年出台的《当前优先发展的高技术产业化重点领域指南》中，把计算机及外部设备、新型元器件、电动电池及储能电池等列入当前优先发展的重点领域。《工业转型升级规划（2011—2015年）》指出："加强轻工业产品品牌建设，引导企业增强研发设计、经营管理和市场开拓能力。重点发展智能节能型家电、节能照明电器、高效节能缝制设备、新型动力电池、绿色日用化学品、高档皮革和陶瓷，加快造纸、塑料、皮革、日化等重点行业关键装备技术产业化，推进重点行业节能减排，健全能效标准及标识管理。

2. 行业进入门槛较高

消费类电子产品功能性器件行业属于技术和资本密集型行业，对于新进入的厂商，在技术人员、资金、行业认证等方面都有着一定难度的障碍，较高的行业门槛能够在一定程度上避免恶性竞争，已在行业内的企业则是有着自己的先入优势。

行业的门槛主要表现在以下方面。

（1）高技术要求带来严格的技术壁垒。公司所在的行业主要为下游客户提供锂电池组件及其他功能性器件的设计、生产、加工服务，所需要的技术跨越机械加工学、材料学、数控技术、信息技术等多个学科，需要复合型的技术人才，而且要在本行业内积累多年的实践经验，才能够为特别是国家知名企业提供高水准的服务。因此，只有在行业中建立动态竞争优势，才能更好地在行业中立足。相对于其他行业而言，本行业拥有相对较高的行业技术壁垒。

（2）优秀的人才储备，阻碍了其他潜在竞争者的进入。一方面，由于本行业的封闭性，先进入的企业相对于其他企业而言具有先行者优势，这种优势还能形成一种良性循环。企业先进入该行业，能够比后进入企业积累更多的经营和管理人才以及大量的熟练工人，而且随着企业自身的发展壮大，对外部人才的吸引力也会进一步增强。另一方面，人才的培养需要一定的周期，从外部引入的难度也不低，刚进入行业的企业要想在短时间内拥有一支高素质的人才是难以达到的。

（3）前期资金需求大，限制了其他小企业的进入。生产设备、检测仪器、高标准车间的建造，都需要大量的资金投入，特别是行业对于产品的合格率高求极高，精尖的匹配设备更是必不可少。随着下游电子消费产品市场容量的扩大，对电子产品产生了巨大的需求，没有一定的规模是难以保证大订单的完成。对于新进入的企业，资金上的要求也是一个较高的门槛。

（4）供应商认证要求，阻碍了小企业进入。本行业面对的客户都是全球知名品牌的电子消费产品终端商。虽然功能性器件在整个产业链中所占的比重不大，但是对于电子产品功能的实现却是举足轻重的。因为终端商对供应商的生产能力和质量控制的要求特别高，需要对方取得相关的资质和认证才能开展合作。除了技术以外，要进入该行业的企业还必须获得管理、质量控制等相关的资质认证。

3. 研发实力强劲

公司自成立以来，一直注重研发团队的建设和完善。目前已经拥有一支由高素质工程师构成的研发团队，覆盖专业广泛，包括材料、机电一体化、模具设计等专业。特别是生产、质量方面的领导团队均具有多年的从业经验，代表了行业内一流的专业水平。研发部门的结构完善，很好地满足了公司的研发需求。

在核心制作和关键生产工艺方面，公司已经完全形成了自己的独有技术，能够为各类高品质笔记本电脑、平板电脑等消费电子产品提供相关的配件，形成研发、工艺、生产、设计一体化的综合技术实力，获得各专利和奖项。截至目前，公司拥有3个发明专利，53个实用新型专利（如表3-3-7所示）。

表3-3-7　公司及其控股子公司拥有的部分重点专利权

序号	主要产品名称	所涉关键技术	专利名称/申请中专利名称	专利号/申请状态
1	FPC	高导电高韧性电池连接FPC贴膜镍片的研究开发	一种清除冲压模具冲孔的废料的装置	ZL201120336742.3
2	模具	厚材料合金冲小孔冲压工艺的研究	一种冲头	ZL201120336725.X
3	模具	高效稳定去毛刺冲压工艺的研究	一种冲压模具	ZL201120336741.9
4	FPC	PI膜包铁镀镍笔记本电脑电池连接片FPCB的研究	电池连接构件	ZL201220161988.6
5	FPC	PI膜包镍平板电脑电池连接片温度感应FPCB的研究开发	一种检测物件电阻的装置	ZL201120222839.1
			电池连接构件	ZL201220161969.3
6	铜镍复合片	新能源客车大功率电池连接铜镍复合片的研究开发	电池连接组件	ZL201220161976.3

（续表3-3-7）

序号	主要产品名称	所涉关键技术	专利名称/申请中专利名称	专利号/申请状态
7	FPC	PI膜包铜电脑电池连接片双层FPCB的研究开发	电池连接器端子及应用该电池连接器端子的电池组件	ZL201220161966.X
			电池连接器端子及应用该电池连接器端子的电池组件	ZL201220161986.7
			电池连接器端子及应用该电池连接器端子的电池组件	ZL201220161980.X
8	设备	智能自动化点焊工艺的研究开发	自动贴胶设备	申请中
			自动贴胶设备	ZL201220488166.9
			自动化点焊设备	申请中
			自动化点焊设备	ZL201220487962.0
			水平旋转装置	ZL201320271318.4
			送料装置	ZL201320271316.5
			供料装置	ZL201320271285.3
			旋转分离装置	ZL201320271317.X
			翻面装置	ZL201320271319.9
			机械手	ZL201320271308.0
			自动上料装置	申请中
9	TCO	笔记本电脑多电芯串并联温控连接片FPCB的研究开发	厚度检测装置	申请中
			冲切破坏装置	ZL201320215655.1
			工件检测设备	ZL201320215634.X
10	TCO&FPCB	高容量电池温控FPCB连接片的研发	治具	ZL201320177171.2
			点焊治具	ZL201320177064.X
			焊接机构	ZL201320177158.7
11	铜片	快速充电电池连接片的研发	电池端子及应用该电池端子的电池组件	ZL201220161968.9
			双层电池端子	ZL201220161970.6
			电池端子	ZL201220161953.2
			散热片及应用该散热片的电源模组	ZL201220161991.8
12	FPC	三层高密度电池连接组件的研发	双层电池端子	ZL201220161970.6

（续表3-3-7）

序号	主要产品名称	所涉关键技术	专利名称/申请中专利名称	专利号/申请状态
13	镍片	高稳定性紧凑型平板电脑电池连接镍片的研究开发	电池连接器端子及应用该电池连接器端子的电池组件	ZL201220161966.X
			电池连接器端子及应用该电池连接器端子的电池组件	ZL201220161986.7
			电池连接器端子及应用该电池连接器端子的电	ZL201220161980.X
14	FPC	高导电高挠性电池连接FPC贴膜铜片的研究开发	电池连接器端子及应用该电池连接器端子的电池组件	ZL201220161966.X
			电池连接器端子及应用该电池连接器端子的电池组件	ZL201220161980.X
15	铜镍复合片	新能源大功率动力电池连接片的研究开发	散热片及应用该散热片的电源模组	ZL201220161991.8

4. 拥有稳定的优质品牌合作企业

随着全球消费类电子生产加工基地从中国台湾向长三角地区的转移，大量品牌终端商入驻，消费电子产业链得到完善，相关的上下游行业也被带动起来，如笔记本电脑相关的内部功能性器件公司就发展起来了。公司位于苏州，借助良好的地理位置，公司在笔记本电脑电池组件以及键盘组件领域进行开拓，与众多全球知名品牌合作，形成长期稳定的合作关系，在这一领域树立了自己的品牌地位（如表3-3-8所示）。

表3-3-8　企业优质客户及产品情况

优质客户	提供产品
松下电器产业株式会社	锂电池组件
索尼株式会社	锂电池组件
三星集团	锂电池组件
LG集团	锂电池组件
顺达科技股份有限公司	锂电池组件
光宇集团	锂电池组件
浙江正裕工业有限公司	锂电池组件
群光科技	笔记本功能性器件

5. 行业内规模领先企业，有规模优势

公司于2002年底成立，主要业务为加工各类电池配件冲压件，基于数十年在机械加工和制作领域的经验，公司已经发展成具有竞争性规模的企业，在行业内树立了自己的品牌地位，收入和资产规模也在日渐扩大。公司2014年的销售收入达到3.98亿元，总资产规模为3.41亿元。随着规模的不断扩大，企业的规模效应将日益凸显。

6. OEM向ODM模式的转变提升竞争力

作为三星、索尼、LG等全球品牌公司的代工商，公司根据终端品牌厂家的订单需求，设计、生产各类相关功能性器件。与传统的OEM（Original Equipment/Entrusted Manufacture，原始设备制造商或原产地委托加工）厂商不同，公司为客户提供定制化的产品解决方案，产品的附加值得到提升，向着ODM（Original Design Manufacture，原始设计商）方向转型，公司的核心竞争力得到加强。

7. 丰富的行业管理经验

2011年，公司通过ISO14001：2004环境管理体系认证。2012年，公司通过ISO9001：2008质量管理体系认证。在管理方面，公司不断引进前沿的管理理念，借助于相应的管理软件来实现管理水平的提高，如引入ERP资源管理系统，提高管理的规模化和精细化，提升管理效率。完善的质量管理体系，能够满足知名客户的需求，提升公司的行业地位。

基于上述章节，可以看到做市给整个资本市场以及参与资本市场的各个角色都带来了好处和价值，那么企业该如何寻找做市商？它们是怎样成为做市企业的呢？

第四章
企业如何寻找做市商

既然做市能够给企业带来各种显性和隐性的福利，那为什么截至2015年6月30日只有510家做市企业呢？企业要做市要满足什么条件呢？让我们来看下股转系统对企业做市的相关规定。

1. 股票采取做市转让方式的企业，应当有两家以上做市商为其提供做市报价服务。申请挂牌公司股票拟采取做市转让方式的，其中一家做市商应为推荐其股票挂牌的主办券商或该主办券商的母（子）公司。

2. 采取做市转让方式的股票，为其做市的做市商不足两家，且未在30个转让日内恢复为两家以上做市商的，如挂牌公司未按规定提出股票转让方式变更申请，其转让方式将强制变更为协议转让方式。

从以上相关规定可以看到，企业要做市的核心条件是有做市商。从一般意义上来说有两种渠道，一种是主动，一种是被动，即主动寻找做市商和被做市商寻找。具体有几个途径，通过券商或者中介机构。我们将分别展开来说。

第一节
券商的寻找

券商的寻找一般分为是企业主动寻找券商或者券商主动与企业联系。具有做市资格的券商也在寻找做市标的，主办券商是否为企业做市也是要经过一番判断的。在前述章节中，我们也了解到做市企业有行业分布特点，那么到底券商是怎么寻找做市企业的呢？可以按照下述思路，将企业"对号入座"。

让我们从中信证券发布的披露新三板做市标准来一探究竟。

中信证券在股转系统发布了2014年度新三板业务工作报告，介绍了公司目前做市项目选择标准。

具体而言，中信证券的做市项目选取包含六个条件：第一，最近两年连续盈利且最近一年净利润不少于500万元；第二，最近一年营业收入不低于5000万元；第三，最近一期净资产不小于2000万元；第四，最近两年净利润增长率不低于30%，且预计未来三年营业收入平均增长率不低于30%；第五，挂牌公司所属行业符合"两高六新"（即"成长性高、科技含量高"和"新经济、新服务、新农业、新材料、新能源和新商业模式"）的可优先考虑；第六，信息科技、生物与新医药行业的拟做市标的，净利润和营业收入指标可适当放宽，但必须具备更加显著的成长性。总的来说，中信证券选择的做市项目标准，看中的是成长性。

好的做市标的都有聚集效应，会使得券商争相为其做市。如可选消费行业的联飞翔，截至2015年6月30日，有国泰君安证券、中山证券、国都证券、上海证券、天风证券、齐鲁证券、安信证券、中原证券、中信证券、海通证券、申万宏源证券、兴业证券12家券商为其做市。这是怎样做到的呢？

一、联飞翔：做市交易第一笔，坐拥12家做市商[24]

北京联飞翔科技股份有限公司（简称：联飞翔）成立于1995年，是一家专注于新材料及其衍生品的研发、生产和销售的企业，也是滤清器行业内唯一挂牌的企业。2014年8月25日，为联飞翔做市的申银万国为其报价，成交价为3.55元，卖出100股，开启了做市交易的篇章。

联飞翔是怎样一步步达到有12家做市商的阶段的呢？公司董事长分析做市的特点决定选择做市，一方面可以为投资者提供更好的推出渠道，另外一方面也可以为企业的估值有个公允报价。通过主办券商，企业也跟做市的券商约谈做市事宜。首次做市，联飞翔的做市商为申银万国证券、海通证券、中原证券3家券商。2015年1月，国都证券、齐鲁证券加入做市商行列。2015年3月，国泰君安证券成为其做市商。2015年6月，兴业证券加入也成为其做市商。

联飞翔是新三板43家首批做市企业之一，从2014年8月25日起实施做市转让。公司做市交易首日以每股3.55元为开盘价，自此股价一路上扬，截止到2015年4月30日，以每股12.33元收盘，期间最高价达到16.12元，均价为5.6元（如图4-1-1所示）。

一开始企业的标的与首批做市商达成一致，后续做市的良好表现引起了更多券商的关注，主动要求为其做市，如此形成良性循环。那么企业的优质表现在哪些方面呢？做市表现又是怎样引起良性循环的？

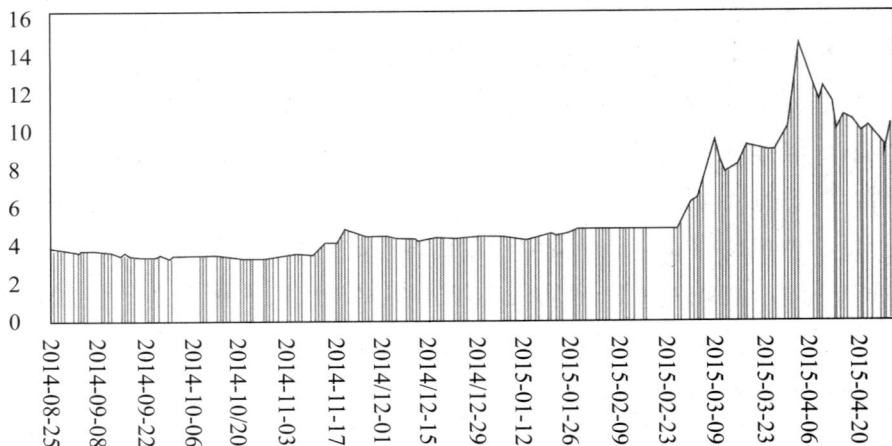

图4-1-1　股价趋势图

资料来源：大智慧、中孚和泰新三板研究院

2014年公司经营业绩稳步增长，公司实现营业收入16771.16万元，同比增长31.23%；利润总额为3319.95万元，同比增长12.99%；实现净利润3031.15万元，同比增长16.79%。截至2014年12月31日，公司总资产为33855.31万元，同比增长12.45%；净资产为23955.42万元，同比增长8.32%。

1. 经营模式

公司自2004年起始终致力于新材料技术及车用节能环保衍生产品的研发、生产和销售。公司拥有自主研发的无机非金属陶瓷功能材料技术，并将其与传统的机动车滤清器和润滑油相结合，成功开发并转化了环保节能滤清器和长效低碳润滑油产品，此两项产品作为车用和机械用的快速消费品，具有广阔的市场空间和刚性需求。同时，公司产品的节能环保的功效，为行业的节能减排提供了有效保障。

公司主要通过行业大客户、生产配套的主机厂和经销商等渠道进行市场开拓，环保节能滤清器和长效低碳润滑油产品等销售收入为公司的主要收入来源。

2. 竞争优势

（1）渠道广泛。技术支撑环保理念，市场潜力巨大。近年来，节能减排受到国家政策的大力支持，产业前景广阔。公司研究的陶瓷功能材料可广泛应用于环保节能、环境健康、抗腐杀菌、耐高温抗氧化等领域，可附着在多种载体上，迅速转化为产品。该材料科技含量和技术壁垒较高，在滤清器行业里独树一帜，市场潜力巨大。多产品同时供应、营销模式升级，公司具备同时生产供应滤清器和润滑油产品两种车用快速消费品的能力，比单一供应具备更强的市场竞争力。未来，公司计划尝试O2O的营销模式，在汽车售后市场建立养护、维修、配件超市连锁服务平台，实现售后市场营销模式的转型升级，制胜汽车售后市场。

公司主要通过行业大客户、主机厂生产配套和经销商等渠道进行市场开拓，现已形成了东北、华北、中原、长江以南等地的全国战略布局，产品广泛应用于交通、运输、汽配、工矿、冶炼、发电等行业，终端大客户、代理商遍布全国24个省市，合作汽车主机厂商包括北汽福田等企业。公司在北京出租行业大客户渠道市场的占有率连续6年保持第一。

（2）产业政策优势。公司技术产品高度符合国家及地方最新颁布施行的《关于支持节能减排项目建设用地的意见》《"节能产品惠民工程"节能汽车（1.6升及以下乘用车）推广实施细则》《2014—2015年节能减排低碳发展行动方案》《北京市"十二五"时期科技北京发展建设规划》《关于培育低碳产业鼓励措施的通知》《在用机动车的三项排放标准》等多项产业化扶植政策，属于"十二五"重点发展的支柱型产业，享受国家多项政策优惠，如贷款贴息、政策拨款、减免税收等，大大降低产品成本。

（3）规模资金优势。在滤清器这个细分行业内，目前公司是唯一一家在新三板正式挂牌上市的企业。公司的业务已遍布东北、华北、中原、长江以南等地，形成了全国范围的业务格局。公司凭借较为先进的设备，不仅在一定范围内降低了生产成本，还有效降低了运输成本以及管理费用，规模优势较为明显。除此之外，在资本平台方面，公司资金来源广泛，可以随时根据业务发展满足资金需求，这也主要得益于公司良好的信誉。

（4）产品供应优势。滤清器和润滑油产品作为车用快速消费品的最主要产品，公司同时具备生产供应能力。公司在原滤清器经销商渠道同时推介销售润滑油产品，在原润滑油经销渠道同时推介滤清器产品，比单纯经营滤清器或润滑油的企业具有更强的市场竞争力，不仅可降低营销广告费用，还能使两种产品互相呼应，提高客户的黏度和自身品牌的知名度。

3. 未来展望

（1）发展背景。

2014年的汽车及其相关行业的各种政策频频出台，促使市场热度持续升温。同年4月份，工信部2014年第27号公告终于将柴油车国四排放标准实施时间敲定。自2014年12月31日起，废止适用于国家第三阶段汽车排放标准柴油车产品，2015年1月1日起国三柴油车产品将不得销售。也就是说，2014年1月1日起全国范围内销售的柴油车都必须实施国四排放标准。目前，地方政府更为严格的排放标准也正在酝酿。5月份，国务院发布了《2014—2015年节能减排低碳发展行动方案》（以下简称《行动方案》），督促完成"十二五"节能减排降碳目标。《行动方案》从大力推进产业结构调整、加快建设节能减排降碳工程、狠抓重点领域节能降碳、强化技术支撑、进一步加强政策扶持、积极推行市场化节能减排机制、加强监测预警和监督检查、落实目标责任8个方面提出了30项措施要求。近年来，国务院以及地方政府相继发布关于大气污染防治、燃油消耗限值、内燃机节能减排、机动车排放升级等内容的10余项政策，无疑给在节能减排过程中备受关注的汽车行业带来了巨大的压力，但同时也给汽车零部件企业带来了发展机遇。同年9月份，交通运输部官网宣布了由交通运输部、国家发展改革委、教育部、公安部、环境保护部、住房城乡建设部、商务部、国家工商总局、国家质检总局、中国保监会十部委联合发布《关于促进汽车维修业转型升级提升服务质量的指导意见》（以下简称《指导意见》）。一是提出了打破汽车生产企业对于汽车维修技术和配件渠道的垄断措施；二是从一定程度上打破了汽车生产企业授权4S店在新车保修期间滥用汽车保修条款、侵害消费者权益的惯用做法；三是首次提出汽车维修"同质配件"概念，消除了对非原厂配件的歧视性认识。与此同时，鼓励维修行业向连锁化、规模化、专业化、品牌化方向发展，也是《指导意见》的初衷之一，在一定程度上反映出售后市场未来的走向。《指导意见》的颁布意味着政府在汽车反垄断方面的进一步深化，为汽车售后市场的规范和有序发展奠定良好基础，汽车经销和售后领域都将迎来深刻变革，汽车零部件生产和流通企业将会明显受益。

公司自2004年起始终致力于将新材料技术应用于车用节能环保领域，公司的核心技术领域为新材料行业、主营产品涉及车用滤清器行业和润滑油行业。核心技术方面，材料是发展现代工业的基石，是现代高新技术发展的基础和先导，推动着人类文明的进步。"一代材料，一代技术，一代装备"正在成为人们的共识，"材料先行"成为这一时期的重要特征。新材料指通过新思想、新技术、新工艺、新装备等的应用，使传统材料的性能有明显提升或产生新功能，或是设计开发出传统材料所不具备的优异性能和特殊功能的材料。无机非金属功能陶瓷材料本身属于无机非金属新材料行业。无机非金属新材料具有轻质、高强、耐磨、抗腐、耐高温、抗氧化以及特殊的电、光、声、磁等一系列优异综合性能，是发展现代工业、农业、国防和科学技术不可缺少的基础材料。

公司研究的陶瓷功能材料可广泛应用于环保节能、环境健康、抗腐杀菌、耐高温抗氧化等领域，可附着在多种载体上，迅速转化为产品，所以市场发展空间很大。而且，新材料技术的门槛较高，专业划分较细，竞争者较少，公司的技术经过国内外查新，尚处于领先地位，现可获得技术垄断利润。"十二五"期间，公司根据《国家中长期科学和技术发展规划纲要（2006—2020年）》和国家战略性新兴产业重大需求，重点开发新型无机非金属功能材料技术，建成用新材料技术改造传统产业的示范基地和研发基地。

① 主营产品方面，2014年度我国汽车市场延续了2013年的发展态势，保持平稳增长，据中国汽车工业协会统计，我国全年累计生产汽车2372.29万辆，同比增长7.3%；销售汽车2349.19万辆，同比增长6.9%。近年来，中国汽车产业快速发展，拉动了汽车零部件的市场需求。未来，我国国民经济仍将保持健康发展，汽车需求稳定增长。同时，我国汽车产业竞争力将不断增强，逐步向高端化发展，不断在海外设厂，全球出口量将稳定提升。根据每辆汽车平均配3只滤清器测算，2016年汽车配套滤清器需求量预计为7860万只。我国车用滤清器的售后市场需求巨大。根据公安部交通管理局公布的消息，截至2014年底，全国机动车保有量达2.64亿辆，其中汽车保有量达1.54亿辆。预计到2016年将达到1.7亿辆左右。随着我国社会经济持续快速发展，群众购车刚性需求旺盛，汽车保有量继续呈快速增长趋势。预计到2020年，我国车用滤清器

售后市场需求将达到11.6亿套左右。按每只30元计算，这个市场将达到348亿套。

汽车数量的增加也就意味着车用润滑油的用量也跟随增加，近5年润滑油市场的需求量有很大的提高，尤其车用润滑油用量呈现快速增长的趋势。不过，随着我国汽车工业的增长速度的放缓，润滑油市场需求量增速相应出现一定程度的趋缓。到2015年年底，我国润滑油表观消费量为842.8吨，产量为570万吨。按照每吨平均1.4万元计算，2015年市场规模已是一个1180亿元的市场。2016年我国润滑油市场或将继续延续其迅猛发展的势头。并且随着国民消费水平的提高，中高端车逐步在国内普及，车主目前都采取以养代修，对车的保养和对高端润滑油的选择及投入加大，导致中高档市场成为国内外润滑油厂商的战略重心和竞争的焦点，为车用润滑油的发展带来了巨大的前景。润滑油厂商纷纷进行战略的调整与升级，并在此基础之上进行产品升级。发展迅猛的中国润滑油市场，已成为国外润滑油企业群雄逐鹿的竞技场，并在加速进入中国市场。面对激烈的市场竞争，国内外纷纷开始研究润滑油的产品升级技术，希望通过各种方式来开发耐磨、节能、长效等特性的润滑油。近年来纳米材料得到飞速发展，纳米材料与技术在润滑领域的应用得到了摩擦学科技工作者的高度重视。

总之，未来的润滑油行业，将面临多方面的严峻挑战。顺应世界潮流，节能、抗氧化、无污染、长效将成为中国润滑油发展的主要方向。而以上技术要求也是未来润滑油发展的必然趋势，同时也为公司的新型长效低碳润滑油项目提供了市场机会。

② 市场方面，《2014年中国汽车售后市场连锁经营研究报告》认为，中国汽车售后市场规模已达6000亿元，同比去年增长30%。但售后市场企业依旧"小而散"，在连锁、资本、电商和保险四股势力的影响下，售后市场呈现出"群雄逐鹿"的格局，进入野蛮成长阶段，市场发展前景广阔。报告显示，85%的车主至少半年对汽车进行一次常规保养，常规维保年平均消费达到5279元，同比去年增长50%；随着平均车龄的增长，预计未来中国汽车售后市场年均增速将超过30%，2018年售后市场规模有望破万亿元。最近几年电商崛起，传统销售渠道面临被代替的命运，无论是互联网还是"物联网"，已经成为汽车售后市场企业不能忽视的领域。公司拥有三大研发生产基地，具有产品技术优势和渠道优势，未来将紧跟行业发展趋势，利用互联网与汽车售后市场结合带来的全新机遇，整合汽车售后保养维修市场资源，在细分市场建立自己的品

牌，进行战略转型升级。

（2）发展展望。

未来，公司将一如既往地致力于新材料技术应用于车用节能环保领域技术产品的研发、生产、销售和服务。公司将充分利用技术优势，大力研发车用环保节能产品，以节约能源、降低污染、保护生态环境、服务于汽车用户为企业战略发展方向。在继续保持和拓展公司现有客户和渠道的基础上，利用产品差异化功能优势、两种汽车快速消费品并举的产品优势、全国研发生产基地布局的优势，以及新三板资本平台的优势，积极探索售后汽车市场营销模式创新，促进传统销售方式的转型升级。通过并购重组整合资源，利用互联网、大数据等新的营销手段，开创集汽车配件销售、汽车养护、客户服务为一体的综合服务模式，抓住汽车售后市场格局变化的新机遇。在实现企业经济效益的同时，为社会提供更多更好的产品和优质的服务。

联飞翔致力于新材料技术应用于车用节能环保领域的技术产品研发、生产、销售和服务，具有巨大的产业政策红利。公司保证同时生产供应滤清器和润滑油产品两种车用快速消费品，比单一供应具备更强的市场竞争力。未来，公司将尝试O2O的营销模式，制胜汽车的售后市场。公司拥有广泛的渠道，行业大客户战略表现尤为亮眼，现已形成了东北、华北、中原、长江以南等地的全国战略布局。

作为滤清器行业内唯一挂牌的企业，加上业绩表现不俗，能够得到多家做市商的青睐也是在情理之中。

如果说联飞翔还是用与做市商协商做市的方式，那么联讯证券被称为做市商之间的"新三板标的争夺战"也不足为过。

二、联讯证券：做市商高达15家，刷新历史纪录[25]

2015年2月2日，证券时报用这么一则标题来形容联讯证券股份有限公司（简称：联讯证券）的做市："新三板标的争夺战打响，联讯证券做市商达15家"。

2014年8月，联讯证券在新三板挂牌。根据股转系统对做市商的要求规定，做市企业至少要有两家以上做市商，每家做市商至少要有10万以上的企业库存股，通过企业的定向增发来获得企业股票。2014年12月24日，联讯证券披露定增方案，拟发行股份不超过20.55亿股，发行价格为1.46元。此次定增先要满足老股东的申购，一方面老股东认购的热情比较高，另一方面要为企业做市的券商很多。所以开始做市的做市商的配售基本按照20%的比例，其他券商因为申请时间滞后、申请额度小等原因都错过了此次成为做市商的机会。最终财达证券、齐鲁证券、中投证券、安信证券、恒泰证券、广州证券、东方证券、华安证券、国都证券、华鑫证券、江海证券、东莞证券、国信证券、兴业证券共14家券商和华夏资本成为联讯证券的做市商。

如果说其他企业对做市商是个寻找的过程，那么联讯证券就是个"被争夺"的过程。为何联讯证券做市如此受追捧？让我们来看一个数据，公司股票的定增价格为1.46元，而在二级市场上的价格在3元左右，一转手盈利就是翻倍。此外，联讯证券的迅猛发展也给后期股价的上涨有很多的想象空间。2014年联讯证券的营业收入5.6亿元，净利润8100万元，增长了将近9倍。同时，联讯证券在新三板的舞台上也不断地推陈出新，成为新三板的明星企业，创造了很多个第一：第一家通过新三板融资的证券公司，第一家采取做市转让方式的证券公司，第一家开展全员持股计划的证券公司，新三板做市商数量最多的公司等。

截至2015年6月30日，共有广州证券、国都证券、华安证券、东方证券、齐鲁证券、财达证券、兴业证券、国盛证券、江海证券、世纪证券、国信证券、上海证券、华鑫证券、中国中投证券、恒泰证券、东莞证券、南京证券、安信证券、金元证券19家券商为其做市。到底是怎样的一家明星企业、优质做市标的，使得券商争相为其做市呢？

1. 证券行业监管体系不断完善，为企业发展提供保障

近年来，随着证券行业的不断发展，监管体系也结合实际情况在不断发展。我国的监管体系大致经历了三个阶段，分别是分散多头监管、分级监管和集中统一监管。1997年，《中国证券法》的颁布，从法律上确定了证券市场的监管机构，标志着我国初步建立了全国集中统一的证券监管体系。

此后，随着证券业务的多元化，我国于2006年开始施行修订后的《证券法》确立了分层监管体制，即行业监管部门与行业自律协会互为补充，分别从内部和外部两个方面来加强对行业的监管，保障行业的健康可持续发展。中

国证监会，作为国务院证券监督管理机构，在全国各省及直辖市共设立36个证券监管局，从而实现对证券市场集中统一的监督管理；证券行业协会，作为非营利组织，主要是通过会员大会对证券行业实施自律管理，而联讯证券作为会员单位之一，也积极参与行业协会的事务，完善自身的管理机制，同时也享受到了会员单位的合法权益；证券交易所，不仅为证券交易提供场所和设施，还组织和监督证券交易。目前国内已经形成了3个全国性的证券交易场所，而联讯证券也成功在全国中小企业股转系统挂牌。通过挂牌，联讯证券的知名度上升，市场交易也愈加活跃。而随着股转系统后续竞价交易制度的逐步实行，联讯证券也将受到投资人的持续关注，由此促进企业业务的进一步发展。

2. 证券行业市场规模庞大，为企业后续发展提供巨大空间

随着证券行业的不断发展，证券市场的容量也在不断扩大。特别是2014年以来，国家对新三板市场的优惠政策比较多，极大地调动了市场活力，新三板市场不断发展，证券公司也愈加重视新三板业务。截至目前，新三板市场挂牌企业总数已经超过A股挂牌企业的总和。而从整个证券市场来看，根据证券行业协会的数据，2013年115家证券公司的营业收入为1592.41亿元；2014年120家证券公司全年营业收入为2602.84亿元，明显高于2013年度；2015年上半年，125家证券公司就实现了3305.08亿元的营业收入，超过了2014年全年总和（如图4-1-2所示）。

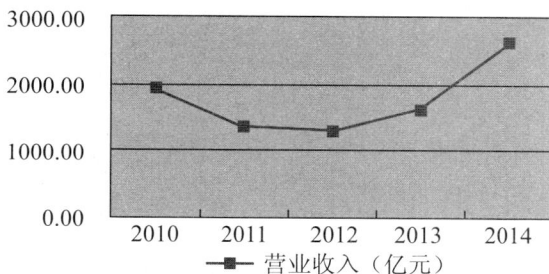

图4-1-2 证券公司年度营业收入

资料来源：全国中小企业股份转让系统

除此之外，从证券公司的营业收入增长率来看，整个市场也在不断发展。证券行业协会统计的数据显示，2014年度，114家会员单位中有110家实现了业务的营业收入增长，其中营业收入增长率在100%以上的有20家证券公

司，涨幅超过50%的企业有78家，其数量占比超过50%。由此可以看出，证券行业市场潜力巨大，证券公司在未来将有着巨大的发展空间。就联讯证券而言，去年营业收入增长率为72.9%，业务发展速度较快。随着公司在2014年在新三板挂牌，企业愈加受到资本市场的青睐，成交额及日涨幅多次位于日成交榜首。除此之外，公司还积极拓展自己的新三板业务，包括帮助中小企业挂牌定向增发股票及充当企业的做市商等业务。因此，随着证券市场的不断发展，公司业务也将不断拓展，从而实现自身业绩的可持续增长。

3. 商业模式"因地制宜"，增强了公司的竞争力

不同类型的业务，其业务特征不一样，经营方式也会有所区别。公司根据不同类型的业务，采用不同的商业模式。就现阶段而言，公司大体形成了4种商业模式。

（1）证券经纪业务商业模式。

多年来，公司一直遵循规范经营的原则，通过全体员工的积极进取，逐渐形成了"营销、咨询、客服、IT"四位一体的经营模式，使得客户经理队伍、研发团队、客服团队、技术开发团队能够互为补充、相互促进，极大提高了客户服务质量。公司可以根据客户个性化的需求，提供一对一的整套服务。除此之外，公司针对不同类型的客户进行分级分类管理，以客户需求为中心，为客户提供有针对性的服务。"营销、咨询、客服、IT"四位一体，使得客户获得了更加良好的服务体验，也为公司的可持续发展提供了保障。

在公司治理方面，公司根据自身实际情况，建立了一套较为完善的经纪业务管理制度。如针对经纪业务操作流程的规范性，公司制定了《联讯证券经纪业务操作规程》；针对营业部的具体特征，公司制定了《联讯证券营业部岗位责任制度》。除此之外，公司还制定公司副总裁分管经纪业务的规定，实现对营业部经纪业务的有效监督。

（2）财务顾问业务商业模式。

公司针对财务顾问业务，从两大方面展开有效管理。第一，制度方面。建立了一整套规章制度，加强内部控制，从而更好地把控财务顾问业务的关键环节。第二，专业化的服务。公司目前已经形成了专业化的财务顾问模式，从而更好地为客户提供财务顾问服务。

（3）固定收益、自营业务商业模式。

公司目前主要是利用合法募集的资金或者自有资金来投资债券等产品，从而开展自营业务。而在证券产品收益的控制方面，大体分为两种情况。第一，在持有产品期间，如果市值变动，公司能够获得公允价值变动收益；第二，在处置证券产品时，公司可以获得产品溢价收入，获取投资收益。

（4）资产管理业务商业模式。

对于资产管理产品，公司从两个渠道开展销售工作，分别是公司自身的营业网点和合作的商业银行。针对产品的风险控制，公司实行分级管理，不同级别网点或合作单位授权程度不同，资管交易系统对其设置的阀值也不同。

（5）公司显著的竞争优势，为公司的发展提供动力。

相比于同类企业，公司在行业内具有明显的竞争优势，进一步促进公司业务的发展，形成良性循环。

① 公司最早推行经纪人管理模式，具有先行者优势。

经纪业务是一项传统业务，公司在开展业务的过程中，根据实际情形不断创新。2003年，公司正式推出经纪人制度，并受到监管层的重视和肯定。由于公司最早开展经纪人制度，经过多年的发展，积累了丰富的经验，逐渐发展成为行业内的表率。2009年证监会副主席庄一心亲临公司调研时，充分肯定了公司在风险控制和业务模式方面所做出的工作，并鼓励公司继续完善经纪制度。

② 公司对风险进行有效把控，增强风险抵抗能力。

公司根据合规管理的监管要求，建立了自己的营业部合规管理岗的风险管理体系，从而有效延伸了总部的风险管理职能。经过多年的发展，公司积累了丰富经验，在2009年全国券商合规管理大会上，作为代表分享了自己的管理经验。除此之外，公司在券商分类监管评级中排名一直靠前，如在2012年获得B类BBB级。公司的风险控制得到了监管部门的充分肯定，监管层支持公司通过增资扩股等形式做大做强。2014年，新三板市场的火热，为公司提供了一个契机，公司成功登陆新三板市场。可以预见，公司通过良好的风险控制，将进一步促进自身业务的发展，不断开拓创新，提高业绩。

③ 公司加大基础投入，实施逆势扩张。

营业网点的多少是判断公司发展规模的一个标准，因为其能为公司业务发展提供支撑。2010年以来，公司不断扩张，增加自身的营业网点。仅一年多时间，公司在广东新设了14家营业网点。除此之外，公司还增加了自身信息系统的基础建设。在服务平台建设方面，建立了集服务、销售功能于一体的95564服务平台；在优化服务方面，开发证券移动终端应用，不断优化网络功能。证券公司之间竞争的一个重要方面就是人才竞争，因此公司也在积极开展投资顾问业务的试点。

④ 公司成功实现战略转型，优化了收入结构。

过去，公司的收入来源比较单一，主要是来自经纪业务，因此业务机构很不合理，特别是抵抗风险的能力会受到很大制约。为改善这一境况，近几年，公司引进外部人员、开辟新的收入来源、建立固定收益部，从而达到优化收入结构的目的。经过几年的发展，公司已经在债券业务、基金业务等方面取得了良好的业绩。如在2012年5月，公司掌握了战略先机，提前布局，销售某基金取得了销售过亿的业绩，排名第一。除此之外，公司在2012年5月也成功获得了资产管理业务的经营牌照，并在半年内就实现了业绩盈利的骄人成绩。公司在其他业务方面的良好表现充分表明公司逐渐实现了业务结构的多元化，收入结构不再单一，公司业绩也将迎来新的增长。

至此，联讯证券可谓是证券业的一匹黑马，今后利用资本市场的运作不断进行创新、扩大规模、提高效益。好的企业，做市商自然会蜂拥而至。

第二节
通过股转系统等官方渠道找寻做市商

股转系统对于做市的要求是至少有一家做市商是主办券商，企业想转成做市转让可以借助主办券商的力量，毕竟主办券商对企业最了解，也是专业机构，懂得资本运作。此外，企业也可通过股转系统等官方渠道进行运作。作为监管层，它们的权威性和公信力都会为企业寻找潜在做市商提供有力的协助。

2014年7月3日，在成都高新区举行了全国股转系统做市商业务规则解读暨全国首例企业路演，四川省证监局、成都高新区经贸发展局等相关负责人在会上对《全国中小型企业股份转让系统做市商做市业务管理规定（试行）》进

行了详细解读。同时成都国科海博信息技术股份有限公司也通过这次会议进行
了做市库存股票的定向发行路演，有十余家券商和投资机构参与了这次大会。
这也是全国第一家新三板企业通过路演来进行做市库存股票的定向发行。借助
这么一个官方举办的舞台来展示自己，一方面企业公信力得了提升，另一方面
也让更多的专业机构认识了企业，不失为一个很好的寻找潜在做市商的方式。
那么这家企业有着怎样的做市潜力的呢？

国科海博：借助官方平台，找寻做市商[26]

　　成都国科海博信息技术股份有限公司（简称：国科海博）是由成都鼎鑫
浩润投资有限公司和国科海博资产管理有限公司共同出资设立的高新技术企
业，成立于2002年8月。国科海博主要提供软件专业规模化研发和系统集成标
准化专业服务。

　　公司于2014年在新三板挂牌，同年11月12日转为做市企业，也是新三板
第一家通过路演的形式进行做市库存股票定向增发的企业。截至2015年6月30
日，共有中国国际金融、广州证券、东吴证券、上海证券4家做市商。自做市
后，股价一路上涨，截至2015年4月30日，股价达到了12.88元（如图4-2-1所
示）。国科海博采取了主动出击的方式，进行做市前的路演，找寻合适的做市
商。那么这是一家怎样的企业呢？

1. 信息产业受到国家政策扶持

　　公司所处的是信息产业，而信息产业被国家列为战略性产业，其发展受
到国家的大力支持。近些年，国家出台了一系列的相关政策，在产业化、税收
优惠、促进产业创新和资金引导等各个层面为信息软件行业提供支持，为产业
发展提供了良好的政策环境（如表4-2-1所示）。

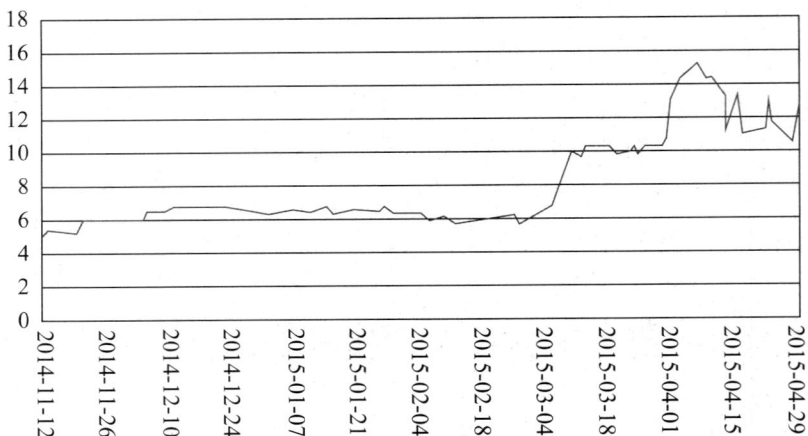

图4-2-1　公司股价趋势图

资料来源：全国中小企业股份转让系统，WIND

表4-2-1　国家政策支持情况

时间	政策	内容
2000年6月	《鼓励软件行业和集成电路产业发展若干政策》	在投融资政策、税收政策、产业技术政策、软件出口政策、收入分配政策、人才建设、知识产权保护等方面对软件产业进行了大力扶持
2000年9月	《关于鼓励软件产业和集成电路产业发展有关税收政策问题的通知》	鼓励软件产业发展的若干税收政策
2000年10月	《软件企业认定标准及管理办法》	确定了软件企业的认定办法
2000年10月	《软件产品管理办法》	确定了软件产品的登记和认证办法
2002年7月	《振兴软件产业行动纲要（2002至2005年）》	将软件产业的定位提高了国民经济和社会发展的基础性、战略性产业的高度，明确指出要以信息化带动工业化，加大对软件产业的发展力度
2004年	《关于加强信息技术推广应用，为传统企业改造服务的指导意见》《关于鼓励相关行业软件开发部门转向产业化发展试点的通知》《关于开展行业信息技术应用推广服务机构示范工作的通知》	对信息产业的发展提供了进一步的指导

（续表4-2-1）

时间	政策	内容
2006年2月	《国家中长期科学与技术发展规划纲要（2006—2020年）》	提出了我国科学技术发展的总体目标，并将大型应用软件的发展列入了优先发展主题
2007年1月	《当前优先发展的高技术产业化重点领域指南》	"面向应用的中间件平台、重要行业的管理和应用软件"列为重点领域指南内容之一
2009年4月	《电子信息产业调整与振兴规划》	要求加速信息基础设施建设，大力推动业务创新和服务模式创新，强化信息技术在经济社会领域的应用，积极应用信息技术改造传统产业，以新应用带动新增长

资料来源：全国中小企业股份转让系统

2. 信息行业发展空间广阔

信息产业是国民经济的支柱产业，软件行业作为其产业核心更是对社会经济发展有着举足轻重的作用。随着各行业信息化建设步伐的加快、软件技术水平的提高，我国软件行业的收入在近几年增长迅速，经济效益不断提高。相关数据显示，我国的软件行业自2005年以来一直保持高速的增长，2008年软件市场规模达到了2000亿元以上，2009年市场规模超过了2500亿元，同比增长率均超过了25%。

软件行业依附于其他行业，能够为其他行业实现快速发展提供很好的信息化工具。随着我国整体经济的发展，各行各业保持稳步增长趋势，为了抢占市场份额、跟上业务发展速度，企业纷纷加大对信息化的投入，来提高企业的整体竞争水平。中国的政府部门、企事业单位越来越多地雇佣第三方IT服务商为其提供信息化解决方案，这也相应地扩大了对软件行业的需求，为软件行业的发展创造出了新的市场空间。

作为一家为各行业提供信息化服务的企业，行业的发展趋势和对信息化程度的重视在很大程度上决定了公司发展空间的大小。目前公司的客户主要集中在政府（林业水利）、科研制造等方面，这些行业近几年的发展速度加快，对信息化的需求提高。

（1）林业信息化市场空间广阔。

林业的客户主要集中在相关的行政机构和组织。我国林业行政管理体系完整，各机构数量众多，在省区市有林业厅（局），在地市县有林业行政机构，在乡镇有林业工作站。总体来看，全国共有近7000个森林公安工作机构、1.7万个防火检查站、4236个木材检查站、28112个乡镇林业工作站、3081个森林病虫害防治检疫局（站）、1372多个林木种苗管理站、7083个野生动植物管理站和350个国家级、768个省级2000余个市县级陆生野生动物疫源疫病监测站。国家不断加大对林业信息化投入，"十一五"期间我国总共对林业的信息化资金投入达12.6亿元，其中山西、内蒙古等9省区投入超过5000万元。2011年立项的"金林工程"的总预算将近100亿元，作为林业信息化的龙头工程，将把林业的信息化推向一个新的阶段。国家林业总局在2011年颁布《全国林业信息化发展"十二五"规划》，提出几个"80%"：林业资源监管、综合造林管理、林业灾害监控与应急管理等核心业务信息化覆盖率达到80%；80%以上的省级单位实现无纸化办公；80%以上的行政许可项目实现在线处理；完善国家级林业信息化建设基础平台，完成80%的省级林业信息化建设基础平台；80%的省级单位建成国家、省、市、县四级上下互联互通的全国林业电子政务传输网络。国家林业局于2016年3月22日正式印发《"互联网+"林业行动计划——全国林业信息化"十三五"发展规划》，创新将"互联网+"与林业改革融合，将实施8大行动、扩大48项重点工程，利用云计算、物联网以及大数据等前端的信息技术，努力实现全国林业80%信息化率的目标。

（2）水利信息化市场空间广阔。

水利方面的信息化在"十一五"期间保持着较高的投资规模。到"十一五"末期，在省级以上水利部门中，接入水利信息网络的各类 PC 机数量达到67980台，服务器设备2957套，内外网合计人均拥有联网计算机（PC）约0.87台。流域机构对直属二级单位的政务外网覆盖率达到98.9%；与省级水行政主管部门政务外网对地市级水行政主管部门的覆盖率达到86.1%，对县市级水行政主管部的覆盖率达到43.9%，与省级人民政府机关实现互联的有20家。流域机构对直属二级单位的政务内网覆盖率达到33.0%；省级水行政主管部门政务内网对地市级水行政主管部门的覆盖率达到34.0%，与省级人民政府机关实现互联的有22家。省级以上水利部门已配备的各类在线存储设备形成了约512654GB 的存储能力，正常运行的数据库达533个，存储的数据量达到

95984GB。

前瞻产业研究院提供的《2016—2021年中国水利工程行业市场前瞻与投资战略规划分析报告》显示，2015年我国重大水利在建工程有84项，总规模已经超过了8000亿元。他们总结预计，2014—2020年这7年间，在全国范围内将开展动工的水利工程达到172项，开展范围以中西部地区为主。

3. 研发实力雄厚

公司成立于2002年，经过十多年的积累，形成了一支有着丰富经验的高素质的研发团队，掌握了涉及软件及产品研发、设计、咨询服务等方面的知识，获得了多项专业化认证资格，具有调试CISCO、H3C、HUAWEI、安奈特高端网络产品，HP、IBM、SUN UNIX 小型机，CA 全系列网络管理及安全产品，VERITAS、STK、ADIC、HDS、HP、IBM、DELL、IDE 数据备份及存储产品的能力。各类认证（IBM SOA，TOGAF）架构师、系统分析员、认证项目经理（系统集成项目管理工程师、信息系统项目管理师、PMP、Scrum Master）的人数均超过20人，总体各类技术认证超100人次。

公司的员工组成中，本科以上的人数占比达到60%以上（如图4-2-2所示）。

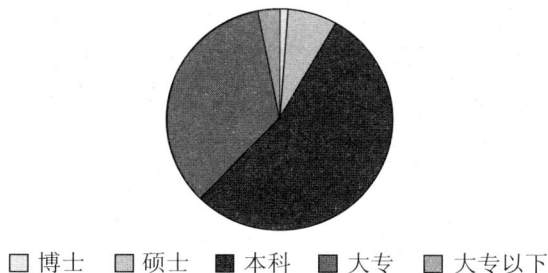

□ 博士　▨ 硕士　■ 本科　▨ 大专　▨ 大专以下

图4-2-2　员工学历构成图

资料来源：全国中小企业股份转让系统

公司已获得公司信息系统集成二级资质、高新技术企业认证、双软企业认证、资信等级证书3A资质、CMMI4软件能力成熟度模型认证、安防一级资质认证、ISO9001：2008质量认证、ISO20000信息技术服务管理认证、ISO27001信息安全管理认证、水文水资源调查评价乙级资质、建筑智能化二级、测绘资质丙级资质。在技术方面，公司拥有软件著作权六十余项，软件产品登记二十余项，申请国家发明专利十余项，已获授权专利两项。研发的系列产品进入2011年、2012年及2013年度成都市地方名优产品推荐目录，并获2012年度中国行业信息化最佳解决方案奖。

公司的解决方案和产品都处于行业领先地位，自主研发的产品能够很好地与主流厂商进行产品集成，尤其在四川省内，属于IT行业的领导企业。产品的应用领域广泛，包括在农林水利、科研和制造行业。在与IBM、Oracle、金蝶等厂商的战略合作过程中，公司的科研能力进一步得到加强，与世界水准看齐。

4.以市场为导向的研发模式

公司在产品的自主研发和设计创新方面，一直以市场为向导，应用敏捷法开发模式，与各大科研院校合作。在具体研发工作上，设计一整套完整环节。（1）为位于各地区的销售团队、业务合作伙伴提供研发团队的市场信息，结合现有产品的市场反馈，制定产品和销售战略，研发初步需求清单形成。（2）在初步需求清单的基础上，公司相关部门对其进行讨论论证，选取合适的项目进行立项。（3）经总经理办公室审批后，产品经理负责产品路线的定义和时间规划，研发经理运用原型法对其开展项目，软件测试团队负责质量控制。经过不断的更新迭代，产品到达一定的成熟度后，市场部协调目标客户进行验证，根据客户的反馈与要求对产品进行相应的修改、调整和完善。（4）产品投入市场后，市场部及时追踪客户对产品的反馈以及客户的最新要求，为后续的研发工作提供指导（如图4-2-3所示）。

5.严格的质量管理体系

公司有着严格的管理体系，通过了一系列认证：ISO14001环境质量体系认证、职业健康安全管理体系认证、安全生产许可证。

在项目管理上，公司质量体系严格按照 CMMI4规范制定和执行，ISO9001和 CMMI4质量管理体系得到全面实施，有效提高了项目管理水平。为提高员工的积极性，公司在激励和考核上制定了相关措施，提倡共享的理念，给员工创造了一个双赢的工作氛围。

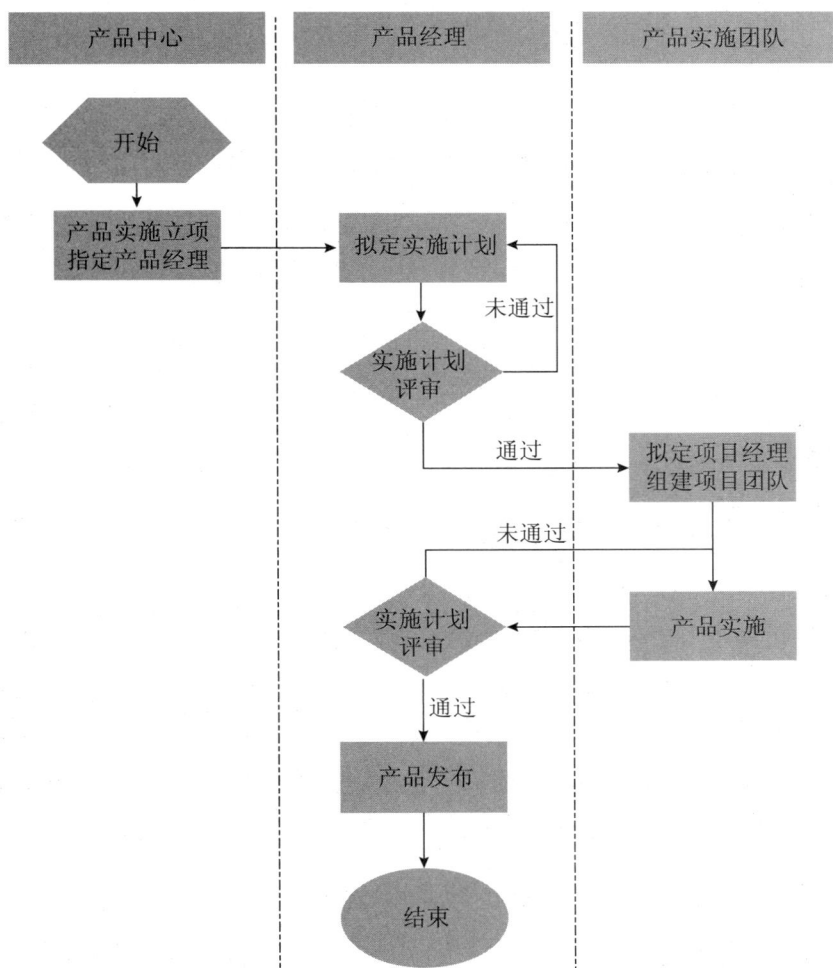

图4-2-3　研发工作环节

6. 以点带面的营销方式有效扩大客户群

公司的主要业务集中在行业的信息化方面。为有效开展市场营销，公司专门设立了营销中心，培养了一支近二十名的专业市场营销队伍，负责销售渠道的开展、关系维护和后期服务。

公司的客户对象主要是政府职能机构和大型科研制造企业，故采取直销的方式进行销售。根据客户群体的特征，公司采取具有示范效应的营销模式。通过对示范性项目的开展，将公司的专业水平、项目实施能力全面展示，扩大客户系统间的示范效应，在客户系统内的活动上进行项目展示，以点带面，口碑相传，有效扩大客户群。

客户后期的维护和服务也是营销环节中的重要环节。对已有的客户实行大客户管理制度，分派专员与各客户进行后期一系列的跟踪，及时反馈和解决问题，并不断挖掘客户的潜在追求。这样已有客户的满意度得到了提高，为后期的业务开展提供了机会，也通过客户系统内的示范效应挖掘更多的业务机会。

第三节
通过专业中介机构找寻做市商

除了借助主办券商、官方平台的渠道，还可以通过专业的中介机构来找寻潜在做市商，如资产管理公司、会计事务所、律师事务所等。一方面，它们都是专业机构，有些是与企业进行长期深入接触的合伙伙伴，对企业的了解会更深入，与潜在做市商交流时会更有信服力，也能使用专业用语很好地提炼企业的亮点；另一方面，中介机构的人脉和资源相对企业来说更加广泛，寻找潜在做市商的成本会更低，效率也会更高。

维福特：资产管理公司为其做市"保驾护航"[27]

上海维福特科技发展股份有限公司（简称：维福特）就采取了这样的一种渠道，成功完成了从协议转让方式到做市转让方式的转变。中孚和泰资产管理（上海）有限公司是一家专业的新三板总服务商，有着丰富的新三板项目经验和广泛的人脉。通过专业机构的运作，维福特于2014年12月30日成功转为做市企业，截至2015年6月30日，共有万联证券、广州证券、申万宏源证券、西部证券4家做市商。做市表现优异，做市后股价一路上涨，从4元上涨到了10.15元（如图4-3-1所示）。

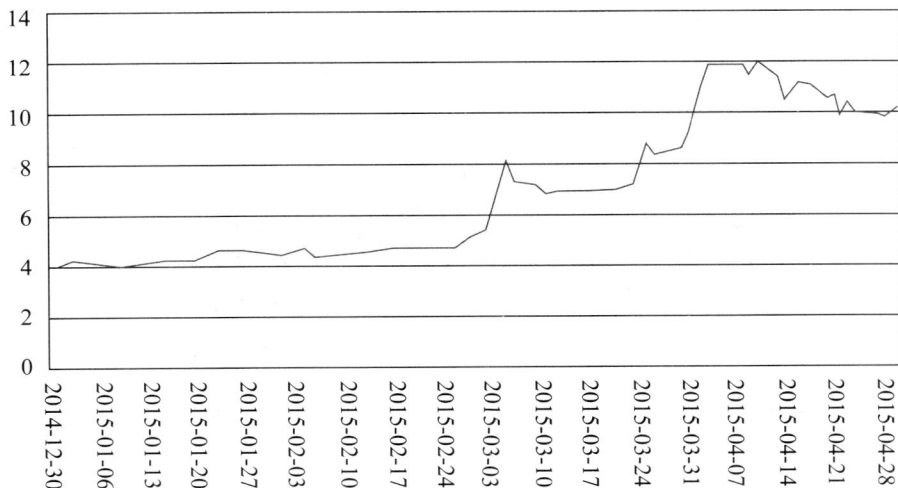

图4-3-1　公司股价趋势图

资料来源：全国中小企业股份转让系统

公司做市后的股价在很大程度上证明了市场对其的认可。即便是优秀的做市标的，如果没有找寻到很好的做市商，企业也很难被市场发现。得到专业机构的推荐，也是基于企业自身具有做市的潜质。那么维福特具有哪些做市潜质呢？

1. 行业概况

公司目前生产的人工晶体主要运用在固体激光器制造中。固体激光技术在工业、医疗和科研等领域得到了广泛的应用。

（1）在工业领域，切割、打标、焊接、微加工等激光加工成为改造传统技术的一条重要途径。

（2）在医疗领域，固体激光治疗仪已广泛应用于几乎所有医学专科，成为提高医疗技术和人类健康水平的重要工具。

（3）在科研领域，广泛应用于激光等离子体、激光分离同位素、化学动力学等方面。以大功率半导体激光器（LD）为泵浦源的蓝、绿全固态激光器，正在逐步取代部分传统的气体激光器。

2. 行业发展前景

光电子技术集合了物理学、光学、电子技术、材料科学和半导体科学技术等多学科的科研成就，是具有强烈应用背景的新兴交叉学科，对于国民经济、科技和国防事业都具有重要的战略意义。光电子产业是以光电子材料、激光器为基础的高新技术产业，是信息社会的基础。光电子产品广泛应用于工业、农业、国防、科学技术、医疗卫生、消费等国民经济和人民生活各领域。光电子晶体元器件行业属于光电子产业的基础材料行业，拥有巨大的发展前景。公司在行业中具有竞争地位和优势。

（1）公司在行业中的竞争地位。

目前行业中人工晶体生产企业普遍规模较小、产品良品率不高，导致该行业产量较低，无法满足下游行业的供应需求。在人工晶体生产行业中，企业的竞争力来源于自身产量。公司成立时间较短，在行业中属于新兴企业，但是，由公司总经理兼核心技术人员刘云俊先生所研发的晶体培养技术在行业中已处于领先地位。该技术突破了行业中原有的30%～50%的晶体培养良品率，使之达到了70%左右。在大幅降低生产成本的同时保证了产品的高质量及稳定性，使得晶体培育有了大批量生产的可能。随着公司进一步对生产能力的投入，公司在行业中的竞争力将不断提高。

（2）公司在行业中的竞争对手。

由于公司主要以生产晶体为主，而同行业上市公司均以生产光学晶体元器件为主要业务，因此公司在所处细分行业中并无业务完全相似的上市公司。

（3）公司在行业中的竞争优势。

① 工艺技术优势。

公司拥有在行业中具有领先水平的晶体生长工艺，晶体生长工艺包括温场设计、溶液处理、籽晶制作、下种方式、温控、出炉退火等工艺环节。公司现有的晶体生长工艺是科研人员多年来不断探索、积累而成的，是公司特有的工艺。目前公司的工艺达到了行业内领先的水平，晶体生长的良品率超越了行业平均水平，因此生产成本大幅降低并且成品质量稳定。

② 技术储备优势。

公司目前所拥有的独有晶体生产技术储备丰富，具有生产大部分人工晶体的能力，并且能保证其质量的稳定。公司所能生产的产品种类较多，相比行业中其他仅生产个别晶体产品的企业具有明显优势。公司在未来资金充足的情况下将扩大生产规模，利用丰富的储备技术生产更多的产品。

③人员培养优势。

公司总经理兼核心技术人员刘云俊为基层技术人员出身，有丰富的实际操作经验，并且通过总结多年在实际生产过程中所积累的经验，整理出了一套专业、有效的生产操作员工培养方案，能根据公司的需求，适时培养合格的生产操作人员，满足公司生产的要求。

3. 公司商业模式

公司通过使用自身核心技术克服了行业中原有的晶体生产中良品率低、成本高、产品质量波动较大等一系列困难。目前公司的晶体培养方法达到的良品率及晶体品质已在行业中达到较高的水平，该生产方法突破了晶体生产的现状，使得原有的小批量生产模式发展为大批量生产模式成为可能。公司拟通过资本市场运营，引进资金提高自身产能，从而占领更多市场份额。目前受规模限制，公司主要以生产、销售人工晶体粗胚为主要商业模式，在公司规模逐步扩大后，将向晶体深加工等下游业务延伸。

公司母公司及其子公司分别采用两种商业模式，各自分工明确。子公司主要以生产加工人工晶体为主，从母公司采购原材料，将其加工成成品晶体，最后销售给母公司；母公司则通过销售晶体原材料给子公司并销售从子公司处采购的成品晶体获取盈利。

（1）经营模式。

公司产品为人工晶体，产品个性化强，多为非标准的定制产品并且受到资金限制，无法形成大规模生产。公司根据产品的特点，采取了以销定产的经营模式，使得公司成品存货占总资产的比例保持在较低水平。

（2）采购模式。

公司生产所使用的原材料和周转性材料价值较高，铱金（粉）市价为每公斤11万元（2012年最高曾达到每公斤25万元）、硅酸钇镥、氧化铝市价均为每公斤1万元，钒酸钇市价为每公斤0.19万元，可长期储存。公司在原材料价格处于低位时采用从单个供应商处大批量采购的模式，通过规模效应降低采购成本，保证原材料的品质统一，节约检验原材料的人工及时间成本。

（3）销售模式。

公司生产的氧化铝晶体、钒酸钇晶体为光学器件、激光器件的基础原材料，经过切片（或切块）、镀膜、热处理等后续加工后被制作成光学器件或激光光源，被广泛应用于光纤隔离器、环形器、旋光器、延迟器、偏振器、激光放大器、LED灯衬底、激光焊接机、激光划片机、镭雕机、激光打孔机等各类产品。由于人工晶体市场需求量大而导致产能供应严重不足，有人工晶体需求的企业一般通过经销商从各个不同晶体生产企业统一采购产品质量相似的原材料。目前公司的销售渠道相对简单，根据这一情况，公司采用了经销商的销售模式。公司将从子公司处采购的产品直接销售给经销商，再由经销商销售给终端客户，公司终端客户有福建华科光电有限公司、福建福特科光电股份有限公司、福州通产光电科技有限公司、H.K. GEM LINK TRADING LIMITED等。公司根据经销商的需求数量进行接单，然后向子公司下达生产计划，产品生产后统一销售给经销商。

（4）盈利模式。

公司目前的盈利模式主要是通过由子公司生产人工晶体，公司把产品销售给经销商来获取收入、取得利润。

第四节
其他渠道找寻潜在做市商

主办券商、官方、中介机构是企业寻找潜在做市商的三大途径，除了这些以外，企业还可以通过多种多样的方式找寻潜在做市商，如参加各种业内的沙龙、论坛等。寻找潜在做市商的过程就是一个展示、销售自我的过程，只要留心，行业内能够提供给企业展示的舞台不胜其数。

2014年10月30日，德州市新三板挂牌企业融资路演推介会于北京召开，多家企业和金融机构参与。

2015年6月1日，国信证券金太阳路演公社在深圳举办做市企业路演，参与此次活动的既包括新三板挂牌企业，也有很多券商和投资者。

2015年6月3日，新三板企业做市及定增路演会在北京举办，由中关村新三板投融资联盟、海淀区促进企业上市服务机构联盟主办，参与的人员有新三板挂牌企业、做市商、投资机构、媒体等，这就给企业提供了一个非常好的展现自我、找寻潜在做市商的平台。

做市企业可以通过券商、股转系统、中介机构等方式进行做市，但是最有效的当属中介机构，一方面是中介机构数量多，另一方面是中介机构的人脉最广，因此是最优有效的方式。

全国中小企业股份转让系统于2014年8月23日发布了关于实施《全国中小企业股份转让系统股票转让细则（试行）》中做市转让方式相关规定的公告，公告中明确指出将于2014年8月25日正式推出做市转让交易制度，做市制度的推出引起了市场的广泛关注。8月25日，首日做市，市场表现良好。新三板市场首批做市企业共有43家，与之相关的做市商共43家。从成交金额、成交数量、成交笔数方面来看，采用做市转让的股票在全部挂牌股票中占比分别达到了48%、34%和94%。

从目前的新三板做市市场来看，做市制度在未来一段时间内还将持续火热。企业在做市的过程中，除了能加强企业股票的流动性，也使得企业的定向增发更加容易，换句话说，企业融资更加便捷。因此，只要中小企业存在融资需求，那么新三板市场就会继续火热，而新三板做市也将会持续受到挂牌企业的追捧。

2016年，我们预计还会有更多的企业通过做市在资本市场进一步凸显自身的价值。此前，新三板市场交易比较活跃的企业，如九鼎投资、联讯证券，它们的转让方式都相继由协议转让变更为做市转让，由此也能看出做市制度的魅力所在。除此之外，从整个市场来看，截止到2015年9月底，做市企业的数量高达857家，占挂牌企业总数的比重已经接近1/4；做市企业的总市值高达5537.838亿元，新三板市场总市值为15110.20亿元，比重达到1/3。从做市商角度来看，做市券商也从最开始的43家，增加到现在的78家。当然目前新三板市场参与的主体主要是中小券商。但是，放眼未来，特别是在当下IPO暂停的情况下，大券商势必会积极参与到新三板做市中去。

在本书的撰写过程中，除了结合自身多年来的经验和体会，还参阅了大量的参考文献。本书中引用的部分案例，很多公开媒体以及行业中其他专业人士也都对此有所研究，因此在引用过程中编者也对此作了消化吸收。在编写过程中，编者参考了互联网上的一些文章，参考当下同行业其他专业人士对于新三板做市的观点。编写本书的目的在于使得投资者对于新三板做市能有个新的全面的认识，也希望能有更多的投资者参与到新三板市场，参与到企业做市的过程中去。在此对行业相关人士致以最崇高的感谢，相信在所有人的共同努力下，新三板市场的明天会更加美好。

参考文献

[1] 国金证券股份有限公司. 上海行悦信息科技股份有限公司公开转让说明书[R]. 2013.11

[2] 光大证券有限公司. 上海艾融软件股份有限公司公开转让说明书[R]. 2014.05

[3] 天风证券股份有限公司. 苏州工业园区凌志软件股份有限公司公开转让说明书[R]. 2014.7

[4] 金元证券股份有限公司. 浙江捷昌线性驱动科技股份有限公司公开转让说明书[R]. 2014.7

[5] 财达证券有限公司. 河北古城香业集团股份有限公司公开转让说明书[R]. 2014.6

[6] 东北证券股份有限公司. 有友食品股份有限公司公开转让说明书[R]. 2014.11

[7] 长江证券股份有限公司. 湖北鄂信钻石科技股份有限公司公开转让说明书[R]. 2014.7

[8] 齐鲁证券有限公司. 北京世贸天阶生物科技股份有限公司公开转让说明书[R]. 2013.9

[9] 长江证券股份有限公司. 武汉亿童文教股份有限公司公开转让说明书[R]. 2013.6

[10] 泰君安证券股份有限公司. 江西唐人通信技术服务股份有限公司公开转让说明书[R]. 2013.12

[11] 日信证券有限责任公司. 江苏浩博新材料股份有限公司公开转让说明书[R]. 2014.6

[12] 平安证券有限责任公司. 江苏华灿电讯股份有限公司公开转让说明书[R]. 2014.5

[13] 安信证券股份有限公司. 云南万绿生物股份有限公司公开转让说明书[R]. 2014.6

[14] 齐鲁证券有限公司. 上海点客信息技术股份有限公司股份报价转让说明书[R]. 2012.12

[15] 国金证券股份有限公司. 上海艾录包装股份有限公司公开转让说明书[R]. 2014.7

[16] 光大证券股份有限公司. 北京沃捷文化传媒股份有限公司公开转让说明书[R]. 2013

[17] 海通证券股份有限公司. 北京卡联科技股份有限公司股份报价转让说明书[R]. 2012.7

[18] 齐鲁证券有限公司. 上海四维文化传媒股份有限公司公开转让说明书[R]. 2013.9

[19] 中信建投证券股份有限公司. 上海易销科技股份有限公司公开转让说明书[R]. 2014.7

[20] 国信证券股份有限公司. 杭州先临三维科技股份有限公司公开转让说明书[R]. 2014.7

[21] 首创证券有限责任公司. 北京金天地影视文化股份有限公司公开转让说明书[R]. 2013.12

[22] 华融证券股份有限公司. 深圳市凯立德科技股份有限公司公开转让说明书[R]. 2013.12

[23] 东吴证券股份有限公司. 苏州方林科技股份有限公司公开转让说明书[R]. 2014.1

[24] 申银万国证券股份有限公司. 北京联飞翔科技股份有限公司股份报价[R]. 2008.12

[25] 财达证券有限责任公司. 联讯证券股份有限公司公开转让说明书[R]. 2014.7

[26] 中金国际金融有限公司. 成都国科海博信息技术股份有限公司公开转让说明书[R]. 2014.3

[27] 申银万国证券股份有限公司. 上海维福特科技发展股份有限公司公开转让说明书[R]. 2014.7